OBERBAYERISCHE

Herausgegeben
von Brigitte Huber
im Auftrag des
Historischen Vereins
von Oberbayern

OBERBAYERISCHES ARCHIV 138. BAND

ARCHIV

138. Band

München 2014
Verlag des
Historischen Vereins
von Oberbayern
(Stadtarchiv München)

Das OBERBAYERISCHE ARCHIV
(von 1839 bis 1958 »Oberbayerisches Archiv
für vaterländische Geschichte«) erscheint
einmal pro Jahr. Vereinsmitglieder erhalten das
Oberbayerische Archiv kostenlos.

Das komplette Inhaltsverzeichnis des Jahrbuchs
finden Sie auf der Homepage des Historischen
Vereins www.hv-oberbayern.de/index/
HV-Oberbayern/Veroeffentlichungen.html

Zuschriften in Redaktionsangelegenheiten bitte an:
Dr. Brigitte Huber (Schriftleitung)
Stadtarchiv München
Winzererstr. 68
80797 München
Tel.: 089-233 30842
E-mail: brigitte.huber@muenchen.de

Tauschstelle:
Historischer Verein von Oberbayern – Bibliothek <M 54>
Winzererstr. 68
80797 München
Tel.: 089-233 30805
E-mail: meinolf.schwarzenau@muenchen.de

Für die einzelnen Beiträge zeichnen
die Verfasser verantwortlich.

Inhaltsverzeichnis

138. Band 2014

»Zivilschutzwache« an der
Laimer Unterführung.
StadtA München: FS-CHR 1914292
(Foto: Georg Pettendorfer).
Zu den umgehend bei Kriegsausbruch ergriffenen Sicherheits-
maßnahmen gehörte der Schutz
von Brücken, Bahn- und Telefon-
anlagen sowie Wasserleitungen.
Bewaffnete Zivilschutzwachen
übernahmen diese Aufgabe.

Brigitte Huber

Stadt im Krieg – München August 1914

Der Ausbruch des Ersten Weltkriegs jährte sich Ende Juli 2014 zum 100. Mal und so war es zu erwarten, dass dieses Jubiläum neben zahlreichen Ausstellungsprojekten und Symposien auch eine Flut von wissenschaftlichen wie populären Publikationen auslösen würde. Längst hat sich eine »Erinnerungskultur« etabliert, die vor allem die Schrecken des Krieges und das Leid aller Beteiligten zum Ausdruck bringt; für die eigentliche Kriegsgeschichte besteht dagegen kaum noch Interesse. Von wenigen Ausnahmen abgesehen hat es diese Erinnerungskultur aber bisher versäumt, sich mit der lokalen Geschichte von Orten zu befassen, die zwar selbst nicht Kriegsschauplatz waren, deren Alltag sich aber durch den Krieg vollkommen veränderte. Der vorliegende Beitrag hat es sich deshalb zum Ziel gesetzt, die Auswirkungen auf München, die damalige bayerische Haupt- und Residenzstadt, in den ersten vier Wochen nach Kriegsbeginn zu beleuchten. Tatsächlich bedeutete der Beginn des Ersten Weltkriegs für die Stadt eine Zäsur im bisherigen Alltagsleben, die krasser kaum hätte ausfallen können. München wurde in den ersten August-Tagen 1914 das wichtigste Zentrum für das Zusammenziehen der bayerischen Armee und deren Transport an die Front. Schon mit dem Ausmarsch der ersten Soldaten machten sich all jene Probleme bemerkbar, deren Ausmaß sich bis 1918 noch um ein Vielfaches steigern sollten – massiver Arbeitskräftemangel, eine zunehmend problematische Versorgungs- und Ernährungslage, die schwierige Situation arbeitsloser Frauen und ihrer Kinder.

Da sich 100 Jahre nach Kriegsausbruch natürlich keine Zeitzeugen mehr finden lassen, können nur noch schriftliche und vor allem bildliche Zeugnisse über die fraglichen Ereignisse Auskunft geben. Hierin besteht gerade in München keine Not. Das hiesige Stadtarchiv verfügt über einen äußerst reichhaltigen Quellenfundus zum Ersten Weltkrieg, da bereits zeitnah Material gesammelt wurde.[1] Neben städtischen Akten und Verwaltungsberichten, Fotos, Plakaten und offiziellen Verlautbarungen u.v.m. ist die

---

1   Die »Kriegssammlung« des Stadtarchivs München war nicht – wie in anderen Städten üblich – eine geschlossene Sondersammlung, sondern teilte sich von Anfang an in zwei Schwerpunkte auf: 1) Die sogenannte »Kriegschronik«, die Teil des offiziellen Tagebuchs der Stadt München ist und nur für die Jahre 1914 bis 1916 existiert (18 Folianten), 2) Loses Material (Broschüren, Flugblätter, Veranstaltungsprogramme, Einladungen, Spendenaufrufe, Prospektmaterial, Lebensmittelmarken, Notgeld, Pressemitteilungen, Personaldokumente, Zeitungsausschnitte, Fotos, Postkarten u.v.m.), das ab 1917 in die neu geschaffenen Sammlungsbereiche »Zeitgeschichtliche Sammlung« bzw. »Historisches Bildarchiv« (heute »Fotosammlung«) floss. Die Sammlungen des Stadtarchivs München zum Ersten Weltkrieg fanden Eingang in das 1917 von Oberstleutnant Albert Buddecke publizierte »Verzeichnis der 217 deutschen Haupt-Kriegssammlungen« und sind deshalb auch in dem 2014 von der Arbeitsgemeinschaft der Regionalbibliotheken publizierten Webportal »kriegssammlungen.de« vertreten. Zum Thema siehe auch Gaertringen, Julia von (Hg.): Kriegssammlungen 1914–1918, Frankfurt a. M. 2014.

Münchner Stadtchronik, das am Stadtarchiv geführte, bis ins Jahr 1818 zurückreichende offizielle Tagebuch der Stadt, eine wichtige Quelle für diesen Beitrag.[2] Die Chronik berichtet über alltägliche Vorkommnisse und kuriose Begebenheiten ebenso wie über herausragende Ereignisse und Persönlichkeiten. Da der damalige Chronist Ernst von Destouches (1843 – 1916) – wie auch andere Bibliotheken, Archive, Museen und Privatpersonen im Deutschen Reich und in Österreich-Ungarn – die »Große Zeit« von Anfang an akribisch zu dokumentieren versuchte, umfasst der Chronik-Jahrgang 1914 insgesamt 15 Folianten. Drei handgeschriebene Bände sind den eigentlichen Tagebuch-Einträgen gewidmet, denen mit Kriegsbeginn am 28. Juli 1914 jeweils kurze Angaben zur Kriegslage vorangestellt sind.[3] Die drei folgenden Bände beinhalten sog. Beilagen zum allgemeinen städtischen Leben (Druckschriften, Flugblätter, Theater- und Konzertprogramme, Zeitungsausschnitte, Traueranzeigen, Fotos, Plakate usw.). In weiteren fünf Bänden wurde ausschließlich Material zum Krieg gesammelt. Es sind dies

- □ sämtliche Telegramme[4] der wichtigsten bayerischen bzw. Münchner Tageszeitungen (Bayerische Staatszeitung, Bayerischer Kurier, Münchener Zeitung, Münchner Neueste Nachrichten, Münchner Neueste Post),
- □ »Kriegs-Chronik«, hg. von den Münchner Neuesten Nachrichten (erschien ab 18. August alle ein bis zwei Tage)
- □ »Münchner Illustrierte Kriegs-Chronik«, herausgegeben vom Münchener Tagblatt
- □ »Illustrierte Wochen-Rundschau«, herausgegeben vom Bayerischen Kurier
- □ »Jugend. Münchner illustrierte Wochenschrift für Kunst und Leben«
- □ »Süddeutsche Woche«, herausgegeben von der »Münchner Illustrierten«
- □ Kriegs-Beilage des Amtsblattes der K. Staatsministerien des Königlichen Hauses und des Äußeren sowie des Innern und das Verordnungsblatt des K. Bayerischen Kriegsministeriums (Nr. 33-64), das die Verlustlisten der Armee[5] enthält.

Es ist klar, dass die vom Stadtarchivar Ernst von Destouches geführte Chronik schon zu ihrer Zeit das komplette städtische Leben nicht erfassen konnte und der Autor deshalb gezwungen war, eine (subjektive) Auswahl zu treffen. Man muss daher das städtische Tagebuch stets quellenkritisch lesen und dabei auch die Persönlichkeit des Autors berücksichtigen. Der 70-jährige Archivar, der jahrelang sowohl im Dienst des Staates wie der Stadt gestanden hatte, war eindeutig patriotisch-national eingestellt und brachte diese Haltung auch in vielen von ihm verfassten Fest- und Jubiläumsschriften sowie Theaterstücken zum Ausdruck. Da ihm (und seinen Mitarbeitern) nur die offiziellen, propagandistisch gefärbten Informationen zur Verfügung standen, geben seine Angaben zum Kriegsverlauf nur bedingt die Realität wieder. Seine Informationen zum städtischen Leben dagegen schildern anschaulich die Vielfalt neuer Fragen und Probleme, die sich mit Kriegsausbruch stellten. Sie kolportieren die durchwegs von Optimismus geprägten Einschätzungen der Verantwortlichen und stellen diese zu keiner Zeit in Frage.

---

2   Vgl. dazu Huber, Brigitte: Das Tagebuch der Stadt München. Die offiziellen Aufzeichnungen der Stadtchronisten 1818 – 2000, Ebenhausen 2004. Zur Persönlichkeit Ernst von Destouches' siehe ebenda S. 185 – 188.
3   Vorwort zur Chronik 1914.

4   Gemeint sind die Zeitungsanschläge, die an Straßenecken etc. die neuesten Nachrichten verkündeten.
5   In den Verlustlisten wird unterschieden nach »schwer/ leicht verwundet«, »vermißt« sowie »Schuß rechts/links«.

Zu den erst in jüngerer Zeit ins Stadtarchiv München gelangten Dokumenten zur Zeit des Ersten Weltkriegs sind die äußerst detaillierten, z.T. bebilderten und im Nachhinein oftmals noch ergänzten Aufzeichnungen des Volksschullehrers Joseph Bronner (1860 – 1919) eine weitere außergewöhnliche Quelle zum städtischen Alltag; Bronner gab ihnen den Titel »Münchener Weltkriegsspiegel«.[6] Als nicht für die Öffentlichkeit bestimmte Niederschriften geben sie die privaten Beobachtungen und subjektiven Einschätzungen des Autors wieder. Da etliche Details sehr genau mit den Schilderungen der Stadtchronik übereinstimmen, darf man vermuten, dass sich beide Autoren auch auf die Berichte der Münchner Tageszeitungen stützten. Trotzdem kann man davon ausgehen, dass beide Quellen die im August 1914 in München mehrheitlich herrschenden politischen Einschätzungen wiedergeben. Sowohl die Stadtchronik als auch Bronners Aufzeichnungen bieten einen authentischen Originalton und machen somit in einzigartiger Ausführlichkeit die Auswirkungen des Kriegsbeginns auf München und seine Bevölkerung nachvollziehbar. Zugleich wird deutlich, dass Maßnahmen ergriffen wurden – Hamsterkäufe, Sperrung der Bankkonten, gelenkte Information der Bevölkerung etc. –, die auch heutzutage kaum anders sein würden.

Ein weiterer für diesen Beitrag unverzichtbarer Bestand sind die Akten des Stellvertretenden Generalkommandos des I. Bayerisches Armeekorps, die sich im Bayerischen Hauptstaatsarchiv Abt. IV, Kriegsarchiv, befinden.[7] Das Stellvertretende Generalkommando München hatte ab August 1914, nach dem Abmarsch des mobilen Generalkommandos des 1. Bayerischen Armeekorps an die Front, für die gesamte Kriegsdauer die Zuständigkeit für alle militärischen Belange in der Heimat und einen großen Teil der administrativ-zivilen Regierungsgewalt inne; weitere Generalkommandos bzw. Stellvertretende Generalkommandos gab es in Würzburg (II. Armeekorps) und Nürnberg (III. Armeekorps). Der insgesamt sehr umfangreiche Bestand umfasst die Jahre 1914 bis 1918. Für diesen Beitrag konnten allerdings nur punktuell Akten herangezogen werden, auf eine systematische Auswertung wurde verzichtet.

München im Frühsommer 1914

Die Nachricht vom Attentat auf das österreichische Thronfolgerpaar in Sarajewo am 28. Juni 1914 erreichte München »um die 4. Nachmittagsstunde«. Sie rief, so berichtet der Chronist, »überall das größte Aufsehen und die sichtbarste Erregung hervor, zumal der Erzherzog erst Mitte April unseren König besucht hatte und damals von der Münchener Bevölkerung mit ganz besonderer Herzlichkeit begrüßt worden war.«[8] Die Anschlagtafeln der Zeitungen waren unausgesetzt dicht belagert, auf den Straßen bildeten sich erregt diskutierende Gruppen und so stand bald ganz München unter dem Eindruck des Ereig-

---

6   StadtA München: NL-Bronner-Jo: »Münchener Weltkriegsspiegel. Kriegstagebuchaufzeichnungen, Zeit- und Stimmungsbilder eines Münchner Familienvaters von F. J. Bronner 1914 – 1919«.

7   Pörnbacher, Johann: Spuren Wittelsbachischer Geschichte im Kriegsarchiv München, in: Wittelsbacher-Studien. Festgabe für Herzog Franz von Bayern zum

80. Geburtstag, München 2013, S. 955 f. Zu den Aufgaben des Stellvertretenden Generalkommandos in München siehe auch S. 25.

8   StadtA München: Chronik, 28. 6. 1914. Über den Besuch des Thronfolgers berichtete die Chronik ausführlich (vgl. S. 1165 – 1170).

König Ludwig III. begrüßt am Münchner Hauptbahnhof Erzherzog-Thronfolger Franz Ferdinand, 14. April 1914.
StadtA München: ZS 135/26-01

Während Franz Ferdinand zu Ehren seines Gastgebers eine deutsche Militäruniform trägt, ist der König in der österreichischen Uniform erschienen.

Zum Besuche des Erzherzog Thronfolgers von Österreich in München *April 1914*.
König Ludwig mit dem Erzherzog Franz Serdinand beim Verlassen des Bahnhofs

nisses. In den folgenden Tagen wuchs die Wahrscheinlichkeit eines europäischen Krieges zunehmend: Eine Woche nach dem Anschlag von Sarajewo, am 5. Juli, sicherte Kaiser Wilhelm II. Österreich-Ungarn die deutsche Unterstützung zu. Und nachdem Österreich-Ungarn am 23. Juli Serbien ein auf 48 Stunden befristetes Ultimatum gestellt hatte, alle gegen die Donaumonarchie gerichteten Aktionen zu unterbinden, war man sich angesichts des bestehenden Bündnissystems darüber klar, dass am 25. Juli eine Entscheidung fallen würde. Auch in München herrschte nervöse Spannung. Endlich kam die Nachricht »Serbiens Erklärung ungenügend, der österreichische Gesandte von Belgrad abgereist«. Während sich diese Neuigkeit wie ein Lauffeuer in München verbreitete, belebten sich die Straßen der Innenstadt: »Schutzleute waren in größerem Aufgebot zur Stelle, aber sie hatten nichts zu tun, kein ernstlicher Tumult störte die Haltung des Publikums. Rufe: ›Hoch Oesterreich!‹ ertönten, man sang ›Deutschland, Deutschland über alles‹ und die ›Wacht am Rhein‹, nicht einmal nur, zu wiederholten Malen [...]. Eine Schar [...] zog zur oesterreichisch-ungarischen Gesandtschaft[9]. Hoch- und Hurrarufe erschollen, der Gesandte erschien an einem Fenster [...]. Ein Herr aus dem Publikum hielt eine Ansprache, gab seiner Freude Ausdruck, daß Oesterreich sich Genugtuung verschaffe [...].«[10] Tatsächlich rief Serbien noch am 25. Juli die Mobilmachung seiner Armee aus; der russische Kronrat beschloss die Unterstützung Serbiens.

---

9 Die österreichische Gesandtschaft hatte ihren Sitz im Prinz-Carl-Palais in der Königinstraße.

10 StadtA München: Chronik, 25. 07. 1914.

Zerstörungen im
Café Fahrig,
Neuhauser Straße.
StadtA München: FS-CHR
1914272 (Foto: Heinrich
Hoffmann)
Nachdem die Musik-
kapelle des Cafés das
Spielen vaterländischer
Lieder eingestellt hatte,
begannen einige Gäste
im Lokal zu randalie-
ren. Nach der Räumung
des Lokals durch die
Schutzmannschaft
setzte sich der Krawall
auf der Straße fort.

Die in diesen Tagen in München herrschende Stimmung beschrieb 1928 durchaus anschaulich der Historiker Max Buchner (1881–1941): »Wie stark der Reichsgedanke in München im letzten Jahrzehnt des 19. Jahrhunderts und in den Folgejahren Wurzeln hatte fassen können, sollte sich in den Juli-Tagen 1914 zeigen. [...] Der Münchener hat den Dingen, die im Juli 1914 im Anzug waren, mit größerem Ernst entgegengesehen und die Schwere der Zeit, der er entgegenging, wenn auch nicht voll erfaßt, so doch auch nicht verkannt. Daß trotzdem damals auch in der ärmsten Hütte der Au oder Giesings ein Ge- fühl für deutsche Ehre vorhanden war, zeigte, wie fest der nationale Gedanke hier hei- misch geworden war. Und was besonders erfreulich war: der Spalt, der lange zwischen dem Reichsgedanken und der Heimattreue des Bayern gegähnt und verhindert hatte, dass die treuesten bayerischen Patrioten auch die besten Söhne All-Deutschlands waren und dass umgekehrt die treuesten und warmherzigsten Deutschen immer auch das genügende Verständnis für bayerische Heimattreue und das Verbundensein des bayerischen Volkes mit seinem wittelsbachischen Herrscherhaus aufbrachten, hatte sich jetzt geschlossen [...] Jetzt trennte kein konfessioneller Zwist mehr die deutschen Brüder. Willig zollte der Bay- er dem Preußen und dieser dem Bayern die Anerkennung seiner besonderen Vorzüge. Die politische Kluft, welche Großdeutsche und Kleindeutsche geschieden hatte, war – so schien es – endgültig geschlossen. Die Ovationen, die in gleicher Weise vor dem Palais der österreichischen wie der preußischen Gesandtschaft[11] in München dargebracht wurden, zeigten dies allein schon genugsam.«[12]

Auch Münchens Sozialdemokraten, die noch wenige Tage zuvor zum Frieden gemahnt hatten[13], bezogen – wie auch die Gewerkschaften – nun ebenfalls eine eindeutige Position: »Solange es die Möglichkeit gibt, den Frieden zu retten, gibt es nur eine Pflicht: für ihn zu arbeiten. In dem Augenblick aber, in dem das weltgeschichtliche Ringen beginnt – und wir wissen nicht, um wie viel Stunden wir von ihm noch getrennt sind – ändern sich auch die Aufgaben des deutschen klassenbewußten Proletariats. Deutschland wird dann mit einem Bundesgenossen, der mit starker Heeresmacht auf einem anderen Kriegsschauplatz festgehalten ist, gegen zwei Fronten – vielleicht obendrein noch in der Nordsee gegen England zu kämpfen haben. Das ist ein Krieg, gegen den der von 1870/71 ein Kinderspiel war. Die ungeheure Mehrheit des deutschen Volkes hat diesen Krieg nicht gewollt. Aber es gibt in ganz Deutschland keine Partei, keine Gruppe, und wir glauben – keinen Menschen, der in diesem Kriege eine Niederlage Deutschlands will. Diese Niederlage wäre etwas Unausdenkbares, Entsetzliches. Ist schon ein Krieg an sich der Schrecken aller Schrecken, so wird das Furchtbare dieses Krieges noch durch den Umstand vermehrt, daß er nicht nur unter zivilisierten Nationen geführt wird. Wir haben das Vertrauen zu unseren Klassen- und Volksgenossen in Uniform, daß sie sich von aller überflüssigen Grausamkeit fernhalten werden. Wir können dieses Vertrauen nicht haben zu den buntgemengten Völkerschaften des Zaren und wir wollen nicht, daß unsere Frauen und Kinder Opfer kosakischer Bestialitäten werden. [...]«[14]

Selbst der Schriftsteller und Anarchist Erich Mühsam (1878–1934), der seit 1909 in München-Schwabing lebte und seit 1911 die Zeitschrift »Kain« herausgab, ließ sich – wie er am 3./4. August in seinem Tagebuch notierte – von der allgemeinen Kriegsbegeisterung anstecken: »Und es ist Krieg! Alles Fürchterliche ist entfesselt. Seit einer Woche ist die Welt verwandelt. Seit 3 Tagen rasen die Götter. Wie furchtbar sind diese Zeiten! Wir schrecklich nah ist uns allen der Tod! Immer und immer hat mich der Gedanke an Krieg beschäftigt. Ich versuchte, mir ihn auszumalen mit seinen Schrecken, ich schrieb gegen ihn, weil ich seine Entsetzlichkeit zu fassen wähnte. Jetzt ist er da. Ich sehe starke schöne Menschen einzeln und in Trupps in Kriegsbereitschaft die Straßen durchziehn. Ich drücke Dutzenden täglich zum Abschied die Hand, ich weiß nahe Freunde und Bekannte auf der Reise ins Feld oder bereit auszuziehn [...], weiß daß viele nicht mehr zurückkehren werden [...]. Und – ich, der Anarchist, der Antimilitarist, der Feind der nationalen Phrase, der Antipatriot und hassende Kritiker der Rüstungsfurie, ich ertappe mich irgendwie ergriffen

11   Die preußische Gesandtschaft hatte ihren Sitz in der Türkenstraße.
12   Buchner, Max: Ebbe und Flut des nationalen Gedankens in Münchens Vergangenheit. Ein Beitrag zur Physiognomie der Hauptstadt Bayerns, in: München. Einheitsheft der Gelben Hefte, hg. v. Max Buchner, München 1928, S. 51–96, hier S. 80 f.
13   Noch am 27. Juli 1914 hatte die Münchner SPD im Münchner Kindlkeller eine Versammlung abgehalten, die

dem »Protest gegen die Gewissensfreiheit und gegen die Gefährdung des Völkerfriedens« diente (vgl. StadtA München: Chronik 1914, S. 2337–2340); Referent war der Schriftsteller und Journalist Kurt Eisner, der 1918 den »Freistaat Bayern« ausrufen sollte.
14   StadtA München: Chronik, 1. 8. 1914, S. 2424 f. zitiert aus dem mit »Sein oder Nichtsein« überschriebenen Artikel in der (sozialdemokratischen) Münchner Post. Vgl. dazu auch S. 61.

von dem allgemeinen Taumel [...].«[15] Diese Einlassung ist umso bemerkenswerter als Mühsam, der wegen seiner politischen Gesinnung schon länger im Visier der Polizeidirektion München war, im August 1914 zu den Personen gezählt wurde, von denen »antimilitärische Kundgebungen oder Störungen der Mobilmachung zu erwarten sind«. Eine entsprechende, an das Stellvertretende Generalkommando übersandte Liste umfasst 13 Personen; Mühsam wird darin als »Antimilitarist und Propagandist der Tat« charakterisiert.[16]

In den folgenden Tagen artikulierte sich in München – wie in allen deutschen Städten – überwiegend national-patriotische Begeisterung. Mancherorts kam es dabei allerdings auch zu Exzessen: Als am 26. Juli der Eigentümer des Cafés Fahrig (neben dem Karlstor) das Abspielen und Absingen patriotischer Lieder unterbrechen ließ, um die allzu aufgeheizte Stimmung im Lokal zu dämpfen, setzte wüstes Johlen und Schreien der enttäuschten Gäste ein. Plötzlich wurden Tische und Stühle umgeworfen, Gläser und Tassen zerschlagen. Schon bald sammelte sich auch vor dem Café eine große Menschenmenge an, welche die Fensterscheiben zertrümmerte. Das Einschlagen des Glases wurde von lautem Bravo-Rufen begleitet. Wiederum sang die versammelte Menge »Die Wacht am Rhein« und das Deutschland-Lied. Zwei Tage später, am 28. Juli 1914, erklärte Österreich-Ungarn Serbien den Krieg.

Mit der beschriebenen national-patriotischen Stimmung einher ging in den Tagen vor und den Wochen nach Kriegsausbruch in München auch eine fast panische Angst vor russischen, französischen oder serbischen Spionen, die sich angeblich in der Stadt befänden. Ungeachtet der Mahnung der Polizeidirektion, sich gesittet gegenüber Ausländern zu verhalten, brach in München die »Spionitis«, eine allgemeine Angst vor Spitzeln und Agenten aus, die sich immer wieder in Übergriffen entlud.[17] »Überall«, notiert Bronner, »wittert man Verräter [...]. Neugierig forschend blicken wir auf jeden, der in Kleidung oder Gebaren ein wenig nach dem Ausland riecht und deshalb verdächtig sein könnte [...]. Plötzlich hörten wir hinter uns Gejohle. Wir sehen einen Herrn herankommen, der im glattrasierten Gesicht etliche Blutstriemen hatte und dem ein paar junge Burschen folgten. Er sei ein bekannter Engländer. Der Herr hatte wohl durch Schnitt und Farbe seiner Kleidung Verdacht erregt [...]. Beim Vorbeischreiten an uns meinte er: ›[...] San

15 Mühsam, Erich: Tagebücher, Bd. 3, 1912–1914, hg. v. Chris Hirte und Conrad Piens, Berlin, 2012, S. 140 (Eintrag 3./4. August 1914). Mühsam teilte am selben Tag den Lesern des »Kain« mit, dass er »das Blatt während der Kriegsdauer eingehen lasse«. Da mit Literatur nichts mehr zu verdienen war und um auch einen – allerdings friedlichen – Beitrag zu leisten, meldete sich Mühsam beim Schwabinger Krankenhaus, wo er als Hilfsarbeiter in der Registratur tätig werden wollte; falls dies nicht zustande käme, gedachte er beim Magistrat nach Beschäftigung zu fragen: »im humanitären Zivildienst: bei Kranken, Irren oder der Feuerwehr. Vielleicht kann mir da auch meine alte Apothekererfahrung nützlich werden.«; ebenda, S. 142 f. sowie S. 1515.
16 BayHStA – Kriegsarchiv: Stellv GenKo I AK 976, K. Polizeidirektion Abt. VI an das K. GenKo I AK, Verzeichnis der Personen, von denen antimilitaristische Kundgebungen

oder Störungen der Mobilmachung zu erwarten sind, 1. 8. 1914. Genannt werden in dem Verzeichnis außerdem der Schreiner Karl Donauer, der Tagelöhner Sebastian Oettl, der Schneider Ludwig Vergendo, der Hausierer Otto Kindler, der Schriftsteller Friedrich Wilhelm Klein, der Schreiner Vitus Hägele, der Tagelöhner Ludwig Rodatus, der Schreiner Ludwig Sierch, der Kaufmann Joseph Sontheimer, der Chemigraph Hans Wittich, der Maler Heinrich Walther und der Isolierer Elias Sieber; alle Genannten wurden auch in der Folgezeit überwacht. Im Fall Mühsam war insbesondere dessen Kontakt mit dem Schriftsteller Karl von Levetzow von Interesse, da beide verdächtigt wurden, Päderasten zu sein.
17 BayHStA – Kriegsarchiv: Stellv GenKo I AK 946 (enthält zahlreiche Einzelbeispiele aus dem gesamten Zuständigkeitsgebiet des GenKo).

Die Angst vor Spionen und
Anschlägen erfasste ganz München und ließ schon bald die
absurdesten Gerüchte kursieren.
StadtA München: CHR 417-003

Am 30. Juli nachmittags stellten
die Münchner Zeitungen klar,
dass der Kaiser noch keine
Mobilisierung befohlen hatte.
StadtA München: CHR 417-018

dir dös Kloiffi! I bin doch selm a Münchner‹.«[18] Es kursierten die wildesten Gerüchte, so
am Ostbahnhof sei ein als Franziskanermönch getarnter Bombenleger erschossen worden, der einen Anschlag auf die Eisenbahnstrecke München–Salzburg versucht hatte.
Schnell fahrende Autos wurden aufgehalten, weil man in ihnen flüchtende Spione ver-
mutete.[19] Auch etwas herb aussehende oder allzu grell geschminkte Frauen gerieten in
Verdacht, in Wahrheit verkleidete Männer zu sein; es kam mehrfach zu falschen Verhaf-
tungen.[20] Ein solches Opfer wurde laut Stadtchronik auch die anscheinend mit einem
kräftigen Damenbart ausgestattete Postexpeditorin von Berg am Laim. Erst bei einer »Lei-
besuntersuchung« durch die Polizei konnte das Missverständnis aufgeklärt werden.[21] Die
Angst vor Spionen ging schließlich so weit, dass in den Wartesälen der Bahnhöfe und in
den Straßenbahnen Schilder aufgehängt wurden mit der Anordnung »Soldaten! Laßt Euch
nicht ausfragen! Seid vorsichtig bei euren Unterhaltungen. Spionengefahr!«[22]

---

18 StadtA München: NL-Bronner-Jo, Bd. 1, S. 10. Im
Sommer 1914 lebten mehr als 200 Engländer in München.
19 StadtA München: NL-Bronner-Jo, Bd. 1, S. 7 bzw. 17.
Vgl. auch Queri, Georg: Kriegsbüchl aus dem Westen,
München 2014 (Neuaufl. mit Nachwort von Michael
Stephan), S. 25 ff.

20 Auch Mühsam berichtet eine Vielzahl solcher Vorfälle.
Vgl. Mühsam, Erich: Tagebücher, Bd. 3, 1912–1914, hg. v.
Chris Hirte und Conrad Piens, Berlin, 2012, S. 140.
21 StadtA München: NL-Bronner-Jo, Bd. 1, S. 8.
22 StadtA München: NL-Bronner-Jo, Bd. 1, S. 12a.

Der Krieg beginnt

Am 30. Juli begann Russland als engster Bündnispartner Serbiens mobil zu machen, einen Tag später erfolgte die Generalmobilmachung Österreich-Ungarns.[23] Da das Bündnis zwischen dem Deutschen Reich und Österreich-Ungarn gerade bekräftigt worden war, musste nun auch der deutsche Kaiser Wilhelm II. reagieren – er verhängte am 31. Juli »infolge der andauernden und bedrohlichen Rüstungen Russlands« aufgrund von Artikel 68 der deutschen Reichsverfassung den »Kriegszustand«.[24]

Mit der Verhängung des Kriegszustandes veränderten sich die Rahmenbedingungen für Bayerns Eigenständigkeit grundlegend. Die bisher auf den bayerischen König vereidigte Armee wurde nun dem Deutschen Kaiser unterstellt.[25] Allerdings war dazu eine offizielle Feststellung des Kriegszustandes durch den bayerischen König notwendig. Da diese offizielle bayerische Kundgabe zur Kriegszustandserklärung des Kaisers am 31. Juli zunächst zunächst noch fehlte, mussten entsprechende Extrablätter der Münchner Zeitungen wieder von den Anschlagtafeln abgenommen werden.[26] Doch schließlich wurde auch in Bayern die Nachricht offiziell: »Das Kriegsministerium veröffentlicht in seinem Amtsblatt die Allerhöchsten Verordnungen über die Verhängung des Kriegszustandes, die Anordnung des Standrechts und den Übergang der vollziehenden Gewalt auf die Militärbehörden.« Der 69-jährige König als Generalfeldmarschall der bayerischen Armee war nun nur mehr Befehlshaber des immobilen Ersatztruppen in Bayern. Den Oberbefehl über den mobilen Teil der bayerischen Armee, die nun als die »6. Armee« in Lothringen eingesetzt werden sollte, übernahm im Auftrag des Kaisers sein Sohn, Kronprinz Rupprecht (1869 – 1955), der bisher Generalinspektor der Truppen gewesen war.[27]

In der Flut erregender Nachrichten, die sich in den letzten Tagen gejagt hatten, so die Chronik, »bedeutete die Meldung von der Verhängung des Kriegszustandes über das Reichsgebiet einen Höhepunkt. Nachdem am Donnerstag nachmittag [30. Juli] schon eine ähnliche, allerdings verfrühte Nachricht nach München gelangt war, es sich also gleichsam nur um eine Bestätigung schon erwarteter Ereignisse handelte, wurde die heute eingetroffene Kundgabe, die sonst wie eine Bombe hätte einschlagen müssen, mit verhältnismäßiger Ruhe hingenommen. [...] In einigen Minuten wimmelte die Sendlinger Stra-

---

23 In München waren zu diesem Zeitpunkt etwa 26.000 Angehörige der Donaumonarchie ansässig, von denen nach Schätzungen des österreichischen Generalkonsulats ca. 15.000 Wehrpflichtige waren; sie erhielten umgehend ihre Einberufungen; vgl. StadtA München: Chronik, 28. 7. 1914, S. 2349. An den Münchner Hochschulen (Ludwig-Maximilians-Universität, Technische Hochschule, Kgl. Akademie der Künste und Kgl. Akademie der Tonkünste) waren im Sommer 1914 insgesamt 838 ausländische Studierende (412 Österreich-Ungarn, 376 Russen, 50 Serben) eingeschrieben; vgl. StadtA München: Chronik, 28. 7. 1914, S. 2346. Sie alle verließen München umgehend.
24 Extra-Blatt des Berliner Tageblatts, 31. 7. 1914.
25 Volkert, Wilhelm: Handbuch der bayerischen Ämter, Gemeinden und Gerichte 1799 – 1980, München 1983,

S. 380 – 392. Die in Bayern verbliebenen Truppenteile standen weiterhin unter dem Befehl des Bayerischen Kriegsministeriums.
26 StadtA München: Chronik, 31. 7. 1914, S. 2379.
27 Kronprinz Rupprecht stimmte 15 Jahre nach Kriegsende der Publikation seiner Kriegstagebücher zu (vgl. Rupprecht Kronprinz von Bayern: Mein Kriegstagebuch, hg. v. Frauenholz, Eugen von, 3 Bde., München 1928/29). Zur Biografie allgemein siehe Dieter J. Weiß: Kronprinz Rupprecht von Bayern. Eine politische Biografie, Regensburg 2007. Bayerns Feldheer zählte Anfang August 1914 rund 500.000 Mann; zusammen mit der gegen Ende des Monats einberufenen Landwehr sollte die Gesamtstreitmacht des Königreichs schließlich sogar 900.000 Mann betragen.

»Im Hof des Wehramts empfangen 48 Kraftwägen am 1. August 1914 nachts ½ 12 Uhr die Mobilmachungsaufträge für die Stadt München.«
Foto nach einem Gemälde von Carl Vetter, 1914.
StadtA München: FS-HB-V-b-2282
Um die Mobilmachung in München bekannt zu machen, fuhren städtische Beamte die ganze Nacht über in den Stadtbezirken umher und informierten alle militärpflichtigen Münchner darüber, dass sie sich zum Militärdienst in den Kasernen einzufinden hatten.

ße, die fast ohne Verkehr gewesen, von Menschen und einer der Passanten, der den Anschlag gelesen hatte, fing auf einmal zu laufen an, um die Meldung weiter zu tragen. Man ward aufmerksam und nun begann von allen Seiten ein Rennen zu den Anschlagtafeln. Lange blieb man nicht stehen; die Nachricht war zu gewichtig und klar, als daß man sich mit irgend jemand in Diskussion eingelassen hätte. So schnell man konnte, eilte man nach Hause oder zu Bekannten. Mit einer fast unheimlichen Schnelligkeit verbreitete sich die Nachricht durch die Stadt […] Nichts ließ den Ernst der Situation deutlicher erkennen, als unverhofft für die große Menge der Bevölkerung gegen 6 Uhr in fast allen Straßen der Stadt der Generalmarsch geschlagen wurde.« Als vorher 30 Tamboure verschiedener Infanterie-Regimenter bei der Polizeidirektion angerückt waren, war die Ettstraße und die Löwengrube von dichten Menschenmassen besetzt. »Kurz vor 6 Uhr fuhren die Tamboure, jeder in einem Auto, zu dem für ihn bestimmten Bezirkskommissariat, wo der Kommissar mit in das Auto stieg, und in den meisten Straßen seines Bezirks nach dem Trommelwirbel des Tambours die Verordnung über die Verfügung des Kriegszustandes verlas. Besonders imposant war die Verkündung auf dem Marienplatz, der von Tausenden gefüllt, war, die den Tambour mit Hochrufen empfingen. Nachdem der Spielmann unter Trommelwirbel die Mariensäule umschritten hatte, verlas der Polizei-Bezirkskommissar die Verordnung. Anders, stimmungsvoller und packender gestaltete sich der Generalmarsch draußen in den äußeren Straßen. Dort gab es doch immerhin Häuser, in die die Kunde von der Verhängung des Kriegszustandes noch nicht gedrungen war. Auf einmal Trommelwirbel auf der Straße! Die Fenster wurden aufgerissen, aus den Häusern stürzten erregte Menschen und horchten erstaunt auf die Androhung schwerster Strafen für Verfehlungen gegen Staat und Öffentlichkeit […].«[28] Umgehend begab sich eine große Menschenmenge zum Wittelsbacher Palais[29], dem Wohnsitz König Ludwigs III., um den

28 StadtA München: Chronik, 31. 7. 1914, S. 2379 ff.
29 Das 1843/48 von Friedrich von Gärtner für den späteren König Maximilian II. als Kronprinzensitz erbaute Wittelsbacher Palais stand an der Ecke Brienner Straße/Türkenstraße (heute Bayerische Landesbank). Der Backsteinbau im Stil englischer Gotik war von 1848 bis 1868 Alterssitz von König Ludwig I. und wurde 1887 Wohnstätte König Ludwigs III. 1919 war das Gebäude Tagungsort des Aktionsausschusses der Münchner Räterepublik, ab Oktober 1933 war es Hauptquartier der »Gestapo«. Das 1944 schwer beschädigte Palais wurde 1964 abgebrochen.

Verkündung des Kriegs-
zustandes auf dem
Marienplatz, 31. Juli 1914.
StadtA München: FS-CHR 1914274
(Foto: Poehlmann)
Im Foto sind markiert links
der Bezirkskommissär, der die
Bekanntmachung verliest,
und rechts ein Tambour, der
zuvor den Generalmarsch
geschlagen hatte.

Von einem Auto aus wird in
der Türkenstraße eine Prokla-
mation verlesen, August 1914.
StadtA München: FS-PK-ERG 09-0044

Menschenmenge vor dem
Wittelsbacher Palais, auf
dem Balkon König Ludwig III.
mit Frau und Töchtern.
BayHStA: Slg. Staudinger 5

Monarchen zu sehen. Der wandte sich mit folgenden Worte an die Menschen: »Es sind sehr schwere und ernste Zeiten, denen wir entgegen gehen. Aber ich vertraue darauf, daß das bayerische Volk, wie seit vielen Jahrhunderten, auch jetzt in Treu zu seinem Herrscherhause stehen wird. Sollte es zum Kriege kommen, so erflehe ich Gottes reichsten Segen auf die Waffen meiner Armee, des ganzen Deutschen Reiches und seiner Verbündeten. Gehen Sie jetzt nach Hause und tun Sie Ihre Pflicht und sorgen Sie für unsere braven Soldaten, die wahrscheinlich bald für das Vaterland schwere, blutige Opfer bringen werden.«[30]

Da es keine anderen Möglichkeiten der Nachrichten-Übermittlung gab, harrten viele Menschen bis spät abends vor dem Gebäude der Münchner Neuesten Nachrichten aus: »Tausende erwarteten die Telegramme, die mit Lichtschrift bekannt gemacht wurden. Als um ¾ 10 Uhr vom Balkon des Geschäftshauses die Rede des Kaisers verlesen wurde, brach die nach Tausenden zählende Menge in brausende Beifallsrufe aus und sang begeistert die ›Wacht am Rhein‹ und ›Deutschland, Deutschland über alles‹.« Dia-Projektionen ließen die Information auch optisch eindrücklich werden: »Zum Schluß wurden die Bilder des Kaisers, des Königs, des Kronprinzen Rupprecht und des Kaisers Franz Joseph in Lichtbildern gezeigt, worauf das Publikum sang ›Ich hatt' einen Kameraden‹.« Dass die Menge den Ernst der Lage vollauf zu würdigen wusste, so der Chronist, zeigte sich auch daran, dass außer den begeisternden Vaterlandsliedern auch schwermütige Soldatenlieder gesungen wurden.[31]

Die Verkündung des Kriegszustandes, mit dem auch die Anordnung des Standrechts und der Übergang der vollziehenden Gewalt auf die Militärbehörden verbunden war, rief keineswegs bei allen Münchnern Begeisterung hervor. Viele sahen der Zukunft bangen Herzens entgegen. Bronner berichtet, dass in der allgemeinen Aufregung alle das Bedürfnis hatten, über ihre Gefühle und Befürchtungen zu reden, und sich deshalb völlig fremde Menschen ohne Rücksicht auf die bisher herrschenden Standesunterschiede ansprachen.[32] Bei Eugenie Piloty (1869 – 1952), der Schwiegertochter des Münchner Historienmalers Karl von Piloty und Mutter von fünf Kindern, darunter vier Söhne im Alter zwischen 21 und 16 Jahren, überwog die Angst vor den kommenden Ereignissen: »Als ich mit der Tram am Maria Hilfsplatz war, ein Auflauf. Trommelwirbel, ich stürzte hin: unter Fackelbeleuchtung las an jeder Straßenecke ein Mann die ›Kriegszustandserklärung‹ vor! Mir stürzten die Tränen aus den Augen.«[33]

Die Ausrufung des »Kriegszustands« wirkte sich schon ab dem folgenden Tag auf das alltägliche Leben der Münchner Bevölkerung aus.[34] Vor den Mehlhandlungen und Kolonialwarengeschäften bildeten sich lange Schlangen. Mehl, Zucker, und Grieß »vorkaufen«, war die allgemeine Losung. Dass diese Hamsterkäufe zu einer sofortigen Verteuerung der Lebensmittel führten, war unvermeidbar. Noch am 1. August hielt der magistratische »Ausschuß für Lebensmittelversorgung« mit Vertretern »aller an der Le-

30   StadtA München: Chronik, 31. 7. 1914, S. 2393.
31   StadtA München: Chronk, 31. 7. 1914.
32   StadtA München: NL-Bronner-Jo, Bd. 1, S. 4.
33   Eugenie Piloty, geb. Baeyer, führte von 1869 bis 1943 Tagebuch. Ihre Aufzeichnungen befinden sich in Privatbesitz.

34   BayHStA – Kriegsarchiv: Stellv GenKo I AK 947; enthält u. a. die Bekanntmachungen über die Verhängung des Kriegszustandes bzw. »über den Übergang der vollziehenden Gewalt auf die Militärbefehlshaber«.

bensmittelversorgung beteiligten Geschäftskreise« eine Besprechung zur Versorgungs-lage. Man war sich einig, dass genügend Lebensmittel »jetzt und für absehbare Zeit vor-handen« seien: Getreide und Mehlvorräte zur Deckung des Brotvorrats reichten für mehrere Wochen, auch ein Mangel an Fleisch und Milch war nicht zu befürchten. Es er-ging daher an die Bevölkerung, »die wohlgemeinte, dringende Aufforderung, den sinn-losen und preistreibenden Masseneinkauf von Lebensmitteln im eigensten Interesse zu unterlassen«. Die Geschäftsinhaber ermahnte man nachdrücklich, Lebensmittel an Ein-zelkunden nur in kleineren Mengen abzugeben.[35] Auf den Banken und Sparkassen herrschte lebhafter Andrang, viele wollten ihre gesamten Ersparnisse abheben, doch es wurden nur mehr Beträge bis 500 Mark ausgegeben.[36] »In der Sparkasse standen Leute durch den ganzen Vorraum bis zur Straße heraus. Meist waren es Arbeiterfrauen (mit ihren Kindern) und Arbeiter, welche ihre kleinen Guthaben abhoben, Beträge von 50 bis 200 oder 300 Mark.«[37] Telefon- und Post-Verkehr wurden umgehend massiv einge-schränkt: Private Telefongespräche nach dem Ausland und in einige Grenzgebiete des Inlands waren nicht mehr möglich.[38] Briefe ins Ausland und die deutschen »Schutzgebie-te« durften – damit sie überprüft werden konnten – nur noch unverschlossen gesendet werden, Pakete waren nicht mehr erlaubt. Private Mitteilungen in chiffrierter Sprache über Rüstungen, Truppen oder Schiffsbewegungen oder sonstige militärische Maßnah-men waren verboten; ähnliches galt für Telegramme.[39]

Alle Angehörigen feindlicher Nationen – darunter auch die aus Russland stammen-den Künstlerfreunde Wassily Kandinsky (1866–1944), Alexej von Jawlensky (1864–1941) und Marianne von Werefkin (1860–1938)[40] – hatten mit Kriegsausbruch das Land umge-hend zu verlassen. Doch auch Ausländer, die verbündeten Nationen angehörten, wie etwa die in den Ziegeleien in Berg am Laim tätigen Italiener, verließen die Stadt; sie hatten den ihnen mittlerweile zugestellten Einberufungen Folge zu leisten.[41]

München als Drehscheibe der Mobilmachung

Am 1. August folgten die Kriegserklärung Deutschlands an Russland und die erwartete Generalmobilmachung. Nachdem Kaiser Wilhelm verkündet hatte: »Ich bin gezwungen, zur Abwehr eines durch nichts gerechtfertigten Angriffs das Schwert zu ziehen und mit aller Deutschland zu Gebote stehenden Macht den Kampf um den Bestand des Reiches und unsere nationale Ehre zu führen«[42], erfolgte auch die Mobilmachung der bayerischen Armee. König Ludwig III. sandte an den Kaiser folgendes Telegramm: »Das bayerische

35 StadtA München: Chronik, 1. 8. 1914, S. 2421.
36 StadtA München: Chronik 1914, S. 2392 (31. Juli) und 2415 f. (1. August).
37 StadtA München: NL-Bronner-Jo, Bd. 1, S. 6.
38 Bereits ab dem 31. Juli 1914 wurden verschlossene private Postsendungen in die Pfalz, nach Elsaß-Lothringen, die zum Regierungsbezirk Trier gehörenden Kreise St. Wendel, Ottweiler, Saarbrücken – Stadt und Land, Saarlouis, Merzig und Saarburg, sämtliche Orte im Fürstentum Birkenfeld sowie die zum Befehlsbereich der Festungen Straßburg

(Elsaß) und Neubreisach gehörenden badischen Orte nicht mehr angenommen; bereits abgegebene Sendungen wurden an die Absender zurückgestellt.
39 Wenig später wurde der Postverkehr zwischen Deutschland, Russland und Frankreich (auch auf dem Weg über andere Länder) eingestellt.
40 Alle drei begaben sich zunächst in die neutrale Schweiz.
41 StadtA München: Chronik, 3. 8. 1914, S. 2466.
42 StadtA München: ZS 219/6: »Die Kriegsverkündung«, 2. 8. 1914.

Aufruf an Angehörige ver-
feindeter Nationen, die Stadt
umgehend zu verlassen.
StadtA München: CHR 415-04

Bekanntmachung.

Durch Allerhöchste Verordnung vom 31. Juli 19
ist für Bayern der Kriegszustand erklärt worden.

Mit Bezug hierauf wird folgende Anordn
getroffen:

Alle Fremden, die sich über den Zweck ih
Aufenthalts nicht gehörig ausweisen können oder
lästig machen, haben auf Aufforderung der Distri
polizeibehörden das Gebiet des Deutschen Reic
und zwar bis auf weiteres über Lindau bin
24 Stunden zu verlassen.

München, den 2. August 1914.

Der Kommandierende General
des I. Armeekorps

gez. von Xylander
General der Infanterie.

Anstehen vor den
Marktbuden am Wiener Platz,
31. August 1914.
StadtA München: FS-PK-ERG 9-0135

Viele Menschen tätigten
Hamsterkäufe in den
Mehl- und Kolonialwaren-
geschäften. »Vorkaufen« war
die allgemeine Losung.

Kronprinz Rupprecht (Mitte
links) mit dem 9-jährigen
Prinzen Albrecht bei einer
Parade der Prinzregent-
Luitpold-Kanoniere in der
Max-II-Kaserne, August 1914.
StadtA München: FS-WKI-STL 22

Bekanntgabe der
Mobilmachungstage.
StadtA München: CHR 415-03

Das 1. Schwere Reiter-Regiment
zieht mit der aus der Residenz
geholten Standarte durch die
Brienner Straße, 4. August 1914.
StadtA München: FS-CHR 1914446
(Foto: Jaeger & Goergen)

Verabschiedung der ins Feld ziehenden
Offiziere durch König Ludwig III.
im Hof der Prinz-Arnulf-Kaserne
(Türkenkaserne), August 1914.
StadtA München: FS-WKI-STL-0009

Verabschiedung des 1. Bayerischen
Infanterie-Regiments durch König
Ludwig III. auf dem Königsplatz.
StadtA München: FS-CHR 1914454

Heer ist heute mit dem Beginn der Mobilisierung unter deinen Befehl als Bundesfeldherr getreten. [...] In dieser Erwartung heiße ich Bayerns Söhne, sich um ihre Fahnen zu scharen, und bitte zu Gott, er möge, wenn der Kampf entbrennt, den deutschen Waffen den Sieg verleihen.« An die Armee richtete er das Manifest »An mein Heer!«[43]

In der Münchner Garnison, deren Stärke im Sommer 1914 etwas über 700 Offiziere und Militärbeamte sowie rund 11.500 Unteroffiziere und Mannschaften betrug[44], begann hektischer Betrieb: »In den Kasernen sieht man ganze Pyramiden alter Stiefel und Berge abgelegter Monturen. Und ein Bild, das gruseln machen könnte, die erste Note in dem Treiben, das sonst wie eine Manöverszene anmutet: das Schleifen der Schwerter und Säbel. Kreischend geht der Schleifstein und die Funken spritzen.«[45] Abschiedsparaden und die ersten zu den Bahnhöfen marschierenden Regimenter bestimmten ab dem 1. August das Straßenbild. Da die Bevölkerung mehrheitlich der Meinung war, dem Deutschen Reich werde ein Krieg aufgezwungen und die ganze Nation müsse nun fester als je zuvor zusammenstehen, provozierte der Kriegsbeginn eindrucksvolle Manifestationen öffentlicher Begeisterung.[46] Tausende von Menschen – auch der König – besuchten das Kasernenviertel auf dem Oberwiesenfeld.

Der 2. August 1914, ein Sonntag, war der erste Mobilmachungstag. Der städtische Chronist notierte dazu: »Die Straßen boten [...] ein ganz anderes Bild als die Tage vorher. Zwar gab's noch genügend Hasten und Rennen, besonders zu den Ausrüstungsgeschäften und den Läden, in denen die Reservisten sich schnell noch irgendwelche Kleinigkeiten kauften. Aber man merkte am Straßenbild bereits deutlich, dass die Mobilmachung der Stadt schon Tausende entzogen hat [...].« München, das nach Berlin die zweitgrößte Garnison im Reich besaß, wurde zur Drehscheibe der bayerischen Truppenverladung. Einberufene und Kriegsfreiwillige strömten hier zusammen. Auf den Münchner Bahnhöfen, die unter militärische Kontrolle gestellt waren, herrschte riesiger Trubel; allein am Hauptbahnhof verkehrten täglich bis zu 700 Züge.[47]

Während sich erste Truppenkontingente bereits Richtung Front aufgemacht hatten, trafen aus allen Richtungen des Landes immer neue Einberufene ein: »Heute abend kam ein ganzer Zug von Gebirglern an. Wie der über den Bahnhof marschierte, da gab es ein Rufen und Winken; an allen Fenstern im Kaufhaus Tietz [heute Kaufhaus Karstadt am Bahnhofsplatz] wurde es lebendig, alle Verkäuferinnen winkten mit Tüchern [...] Und wenn man sie alle sieht, diese Prachtkerle, dann mischt sich in die ersten Erwägungen, was werden kann und werden mag, das Gefühl tröstlicher Zuversicht. Wo so viele Arme zugreifen, so viele Herzen fürs Vaterland schlagen, da kann es nicht gefehlt sein.«[48] Auch den abfahrenden Soldaten brachten Schaulustige begeisterte Ovationen; immer wieder wurde »Deutschland, Deutschland über alles« gesungen.

Die königliche Familie war – wie bürgerliche Familien – persönlich vom Abmarsch der Soldaten betroffen, nicht nur die drei Söhne des Königspaares zogen ins Feld, nahezu

43 StadtA München: Chronik, 1. 8. 1914, S. 2410.
44 Megele, Max: Baugeschichtlicher Atlas der Landeshauptstadt München, München 1951, S. 142.
45 StadtA München: Chronik, 2. 8. 1914, S. 2452.
46 StadtA München: Chronik, 2. 8. 1914, S. 2450.
47 StadtA München: Chronik, 4. 8. 1914, S. 2520. Zu

Planung und Ablauf der Mobilmachung siehe Günther Kronenbitter: Planmäßig vom Frieden zum Krieg – Bayern macht mobil, in: Krieg! Bayern im Sommer 1914, hg. Generaldirektion der Staatlichen Archive Bayerns, München 2014, S. 39 – 51.
48 Münchner Neueste Nachrichten, 5. 8. 1914.

alle männlichen Mitglieder des bayerischen Königshauses meldeten sich im August 1914 zum Kriegsdienst. Die größte Verantwortung lastete auf Kronprinz Rupprecht, der – wie schon erwähnt – Oberbefehlshaber über die gesamten bayerischen Fronttruppen war. Seine Brüder Karl (1874 – 1927) und Franz (1875 – 1957) dienten als Generalmajore; letzterer kommandierte zunächst das 2. Infanterie-Regiment »Kronprinz«, das schon am 2. August an die Westfront abrückte. Auch etliche weitere Mitglieder des Wittelsbacher Hauses leisteten ab Sommer 1914 Kriegsdienst: Während sich die Prinzen Georg, Konrad, Heinrich (1916 gefallen) und Adalbert sowie Herzog Ludwig Wilhelm an die Front begaben, übernahm Prinz Ludwig Ferdinand – er war Facharzt für Chirurgie und Gynäkologie – die Leitung der Chirurgischen Abteilung des Münchener Garnisonslazaretts. Im April 1915 wurde schließlich auch Prinz Leopold (1846 – 1930), der Bruder König Ludwigs III. und Schwiegersohn des österreich-ungarischen Kaisers, für den Heeresdienst reaktiviert. Er übernahm zunächst an der Ostfront den Oberbefehl über die 9. Armee (»Eroberer von Warschau«) und wurde Ende August 1916 Oberbefehlshaber der gesamten deutschen Streitkräfte im Osten; 1917 war er Mitunterzeichner des Friedens von Brest-Litowsk, mit dem Russland aus dem Ersten Weltkrieg ausschied.[49]

Nachdem das mobile Generalkommando des 1. bayerischen Armeekorps am 2. August mobil gemacht und München verlassen hatte, wurde an seiner Stelle ein Stellvertretendes Generalkommando aufgestellt, dessen kommandierender General Luitpold Freiherr von der Tann-Rathsamhausen (1847 – 1919) oberster Militärbefehlshaber im Sinne des Gesetzes über den Kriegszustand war. Für die Dauer des Krieges hatte er nun die Befugnisse über die den Zivilstaatsministerien untergeordneten Staatsbehörden. Das Stellvertretende Generalkommando, das seinen Hauptsitz in der Herzog-Max-Burg hatte und über zahlreiche Nebendienststellen[50] verfügte, war zuständig für

☐ die Aufsicht über die öffentliche Sicherheit
☐ die Presse- und Bildzensur
☐ die Überwachung kriegswirtschaftlicher Maßnahmen zur Versorgung der Bevölkerung mit Gütern des täglichen Bedarfs einschließlich der Bekämpfung des Hamsterwesens und des Kriegswuchers
☐ die Bereitstellung notwendiger Rohstoffe für die Industrie
☐ die Kontrolle der Ein- und Ausfuhr von Gütern
☐ die Überwachung des Grenzverkehrs einschließlich Pass-Wesen
☐ die Fremdenpolizei
☐ die Betreuung Kriegsgefangener und die Internierung gewisser Personen
☐ die Abwehr feindlicher Spionagetätigkeit
☐ die Aufsicht über das Vereins- und Versammlungswesen.

---

49 Der betagte Prinz war im Deutschen Bruderkrieg 1866 und im Deutsch-französischen Krieg 1870/71 aktiv gewesen und hatte sich erst 1913, nach seinem 50-jährigen Dienstjubiläum, ins Privatleben zurückgezogen. Zum Thema siehe auch März, Stefan: Das Haus Wittelsbach im Ersten Weltkrieg, Regensburg 2014, hier S. 258 – 269.
50 So waren u. a. in der Artilleriestraße 4 das Oberkriegsgericht, im Hauptpostamt in der Residenzstraße die

Post-Prüfstelle, im Hotel Wagner in der Sonnenstraße die Versorgungsabteilung und der Gasoffizier und im Hotel Zentral in der Arnulfstraße die Arbeitsnachweiszentrale und die Kriegsamtsstelle München. Letztere (146 Mitarbeiter) war zuständig für Hilfsdienste, Industrieangelegenheiten, Gewerbe-Angelegenheiten, Bau-Sachen, Brennstoffversorgung, Ernährungs- und Bekleidungswesen für Rüstungsarbeiter und die Demobilmachung.

Ausmarsch des 2. Bayerischen Infanterie-Regiments.

StadtA München: FS-CHR 1914451

Das Regiment, dessen Kaserne sich seit 1898 an der Gabelung Loth-/Winzererstraße (heute Vimyplatz) befand, fuhr bereits am 2. August 1914 in einer Gefechtstärke von 65 Offizieren, sechs Ärzten, drei Zahlmeistern, 3.200 Unteroffizieren und Mannschaften sowie 230 Pferden Richtung Front.

Bekanntgabe der Mobilmachung vor der Feldherrnhalle.

StadtA München: FS-CHR 1914278
(Foto: Heinrich Hoffmann)

Tausende begeisterter Menschen versammelten sich am 2. August 1914 auf dem Odeonsplatz, um die Bekanntgabe der Mobilmachung zu hören. Auf einem zeitgleich aus anderer Perspektive aufgenommenen Foto wurde später in der Menschenmenge Adolf Hitler identifiziert, der sich im August 1914 als Kriegsfreiwilliger meldete und trotz österreichischer Staatsbürgerschaft in die bayerische Armee aufgenommen wurde.

Am 2. August 1914 zog die vom Infanterie-Leibregiment gestellte Residenzwache erstmals in feldgrauer Uniform auf, ihr Erscheinen löste begeisterte Kundgebungen der Schaulustigen aus.

StadtA München: FS-CHR 1914276
(Foto: Heinrich Hoffmann)

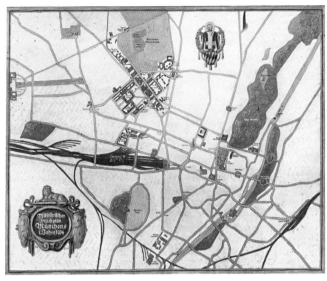

Militärischer Stadtplan
von München.
Koloriertes Foto
Münchner Stadtmuseum – Slg. Graphik
und Gemälde: NL Grässel 62
München war nach Berlin
die zweitgrößte Garnisonsstadt
im Reich. Der Plan zeigt
deutlich das ausgedehnte
Kasernenviertel südlich des
Exerzierplatzes Oberwiesenfeld.

Bahnhof-Kommandatur –
Ausgang für Mannschaften am
Hauptbahnhof München.
BHStA: Slg. Staudinger 195
Ab Kriegsbeginn standen die
Bahnhöfe unter Militäraufsicht. Um den Abtransport der
Truppen reibungslos bewältigen zu können, wurde ab dem
dritten Mobilmachungstag
jeglicher Individualverkehr eingestellt; es galt ein Militärfahrplan. Erst Ende August wurde
der zivile Bahnverkehr wieder
aufgenommen.

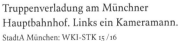

Truppenverladung am Münchner
Hauptbahnhof. Links ein Kameramann.
StadtA München: WKI-STK 15/16

Da die Übergabe der Amtsgeschäfte an das Stellvertretende Generalkommando in größter Eile vor sich gehen musste, lief sie »keineswegs geordnet« ab. Das wenige, noch nicht eingearbeitete Personal war zunächst überfordert, die immer neuen Vorschriften zu beachten und den umgehend einsetzenden enormen Ansturm von Anfragen und Gesuchen zu bearbeiten.[51]

Im Städtischen Wehramt (heute Sitz des Stadtarchivs München), das erst seit wenigen Tagen einen Neubau an der Winzererstraße 68 (Architekt: Hans Grässel)[52] bezogen hatte, wurde mit Beginn der Mobilmachung umgehend mit der Musterung von Soldaten, Pferden und auch Autos begonnen.[53] Obwohl die auf das Vierfache verstärkten Beamten die Rekruten im 3-Minuten-Takt abfertigten, war der Ansturm kaum zu bewältigen: »Vor dem städtischen Wehramt […] sammelten sich heute wieder Tausende von Menschen, welche, weil sie nicht alle zusammen eingelassen werden konnten, stundenlang vor den verschlossenen Türen warten und deshalb zur Ruhe und Ordnung ermahnt werden mußten.« Münchens 2. Bürgermeister Otto Merkt[54] wandte sich vom Balkon des Gebäudes aus an die ungeduldig Wartenden: »Sie seien im Begriffe, Soldaten zu werden, beim Militär herrsche Ordnung und Disziplin, sie möchten sich deswegen in Reihen zu 10 aufstellen und ruhig warten, bis sie eingelassen werden könnten. Jeder würde heute noch abgefertigt werden, doch würden die letzten 6 – 8 Stunden zu warten haben.« Man hatte erwartet, dass die Wartenden auf solche Worte mit Murren reagieren würden, doch stattdessen begannen sie die »Wacht am Rhein« zu singen – »ein erhabener, ewig denkwürdiger Vorgang«, befand der Chronist.[55] Auch Pferde wurden vorgeführt: »Um 5 ¼ Uhr war am Samstag der Mobilmachungsbefehl erschienen und innerhalb von 12 Stunden, heute morgens 5 Uhr, war das erste ausgehobene Pferd bei den Schweren Reitern. Trotzdem die Chauffeure bis 11 Uhr warten mußten, benahmen sie sich […] ohne Alkohol ausgezeichnet. Von 4.800 Pferdeaufforderungen kamen nur 15 als unbestellbar zurück. […]«[56]

Zusätzlich zu den Garnisonsangehörigen und den Tausenden von Reservisten, die sich in München sammelten, meldeten sich in den ersten Tagen nach Kriegsbeginn auch rund 30.000 Freiwillige beim Münchner Bezirkskommando. Offensichtlich hatten Kaiser Wilhelms Ausruf »Ich kenne nur Deutsche!« und ebenso die Aufrufe verschiedenster Parteien, Institutionen, Gruppierungen und Vereinigungen ihre Wirkung nicht verfehlt.[57] Joseph Bronner berichtet: »In den Kreisen unserer Hochschuljugend herrscht eine hoch-

---

51 BayHStA – Kriegsarchiv: Stellv GenKo I AK 111, Erfahrungsbericht des Freiherrn von Malsen, 7. 11. 1914.
52 Der erst für September vorgesehene Umzug des städtischen Wehramts (inklusive 18.000 Mobilmachungsakten), das seit 1894 seinen Sitz in der alten Isarkaserne auf der Kohleninsel gehabt hatte, fand am 29. Juli statt (vgl. StadtA München: Chronik, 29. 7. 1914, S. 2366). Vier Tage später konnte der Betrieb aufgenommen werden. Seit 1945 ist das Gebäude Sitz des Stadtarchivs München. Zur Geschichte und den Aufgaben des Wehramts sowie dem Neubau an der Winzererstraße siehe Grässel, Hans: Das städtische Wehramt in München, München 1914.
53 Bei Kriegsbeginn verfügte die bayerische Armee über keinen größeren Kraftwagen-Bestand. Autos (samt Fahrer)

mussten deshalb dienstverpflichtet werden; vgl. Volkert (wie Anm. 25), S. 388.
54 Otto Merkt (1877 – 1951), der erst seit Mai 1914 Zweiter Bürgermeister von München war (bis 1917), wurde selbst im August 1914 eingezogen und diente bis Anfang 1918 als Hauptmann an der Westfront.
55 StadtA München: Chronik, 3. 8. 1914, S. 2469 ff.
56 Da eine Vielzahl von Pferden gebraucht wurde, forderte der Münchner Magistrat dazu auf, im Wehramt Pferde vormustern zu lassen.
57 Die Rektoren und Senate der bayerischen Hochschulen erließen folgenden Aufruf: »An unsere akademische Jugend, Kommilitonen! »Die Musen schweigen. Es gilt den Kampf, den aufgezwungenen Kampf um deutsche Kultur, die

erfreuliche, vaterländische Begeisterung ähnlich der vor 100 Jahren zur Zeit der Freiheits-kriege. Mediziner, Korpsstudenten, Burschenschafter etc. fordern ihre Gesinnungsfreun-de in Aufrufen zur freiwilligen Meldung zum Waffendienste auf.« Auch viele Münchner Künstler und Intellektuelle wollten unbedingt am Krieg teilnehmen: Der Maler Franz Marc (1880 – 1916) meldete sich am 6. August 1914 in der Münchner Max-II-Kaserne als Freiwilliger. Er wurde der 2. Ersatzbatterie des 1. Feldartillerieregiments zugeteilt und ging am 30. August ab an die französische Front.[58] Auch der Schriftsteller Ludwig Thoma (1867 – 1921), der sich bisher als scharfzüngiger Kritiker von Gesellschaft, Klerus und Staat hervorgetan und deshalb immer wieder in Konflikt mit der Justiz geraten war, woll-te, wie er in einem Brief an den württembergischen Politiker Conrad Haussmann schil-dert, unbedingt seinen Teil beitragen: »Dir und Deiner Frau gehören viele Gedanken, wenn man in diesen Tagen noch an die Schicksale einzelner denkt. Euer braver Wehr-mann Robert wird nun wohl auch schon auf der Grenzwacht stehen, und das Schicksal muss ihn behüten. Für Euch war's hart, aber doch auch schön. Mein Herz hat immer dem Volk gehört. Je älter ich wurde, desto mehr verwuchs ich mit ihm, und neben dieser zärt-lichen Liebe fand kaum mehr ein anderes Interesse Platz. Und jetzt ist alles so tausend-fach größer und edler, als wir ahnen konnten, und aus jeder Hütte heraus treten schlichte Helden, deren Größe mir über jede geschichtliche Tradition herauszuragen scheint. […]. Mir ist Stunde um Stunde, als ob sie mich rufen würden: Gehörst du nicht zu uns? Ich habe mich schon am 31. Juli, dann am 2. August wieder bei unserem Generalarzt zu jedem Sanitätsdienst gemeldet […].«[59] Der Schriftsteller und Maler Richard Seewald (1889 – 1976) dagegen, der sich die letzten Wochen vor Kriegsausbruch in Frankreich aufgehalten hatte und erst am 31. Juli wieder in München eintraf, wo er sich schon bald der Musterung unterziehen musste, konnte diese »vollkommene Verwirrung der Geister unter uns Intel-lektuellen« nicht nachvollziehen: »Welch ein Unterschied zwischen Marseille und Mün-chen! Dort das brodelnde Gewimmel aufgeregter Menschen, klagend, weinend oder auch lachend, dazwischen Soldaten in bunten Röcken, hellblau verschnürt, rote Hosen, Käp-pis, prächtige Epauletten, hier eine schweigende, nur manchmal hurra rufende Menge,

Barbaren von Osten bedrohen, um deutsche Erde, die der Feind im Westen uns neidet. Da entbrennt aufs neue der furor teutonicus, die Begeisterung der Befreiungskämpfe lodert auf, der heilige Krieg bricht an! Die Alma mater entläßt mit ihrem Segen die Söhne, die sie zur Friedensarbeit, die sie für Pflicht und Treue, um Ehre und Freiheit erzogen. Schart euch als Krieger um die Fahnen, als Helfer um das Rote Kreuz, ein jeder an seinem Platz; mit Kraft und Trotz, mit Faust und Herz. Gott segne die Waffen, Gott segne den Kampf, Gott gebe den Sieg!«; vgl. StadtA München: Chronik, 2. 8. 1914, S. 2457. Am 2. August meldeten sich sämtliche Mitglieder des Korps Franconia sowie der Burschenschaften Arminia und Danubia als Kriegsfreiwillige; StadtA München: Chronik, 2. 8. 1914, S. 2459.

58 Marc schrieb zahlreiche Briefe an seine Frau, die 1920 bei Cassirer in Berlin veröffentlicht wurden; eine Neu-ausgabe, hg. v. Elisabeth Tworek, erschien 2011. Marc fiel im März 1916 bei Verdun. Details zu Marcs Kriegsbegeisterung

und Kriegsdienst siehe auch Kunst- und Ausstellungshalle der Bundesrepublik Deutschland GmbH (Hg.): 1914. Die Avantgarden im Kampf, Köln 2014, S. 243.

59 Zitiert nach Ludwig Thoma: Gesammelte Werke. Bd. 1 Autobiographisches und ausgewählte Briefe, München 1932, hier S. 485, Brief an Conrad Haussmann, 7. 8. 1914; Thoma, der bisher linksliberal eingestellt war, änderte mit Kriegs-beginn seine Haltung. Er ging zunächst als Kriegsbericht-erstatter an die Ostfront, später wurde er dort Sanitäter. In seinem 1915 publizierten Stück »Der erste August« thematisiert er die Lebenswelt eines kleinen bayerischen Dorfes und dessen Erfahrungen mit der Mobilmachung; im Gegensatz zu der Begeisterung vieler Städter steht hier die Sorge der Bewohner im Vordergrund. Conrad Haussmann (1857 – 1922) war Landtagsabgeordneter der Demokratischen Volkspartei in Württemberg. 1907 gründete er gemeinsam mit Hermann Hesse und Thoma die politisch-literarische Zeitschrift »März«.

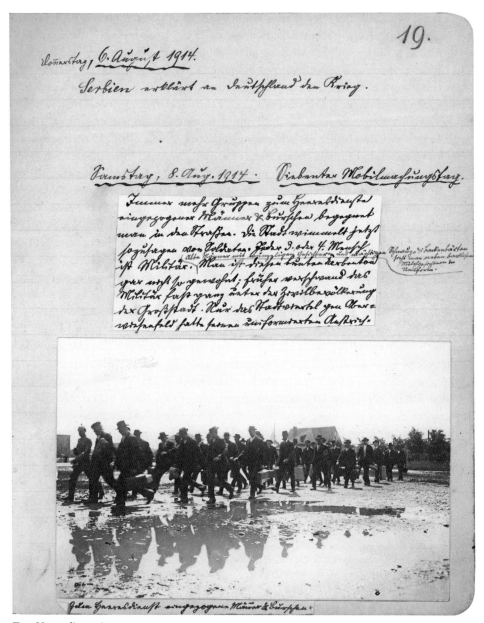

Zum Heeresdienst eingezogene
Männer und Burschen –
Auszug aus dem Tagebuch von
Josef Bronner.
StadtA München: NL-BRO-J-01-19-Foto

Soldatenhumor, August 1914.
BayHStA: Slg. Staudinger 126

Kronprinz Rupprecht über-
nahm bei Kriegsausbruch den
Oberbefehl über den mobilen
Teil der bayerischen Armee, die
als »6. Armee« zunächst in
Lothringen eingesetzt wurde.
StadtA München: FS-Per-Wittelsbach-
Rupprecht-1869-1955-01

durch die im Gleichschritt einheitlich feldgrau gekleidete endlose Kolonnen marschierten. Ein Artillerieregiment mit ganz neuen hellgelben Pferdegeschirren, offenbar auch neuen Geschützen, rumpelte und rasselte zum Verladen. Armes Frankreich, sagten wir uns bedrückt.«[60] Seewald verspürte »nicht die geringste Lust, gegen dies Land, das mich noch eben freundlich beherbergt hatte, zu Felde zu ziehen; auch hat mir der Satz nie eingeleuchtet, daß es süß und ehrenvoll sei, für das Vaterland zu sterben.«[61]

Auch Münchens jüdische Bevölkerung ließ sich zu patriotischer Begeisterung mitreißen. Während die aus Galizien, Ungarn oder Böhmen stammenden und hier noch nicht naturalisierten Ostjuden bei der k.u.k. Armee einrückten, meldeten sich alteingesessene Münchner Juden zur bayerischen Armee.[62]

Der ungeheure Ansturm Freiwilliger konnte nur mit größter Mühe bewältigt werden: »Da stehen ganze Säle voll nackter Leute zur Untersuchung. Sie werden geimpft mit gewöhnlichen Stahlfedern, die denselben Dienst tun wie Lanzetten. Diejenigen, die noch nicht an der Reihe sind, erhalten vielfach Bescheide, an einem anderen Tag wiederzukommen. Auch jene, die schon bestimmten Regimentern zugeteilt sind, können noch nicht gleich untergebracht werden und bekommen Einberufungen erst auf spätere Termine.«[63] Schon bald waren die Kasernen überbelegt; Notquartiere mussten beschafft werden. Da Ferienzeit war, wurden zahlreiche Schulgebäude unter militärische Verwaltung gestellt. Auch in Brauereien sowie in den kurzfristig geräumten Hallen des Ausstellungsparks wurden provisorisch Soldaten untergebracht.[64]

Armee-Neulinge hatten vor dem Fronteinsatz eine achtwöchige Grundausbildung zu absolvieren, für Reservetruppen genügten auch vier bis sechs Wochen Schulung[65]. Wie schwierig es war, aus Ungeübten eine Truppe zu formen, lässt der Tagebuch-Eintrag von Friedrich Franz Feeser, Chef der 5. Batterie des 2. Feldartillerie-Regiments erahnen: »Früh hielt ich eine kleine Übung. Mein Gott, wo ist meine schöne Friedensbatterie hingekom-

60   Seewald, Richard: Die Zeit befiehlts, wir sind ihr untertan. Lebenserinnerungen, Freiburg-Basel-Wien 1977, S. 127.

61   Seewald (wie Anm. 60), S. 128. Seewald wurde dem Landsturm ohne Waffen zugeteilt: »Sehr zufrieden damit verließ ich die Kaserne auf dem Oberwiesenfeld.«

62   Angermair, Elisabeth: Eine selbstbewusste Minderheit (1892–1918), in: Jüdisches München. Vom Mittelalter bis zur Gegenwart, hg. v. Richard Baucr / Michael Brenner, München 2006, S. 110–136, hier S. 132–136. Vgl. auch Unsere Gefallenen Kameraden. Gedenkbuch für die im Weltkrieg gefallenen Münchner Juden, hg. v. Ortsgruppe München des Reichsbundes Jüdischer Frontsoldaten, München 1929, sowie »Krieg! Juden zwischen den Fronten 1914–1918«, hg. v. Ulrike Heikaus / Julia B. Köhne, Berlin 2014.

63   Münchner Neueste Nachrichten, 5. 8. 1914.

64   StadtA München: NL Adam 670/1. Luitpold Adam beschreibt sein Einrücken: »Am 16. [August 1914] zur festgesetzten Stunde traf ich am Sammelplatz ein, wo sich allmählich Hunderte von jungen Burschen einfanden, jeder ein Köfferchen in der Hand mit den nötigsten Utensilien.

Die Kontrolle und Eintragung erforderte Stunden […] Als wir endlich registriert waren, wurden wir in Viererreihen geordnet und unter der Führung von Unteroffizieren marschierten wir zur Kaserne hinaus. Ganz in der Nähe des Elternhauses wurden wir in der Albrechtschule untergebracht, die für uns geräumt und sogar bezugsfertig hergerichtet war, indem man als Schlafstellen Stroh in die Zimmer geschüttet hatte. Das übrige Bettzeug, Decke und Kopfkissen oder an dessen Stelle ein zusammengerollter Mantel, hatte jeder selbst mitgebracht.«

65   BayHStA – Kriegsarchiv: Stellv GenKo I AK 451, Kriegsministerium an Stellv GenKo, 25. 8. 1914: Gesichtspunkte für die Ausbildung der neu zu bildenden Reservetruppen. »Es genügen ganz einfache und wenige Uebungen, wenn ihre sorgfältige Ausführung mit genügendem Ernst überwacht wird. Unbedenklich fortfallen müssen alle sogenannten parademäßigen Formen […] Dagegen ist bei allen Waffen von vornherein neben der Uebung im Ueberwinden feldmäßiger Hindernisse auch Wert auf Frei- und Turnuebungen zu legen, die zum Geschmeidigmachen des Körpers […] einzuschieben sind.«

Das Städtische Wehramt an der Winzererstraße.
Münchner Stadtmuseum – Slg. Graphik und Gemälde: NL Grässel 50

Der von Hans Grässel konzipierte Gebäudekomplex, der erste kommunale Bau seiner Art im Deutschen Reich, hätte eigentlich erst im September 1914 feierlich seiner Bestimmung übergeben werden sollen. Die Mobilmachung zwang jedoch zur sofortigen Inbetriebnahme. Seit 1926 beherbergte das Gebäude Bestände des Stadtarchivs München; nach dem Ende des Zweiten Weltkriegs zog das bisher am Marienplatz situierte Archiv gänzlich in die Winzererstraße.

Hinweistafeln im Städtischen Wehramt.
Münchner Stadtmuseum – Slg. Graphik und Gemälde: NL Grässel 56, 65

In Friedenszeiten wurden hier alle militär- und marinepflichtigen Mannschaften einschließlich der Einjährig-Freiwilligen und der Geistlichen gemustert sowie Pferde und Kraftfahrzeuge ausgehoben. Neben Verwaltungstätigkeiten (Beihilfen für Militärpflichtige, Aufwandsentschädigungen für Familien einberufener Söhne, Pensionsangelegenheiten u. a.) gehörte auch die Vorhaltung von Ausrüstungsgegenständen für Massenquartiere – sie bestand in Strohsäcken, Wolldecken, Leintüchern, Tischen, Bänken, Waschgelegenheiten etc. – zu den Aufgaben des Amtes. In Kriegszeiten hatten hier sämtliche Mobilmachungsvorarbeiten im Bereich der Stadt München zu erfolgen.

..or dem Wehramt ..rtende Kriegsfrei- ..llige werden von ..rgermeister Merkt ..grüßt, August 1914.
..loriertes Foto ..ch einem Gemälde ..n Gregor Hurst
..tM – Slg. Graphik und ..mälde: NL Grässel 66

men! Eingestellte Zivilpferde, die gänzlich unwendig sind, des Reitens ungewohnte Reservisten. Es ist ein Karren, kein militärisches Fahren.«[66] Zahlreiche Beschwerden an das Stellvertretende Generalkommando zeugen allerdings auch davon, dass nicht wenige Vorgesetzte äußerst rüde mit den Rekruten umsprangen und sie massiv schikanierten.[67]

Diejenigen, die bereits eine Ausbildung absolviert hatten, konnten sofort an die Front geschickt werden. Für sie hieß es, letzte Vorbereitungen für den Abmarsch zu treffen. Da die Zeit drängte, waren am Sonntag, 2. August 1914, nicht nur Geschäfte, sondern auch die Standesämter geöffnet – viele Militärpflichtige und auch Kriegsfreiwillige und ihre Bräute ließen sich noch rasch nottrauen.[68] In den katholischen Pfarrkirchen, die voll von »Landwehrmännern, Ersatzreservisten, Offizieren und ihren Frauen« waren, wurde die Gelegenheit zu Beichte und Kommunion vielfach in Anspruch genommen.[69]

Wie schwer der Abschied fiel, berichtet Eugenie Piloty, deren ältere Söhne Carl Adolf (*1892) und Hans (*1894), genannt Henné und Hansa, sich ebenfalls freiwillig zum Militär gemeldet hatten. Sie beschrieb die letzten Stunden mit ihrem Ältesten: »Um 11 Uhr an der Kaserne, Henné frei! Wir aßen zusammen im Augustiner u. sahen das Leibregiment ausmarschieren, mit Blumen geschmückt aber ganz stumm.[70] Hansa kam freudestrahlend dazu, war im Leibregiment angenommen als Kriegsfreiwilliger trotz seines schlechten Gehörs. Um 2 Uhr muß er in der Kaserne sein u. dort bleiben. Um ¾ 2 Uhr holte Hennés I. Komp. die Fahnen ab in der Residenz. Wir standen an der Feldherrnhalle u. sahen die Guten vorbei marschieren, glühend rot in der entsetzlichen Hitze mit hoch aufgerichtetem Kopf, [...], ach Gott, ich weinte natürlich wieder. Um ½ 6 Uhr wieder in der Kaserne. [...] Abends, Henné hatte Appell frei, mit Oscar, Henné, Hansa u. Onkel Otto in der Odeonsbar, der letzte Abend. Wir brachten Henné noch nach Haus in einem Auto, er saß mir gegenüber u. ich hielt seine beiden Hände in meinen Händen u. nie, nie im Leben werde ich das Gefühl dieser guten, treuen, geliebten Hände vergessen. – Dann küssten wir uns zum letzten Mal u. nie, nie werde ich den Ausdruck in seinen geliebten Augen vergessen, so gütig und so traurig. Das war der Abschied für immer – nie werde ich

66 Das Bayernbuch vom Weltkriege 1914–1918. Ein Volksbuch, bearbeitet von Konrat Kratt von Dellmensigen / Friedrich Franz Feeser, Stuttgart 1930, Bd. II, S. 30.

67 Siehe zum Beispiel BayHStA – Kriegsarchiv: Stellv GenKo I AK 1658, Brief eines Schweizer Bürgers, 2. 11. 1914, der während seines München-Aufenthalts Kenntnis über entsprechende Vorkommnisse bekam. Er zitiert einen Major des Rekrutendepots 1 vom 1. Infanterieregiment: »Bauernhamel, [...] für eure Bauernköpfe ist es nicht schad, wenn ihr erschossen werdet, – deswegen seid ihr da, dass ihr erschossen werdet u.s.w.«

68 StadtA München: Chronik, 1. 8. 1914, S. 2418. Allein auf dem Standesamt München IV (zuständig für Feldmoching, Laim, Lerchenau, Ludwigsfeld, Moosach, Neuhausen, Nymphenburg-Gern) fanden im August 1914 mehr als 600 Eheschließungen statt (zum Vergleich im April 1914: 131 Eheschließungen); vgl. StadtA München: StA IV – Heiratsbücher 1914 B 2 sowie B 4 bis 6.

69 StadtA München: Chronik, 1. 8. 1914, S. 2418. Während die katholischen Mannschaften am 2./3. August in allen Pfarrkirchen die Hl. Kommunion empfangen konnten, war der Empfang des (evangelischen) Abendmahls sowohl in den Kirchen als auch in den Kasernen möglich.

70 Die Schriftstellerin Lena Christ (1881–1920), die den Kriegsausbruch in der Nähe von Glonn erlebte, schilderte ihre Eindrücke in dem Buch »Unsere Bayern anno 14«, das noch 1914 erschien. 1915 ließ sie eine Fortsetzung mit dem Titel »Unsere Bayern anno 14/15« folgen (Neuauflage hg. v. Elisabeth Tworek, München 2014). Der Autorin liegt ein Auszug daraus vor (Privatbesitz) – er umfasst das Kapitel »Mit den ›Leibern‹ nach Badonviller« –, der offensichtlich im Besitz eines Mitglieds des Infanterie-Leibregiments war. Dieser Besitzer hat darin handschriftlich Lena Christs Text ergänzt und berichtigt.

meinen geliebten edlen guten Jungen wieder sehen.« Henné Piloty wurde bereits am 25. September 1914 vermisst gemeldet; seine Familie sollte die genaueren Umstände seines Todes nie erfahren.[71]

Die »Heimatfront« – die Stadt verändert sich

Am 4. August 1914 schwor König Ludwig III. seine Untertanen mit einer Bekanntmachung auf den Krieg ein. Er wandte sich darin nicht nur an die Soldaten, sondern vor allem auch an die Menschen in der Heimat: »An meine Bayern! Deutschland hat den Kampf nach zwei Fronten aufgenommen. Der Druck der Ungewißheit ist von uns gewichen, das deutsche Volk weiß, wer seine Gegner sind. In ruhigem Ernst, erfüllt von Gottvertrauen und Zuversicht, scharen unsere wehrhaften Männer sich um die Fahnen. Es ist kein Haus, das nicht teil hätte an diesem uns frevelhaft aufgedrungenen Krieg. Bewegten Herzens sehen wir unsere Tapferen ins Feld ziehen. Der Kampf, der unser Heer erwartet, geht um die heiligsten Güter, um unsere Ehre und Existenz. Gott hat das deutsche Volk in vier Jahrzehnten rastloser Arbeit groß und stark gemacht, er hat unser Friedenswerk sichtbar gesegnet. Er wird mit unserer Sache sein, die gut und gerecht ist.

Wie unsere tapferen Soldaten draußen vor dem Feind, so stelle auch zu Hause jeder seinen Mann. Wollen wir, jeder nach seiner Kraft, im eigenen Land Helfer sein für die, die hinausgezogen sind, um mit starker Hand den Herd der Väter zu verteidigen. Tu jeder freudig die Pflicht, die sein vaterländisches Empfinden ihn übernehmen heißt. Unsere Frauen und Töchter sind dem Lande mit tatkräftigem Beispiele vorangegangen. Bayern! Es gilt das Reich zu schützen, das wir in blutigen Kämpfen mit erstritten haben. Wir kennen unsere Soldaten und wissen, was wir von ihrem Mut, ihrer Manneszucht und Opferwilligkeit zu erwarten haben. Gott segne unser tapferes deutsches Heer, unsere machtvolle Flotte und unsere treuen österreichisch-ungarischen Waffenbrüder! Er schütze den Kaiser, unser großes deutsches Vaterland, unser geliebtes Bayern!«[72] Zugleich richtete Königin Marie Therese einen (landes-)mütterlichen Aufruf an die »Frauen und Jungfrauen Bayerns«, die ebenfalls ihren solidarischen Beitrag leisten sollten. Die Königin versäumte es dabei nicht, auf das Vorbild ihrer eigenen Töchter zu verweisen: »Euch aber, denen es nicht vergönnt ist, mit Blut und Leben für des Vaterlandes Ehre einzutreten, bitte ich innigst, nach Kräften mitzuwirken zur Linderung der Not jener Braven, welche das feindliche Geschoß oder die Beschwerden des Krieges verwunden oder sich zu Boden werfen. So stellt euch denn, die ihr wohl alle liebe Angehörige bei der Armee wißt, in den Dienst des Roten Kreuzes, gleich Meinen Töchtern Hildegard, Helmtrud und Gundelinde. Draußen fließt Blut, herinnen fließen Tränen, am bittersten da, wo zur Sorge der See-

71 Eugenie Piloty, geb. Baeyer, führte von 1869 bis 1943 Tagebuch. Die Aufzeichnungen befinden sich in Privatbesitz. 1915 meldete sich auch Eugenies Ehemann Oskar freiwillig in den Krieg; er fiel im Oktober desselben Jahres. Auch die beiden jüngeren Söhne nahmen am Krieg teil.

72 Gesetz- und Verordnungsblatt für das Königreich Bayern, Nr. 38, 4. 8. 1914, S. 335 f. Zur Organisation der »Kriegshilfe« siehe BayHStA – Kriegsarchiv: Stellv GenKo I

AK 976, Staatsministerium des Innern an die K. Bezirksämter, betr. Die Organisation der Kriegshilfe, 17. 8. 1914. Die Organisationen des Roten Kreuzes, darunter auch diverse Frauenvereine, schlossen sich mit dem »Bayerischen Landeskomitee für freiwillige Krankenpflege im Kriege« (Sitz: München, Finkenstraße 3) zusammen, um sich um die Pflege verwundeter und kranker Soldaten sowie die Vermittlung von »Liebesgaben« an das Militär zu kümmern.

Unser Kaiser und der Reichstag
4. August 1914

„Ich kenne keine Parteien mehr,
Ich kenne nur Deutsche."

In aufgedrungener Notwehr
mit reinem Gewissen und reiner Hand
4. Aug.   ergreifen wir das Schwert!   1914

Postkarten zum 4. August 1914.
BayHStA: MKR-Postkartenslg. 88;
Privatbesitz (rechts)

Am 4. August 1914 schwor Kaiser
Wilhelm II. (1859 – 1941), der ein
Enkel Kaiser Wilhelms I. (1797 –
1888) und der britischen Königin
Victoria (1819 – 1901) und mit
Zar Nikolaus II. von Russland
verschwägert war, die Vertreter aller
im Reichstag vertretenen Parteien
auf den Krieg ein: »Ich kenne keine
Parteien mehr, ich kenne nur
Deutsche! Zum Zeichen dessen, dass
Sie fest entschlossen sind, ohne
Parteiunterschied, ohne Stammes-
unterschied, ohne Konfessionsunter-
schied durchzuhalten mit mir durch
dick und dünn, durch Not und Tod
zu gehen, fordere ich die Vorstände
der Parteien auf, vorzutreten und
mir das in die Hand zu geloben.«
Diese von Reichskanzler Bethmann
Hollweg formulierten Sätze ver-
fehlten ihre Wirkung selbst bei der
Opposition nicht.

Vorführung von für das Heer
gemusterten Pferden in der Kavalle-
rie- und Remonteinspektion, die
seit 1899 in einem Backsteingebäude
an der Winzerer-/Schellingstraße
untergebracht war.
StadtA München: NL-BRO-J-01-49-Foto

Alexander-Luitpold-Julius-Paulus-Franz

Mitglieder der Künstlerfamilie
Adam als Kriegsfreiwillige
in der Albrechtschule, August 1914.
StadtA München: NL Adam 670/1

Hermann Liebscher, geboren im November 1899, meldete sich im August 1914 zum Militär und wurde dem Kgl. Bayerischen Fliegerbataillon zugeteilt. Er war der jüngste Freiwillige der gesamten Bayerischen Armee.
BayHStA: Slg. Staudinger 17

Die »Oekonomie-Eheleute« Oberrieder aus Hohenschäftlarn mit ihren neun ins Feld ziehenden Söhnen.
BayHStA: Slg. Staudinger 80

Die Maria-Theresia-Realschule am Regerplatz wurde im Sommer 1914 zur Kriegskaserne.
StadtA München: FS-PK-ERG 09-0062
Da die regulären Kasernen schon bald überbelegt waren, wurden – es war Ferienzeit – zahlreiche Schulgebäude unter militärische Verwaltung gestellt. Auch in Brauereien wurden Soldaten provisorisch untergebracht. Als Schlafstelle diente rasch aufgeschüttetes Stroh; Bettzeug wurde nicht gestellt.

Auch der Ausstellungspark wurde im August 1914 zur Kaserne.
StadtA München: FS-CHR 1914347 / 1914349 / 1914353
Die Ausstellungshallen, an denen zum Teil noch die Überreste der vorausgehenden Ausstellung erkennbar sind, wurden als Pferdestall genutzt.

le die Not des Leidens kommt. Auch hier muß und wird geholfen werden. Das Notwendige bereiten wir eben vor, im Anschluß und im Zeichen des Roten Kreuzes. Meine Töchter Adelgunde und Wiltrud arbeiten auf diesem Fürsorgegebiete mit. ›Soldaten, die ihr ins Feld zieht, Ich, die Königin, sage euch, euere tapferen Frauen und eure lieben Kinder sollen nicht Not leiden; schaut voraus gegen den Feind, euren Lieben gehört nun unsere Sorge‹.« Tatsächlich bewirkte der Kriegsbeginn eine umgehende »Mobilisierung« der Frauen, die ihren Beitrag in erster Linie in den klassischen Frauenaufgaben »Krankenpflege« und »Fürsorge« zu leisten gedachten. Vor allem die Tätigkeit der Krankenschwester – sie wurde sowohl in den Lazaretten an der Front als auch in denen in der Heimat gebraucht – galt allgemein als Inbegriff von weiblichem Patriotismus.[73] Da jedoch nur eine Minderheit der Frauen über pflegerische Kenntnisse verfügte, wurden umgehend Sanitätskurse eingerichtet. Neben der Ausbildung von Pflegekräften und der Einrichtung von Lazaretten für von der Front zurückkehrende verwundete Soldaten wurde die Beschaffung von Leib- und Bettwäsche sowie von Verbandsmaterial für die Soldaten ein wichtiges weibliches Betätigungsfeld.[74] Die Fürsorge für die Angehörigen von Kriegsteilnehmern oblag zwar laut Reichsgesetz den jeweiligen Städten und Distrikten, da deren Mittel dafür aber nicht annähernd ausreichten, wurden auch hier zahlreiche Frauenorganisationen aktiv, um die »Kriegswohlfahrtspflege« zu organisieren (Essensausgaben für Bedürftige, Kinderbetreuung, Organisation von Arbeitsmöglichkeiten für Frauen, Spendensammlungen etc.).

Auch an spezielle Bevölkerungsgruppen ergingen Aufrufe zu Solidarität und persönlichem Engagement. Gefragt waren sowohl der Einsatz jedes einzelnen als auch pekuniäre Unterstützung aller Art: An kinderlose Eheleute erging der Aufruf, während der Kriegszeit Pflegekinder aufzunehmen; die Vermittlung könnten Krieger- und Veteranenvereine übernehmen: »Erleichterten Herzens und weniger sorgenvoll würde dann so mancher Familienvater ins Feld ziehen.«[75] Pensionierte Lehrer und Lehrerinnen waren aufgerufen, sich für die Dauer der Schulferien um die Kinder kümmern. Nicht eingezogene Studenten und auch alle in Wehrkraft-Vereinen[76] organisierten Jugendlichen waren aufgefordert, sich als Erntehelfer zu melden. Schauspieler und Autoren sollten auf Gage und Tantiemen verzichten und sich für die Dauer des Krieges mit dem notwendigen »Zehrpfennig für Speise und Trank« begnügen. Theaterdirektoren sollten ihren Ausstattungsetat so weit wie möglich herunterfahren: »Das Publikum wird in diesen Zeiten eine einfache Ausstattung und andere Mängel gerne in Kauf nehmen. Spielt deutsche und patriotische Stücke zu mäßigen Preisen.«[77] Während die allermeisten Menschen tatsächlich Solidarität zeigten, trafen nicht wenige aber auch sehr eigennützige Entscheidungen.

---

73   Zur Problematik der Kriegskrankenschwester siehe Hämmerle, Christa: Heimat/Front. Geschlechtergeschichte/n des Ersten Weltkriegs in Österreich-Ungarn, Wien-Köln-Weimar, 2014, Kap. Seelisch gebrochen, körperlich ein Wrack. Gewalterfahrungen von Kriegskrankenschwestern, hier S. 32 f.

74   StadtA München: Chronik, 2. 8. 1914, S. 2444 f.

75   StadtA München: Chronik, 5. 8. 1914, S. 2563 – 2569.

76   Die Wehrkraft-Vereine boten eine vormilitärische

Ausbildung; der Eintritt war freiwillig und blieb dies auch während der gesamten Kriegszeit. Zum Thema siehe Karl, Wilhelm: Jugend, Gesellschaft und Politik im Zeitraum des Ersten Weltkrieg, Zur Geschichte der Jugendproblematik der deutschen Jugendbewegung im ersten Viertel des 20. Jahrhunderts unter besonderer Berücksichtigung ihrer gesellschaftlichen und politischen Relationen und Entwicklung in Bayern, München 1973 (MBM 48).

77   StadtA München: Chronik, 5. 8. 1914, S. 2567.

So klagten Hausbesitzer, dass sich unter den Mietern die Ansicht verbreite, infolge des Kriegszustandes brauche keine Miete mehr gezahlt werden: Gut situierte Mieter würden die Zahlung verweigern; Offiziere und höhere Beamte, die ins Feld ziehen müßten, schlössen die Wohnung und teilten dem Besitzer mit, die Miete werden nach der Rückkunft vom Krieg gezahlt.[78] Der Hausbesitzerverein stellte deshalb klar, dass grundsätzlich Miete zu zahlen sei, bat aber um größtmögliches Entgegenkommen für Kriegsteilnehmer.[79]

Nach wie vor stand das Stadtbild im Zeichen der Mobilmachung: »Herzlich werden die ausziehenden Reservisten verabschiedet, mit Blumen geschmückt und mit kleinen Aufmerksamkeiten und Geschenken überschüttet.«[80] Ein Optiker an der Dachauer Straße etwa verteilte unentgeltlich seinen ganzen Vorrat an Mundharmonikas an Soldaten, die abmarschierend an seinem Laden vorbeikamen; auch an der Großmarkthalle wurden »Liebesgaben« verteilt.[81] Einige Fotoateliers fotografierten Militärpflichtige kostenlos und mancher Friseur bot an, unbemittelten einberufenen Zivilisten umsonst die Haare zu schneiden.[82] Noch immer herrschte auf den Bahnhöfen reges Kommen und Gehen. Doch allmählich – so die Stadtchronik vom 9. August – wich das lärmende Treiben der ersten Tage einem »feierlichen Ernst«. Die Straßen wurden auffallend ruhiger: Der private Autoverkehr war fast ganz zum Erliegen gekommen, denn wer Benzin kaufen wollte, musste einen Erlaubnisschein des Stellvertretenden Generalkommandos vorweisen. Vor dem Hauptbahnhof und am Stachus warteten nur mehr wenige Taxis auf Kundschaft und die Straßenbahnen verkehrten nur noch bis 23 Uhr. Auch das gesellschaftliche Leben erlitt mit Kriegsausbruch starke Einschränkungen: Theater und Kinos hatten den Spielbetrieb eingestellt. Veranstaltungen wie der alljährliche Münchner Gärtnertag und das Sommerschießen des Oberbayerischen Zimmerstutzen-Schützenverbands wurden ebenso abgesagt wie die lang geplante Tagung des Verbands Deutscher Schneider-Innungen. Stattdessen veranstalteten viele Vereine Abschiedsabende für ihre einrückenden Mitglieder.

Die Rekrutierung der Münchner Reservisten, die von ihren Zivilberufen weg zum Militär befohlen wurden, entzog vielen Gewerbebetrieben und Geschäften einen Großteil des Personals, so dass es umgehend zu Einschränkungen und Minderproduktion kam: In der Löwenbrauerei etwa waren 300 Mitarbeiter zu den Fahnen berufen worden. Die Firma Kustermann musste ihre Filiale am Karlsplatz schließen, um wenigstens den Betrieb im Hauptgeschäft aufrecht zu erhalten. Das Residenztheater konnte nicht mehr spielen, weil zu viel Personal einberufen war. Auch das Metzgerhandwerk und die städtischen Straßenbahnen suchten dringend Arbeitskräfte …[83] Aber nicht nur zivile Unternehmen, auch das Militär selbst war betroffen: Das Königliche Proviantamt suchte für Magazinarbeiten und zum Betrieb in der Militärbäckerei 93 Arbeiter und 126 Frauen. Das Bezirkskommando I forderte »tüchtige, inaktive Unteroffiziere, die sich zur Ausbildung von Rekruten eignen, dringend auf, sich zu melden« und die Artilleriewerkstätten benötigten

78 StadtA München: Chronik, 6. 8. 1914, S. 2580 f.
79 Vgl. dazu auch StadtA München: Wohlfahrt 3667, Schreiben des Wohlfahrtshauptausschusses, 29. 8. 1914. Zu Mietstreitigkeiten siehe auch BayHStA – Kriegsarchiv: Stellv GenKo I AK 949.

80 StadtA München: Chronik, 9. 8. 1914, S. 2631.
81 StadtA München: Chronik, 8. 8. 1914, S. 2623.
82 StadtA München: Chronik, 8. 8. 1914, S. 2624 sowie 10. 8. 1914, S. 2657.
83 StadtA München: Chronik, 4. 8. 1914, S. 2527.

Bekanntmachung
»Kein Bier an Soldaten«.
StadtA München: CHR 415-02

Ausfahren von Kommissbrot
für in Schulen einquartierte
Truppeneinheiten.
StadtA München: FS-CHR 1914299
(Foto: Heinrich Hoffmann)

Die Münchner Geschäftswelt
reagierte umgehend auf den
Kriegsbeginn und bot ab dem
ersten Mobilmachungstag
Ausstattungsgegenstände für
Soldaten an. Versicherungen
offerierten spezielle Kriegs-
policen.
StadtA München: ZS 640 (Werbe-
anzeigen in den Münchner Neuesten
Nachrichten, 2. 8., 19. 8. bzw. 30. 8. 1914)

Anzeige des Textilgeschäfts
Sally Eichengrün & Co,
Promenadeplatz.
StadtA München: ZS 640
Mit Kriegsbeginn kündigten
viele Geschäftsinhaber ihren
Handlungsgehilfen oder redu-
zierten deren Salär. Im Gegensatz zu den Dienstboten, dene
es vielfach nicht besser erging,
machten die Angestellten
diesen Missstand öffentlich.

Kronprinz Rupprecht und seine Söhne, Erbprinz Luitpold (in Artillerie-Uniform) und Albrecht, beim Verlassen der Münchner Frauenkirche nach dem Bittamt für die ausziehenden Soldaten, 5. August 1914.

StadtA München:
FS-PK-ERG 09-0042

Hinter Prinz Albrecht (1905 – 1996) steht Prinz Leopold (1846 – 1930), der im April 1915 für den Heeresdienst reaktiviert wurde und zunächst den Oberbefehl über die 9. Armee (»Eroberer von Warschau«) an der Ostfront übernahm. Der erst 13-jährige Prinz Luitpold starb wenige Wochen nach der Aufnahme, am 27. August 1914, an Kinderlähmung.

Truppenaussegnung in St. Johann Baptist in Haidhausen.

StadtA München: NL-BRO-J-01-68

Während der Mobilmachungstage besuchten viele Soldaten noch einmal das Münchner Hofbräuhaus, August 1914.

StadtA München: FS-CHR 1914376
(Foto: Georg Pettendorfer)

Kinder begleiten ihre ins Feld marschierenden Väter zum Bahnhof.

StadtA München: NL-BRO-J-01-31-Foto1

Am 13. August 1914 rückten die ersten Bataillone des ausgebildeten Landsturms ins Feld. Es handelte sich dabei um alle landsturmpflichtigen Unteroffiziere und Mannschaften des II. Aufgebots der Feld- und Fußartillerie sowie der Pioniere. Anders als das reguläre Militär, das Helm und Uniform trug, waren sie mit schwarzen Wachstuchmützen mit großem goldenen Kreuz und braungrünen Jacken ausgestattet.

»militärfreie Schmiede, Schlosser, Dreher, Mechaniker, Schreiner, Wagner, Anstreicher, Sattler, Nähmaschinenarbeiter und Taglöhner«.[84] Nur zwei Tage nach Beginn der Mobilmachung gab das städtische Münchner Arbeitsamt bekannt, dass mehrere hundert Arbeiter gesucht würden. Um die städtische Verwaltung, die ebenfalls von den kriegsbedingten Abwesenheiten stark betroffen war, aufrecht zu erhalten, hatten sich alle in Urlaub befindlichen und nicht zum Militärdienst berufenen Beamten sofort an ihre Dienststellen zu begeben.

Während in vielen Bereichen Arbeitskräfte-Mangel herrschte, nahm in anderen, etwa dem Baugewerbe, die Arbeitslosigkeit erschreckend zu. Da die Bautätigkeit in der Stadt mit Kriegsbeginn fast ganz zum Erliegen gekommen war und kein Hausbesitzer mehr Reparaturarbeiten ausführen ließ, wurden ca. 5.000 Münchner Bauarbeiter, Schreiner und Zimmerer nicht mehr gebraucht … Viele wohlhabende Leute begannen, an ihrem Personal zu sparen: Das Dienstmädchen erhielt die Kündigung, der Köchin wurde der Lohn gekürzt oder – noch schlimmer – man gewährte ihr nur noch Kost und die notwendige Versicherung. Auch den in der Stadt verbliebenen Handlungsgehilfen erging es kaum besser. Wer seine Arbeitsstelle trotz Kriegsbeginn behalten hatte, bekam meist nur mehr ein bis zu 50 Prozent reduziertes Gehalt. Im Gegensatz zu den Dienstboten wehrten sich die Angestellten und machten diesen Missstand öffentlich. Das hatte zur Folge, dass sich die Geschäftsinhaber schon bald zur Zahlung voller Löhne bereit erklärten; doch nicht in jedem Fall wurde dies auch umgesetzt.[85] Rechnungen für gelieferte Waren oder ausgeführte Arbeiten wurden nicht mehr bezahlt, was kleinere Kaufleute und Gewerbetreibende umgehend in finanzielle Bedrängnis brachte. Der Entzug von Arbeitskräften einerseits und die plötzliche Arbeitslosigkeit andererseits bewirkten schlagartig eine Notlage breiter Bevölkerungsschichten: »Tausende Hände sind über Nacht brotlos geworden […] Entsetzlich viele Leute, auch junge, männlichen und weiblichen Geschlechts, laufen beschäftigungslos umher, lungern da und dort herum. Familienväter und Söhne, Ernährer der Familie oder der greisen, kranken hilfsbedürftigen Eltern, haben einrücken müssen und nun stehen die Angehörigen in Not und wissen nicht mehr ein noch aus. Da es bei ihnen schon in Friedenszeit meistens nur von der Hand in den Mund reichte und sie wenig oder nichts zurücklegten, sind sie jetzt mittellos [...] Ihr Jammer, wenn sie auf öffentlichen Plätzen, auf dem Viktualienmarkt beisammenstehen, ist herzzerreißend. Man gibt und teilt ja gerne, so weit es einem in Kräften steht, aber ausreichend helfen kann nur der Staat. […] Schafft Arbeit! ist jetzt ein wichtiges Gebot der Stunde wie Schafft schnell Unterstützung!«[86]

---

84 StadtA München: Chronik, 3. 8. 1914, S. 2476 f.
85 StadtA München: NL-Bronner-Jo, Bd. 1, S. 35. Vgl. BayHStA – Kriegsarchiv: Stellv GenKo I AK 948, Beschwerde von Franz Jung und Oskar Mandowsky, beide Einkäufer des Münchner Kaufhauses Oberpollinger, vom 2. 11. 1914. Sie berichten, dass trotz guten Geschäftsgangs »Angestellten weiblichen wie männlichen Geschlechts bis zur Gehaltsgrenze von M. 300 […] 25 %, den höher bezahlten 33 1/3 % in Abzug gebracht [werden], obgleich ein großer Teil des Personals entlassen worden ist, deren Arbeit die jetzigen Angestellten mit versorgen müssen«.

86 StadtA München: NL-Bronner-Jo, Bd. 1, S. 34a. Da auch Firmen, die aufgrund von Militäraufträgen keine Probleme hatten, die Löhne ihrer Mitarbeiter gekürzt hatten, wurde die Unterlassung solcher Kürzungen zur Bedingung von Kriegslieferungsverträgen gemacht; vgl. BayHStA – Kriegsarchiv: Stellv GenKo I AK 1029, Schreiben des Kriegsministeriums, 28. 8. 1914. Im Akt findet sich auch ein Verzeichnis von 22 Firmen, die Gehaltskürzungen vorgenommen hatten (u. a. Böhmler, Bruckmann, Engleder & Finkenzeller, Roman Mayr sowie die Kaufhäuser Oberpollinger und Hermann Tietz). Kriegsbedingte und widerrechtliche Kürzungen der Löhne

Schon bald machte sich der allgemeine Hass auf den Feind auch im Münchner Alltagsleben bemerkbar – französische und englische Fremdwörter erschienen ab sofort unakzeptabel. »Wir brauchen keine Menus, keine Dinners, kein Dejeuner, keinen five o'clock tea u.s.f. Wir können ohne sie leben; uns genügt ein schlichter Speisezettel, ein Mittagessen, Frühstück, Fünfuhr- oder Abendtee«, schrieb Joseph Bronner und fährt fort: Das »Sprachgewissen des deutschen Michels« sei durch den Krieg aufgerüttelt worden. Der Groll gegen »die hinterlistigen Feinde« habe in der Bevölkerung einen »merkwürdigen, erfreulichen Sprachreinigungssinn entzündet«. Anders als in Berlin, wo das Polizeipräsidium gegen fremdsprachige Geschäftsschilder vorging, wollte man in München in dieser Hinsicht keinen Zwang ausüben, sondern vielmehr mit »Mahnung und Rat« vorgehen. Unter Mitwirkung von Fachverbänden des Handels und der Gewebe wurde daher eine »Verdeutschungsliste fremdsprachiger Geschäftsschilderaufschriften« herausgegeben. Der Begriff »Restaurant« wurde nun durch »Speisehaus« ersetzt und statt im »Delikateßgeschäft« kaufte man nun im »Feinkostgeschäft« ein. Die Metzgerinnung legte ihren Mitgliedern nahe, die Geschäftsbezeichnung »Charcutier« künftig nicht mehr zu führen. Kinos hießen fortan »Lichtspiele« und aus einem »Abonnement« in der Oper wurde eine »Platzmiete«. Über Nacht wurde aus dem Hotel »Englischer Hof«in der Dienerstraße das Hotel »Posch« und aus dem Hotel »Bellevue« am Karlsplatz-Stachus ein »Königshof«.[87]

Erste Maßnahmen zur Aufrechterhaltung der Versorgung und der öffentlichen Ordnung

Bei einer außerordentlichen Versammlung der Münchner Bäckerinnung am 3. August wurde die Versorgung der Münchner Bevölkerung mit Brot besprochen. Obwohl zahlreiche Bäckermeister und viele Gehilfen einberufen worden waren, war man dennoch imstande, neben der üblichen Versorgung der Bevölkerung auch die Herstellung von täglich 20.000 Laib Brot für das Militär zu gewährleisten. »München ist«, so wurde versichert, »auf vier Wochen hinaus vollständig mit Mehl versorgt und dann kommt ohnehin das jetzt in der Ernte begriffene Getreide zur Vermahlung.« Allerdings, so der Obermeister, bäte man um Verständnis, wenn einzelne Bäckermeister nur mehr »die gangbarste Brotsorte« herstellen könnten, und er rief auch die Bäckermeister zu Kollegialität auf: Da die bisher zum Hefe-Transport verwendeten sechs Pferde an das Militär abgegeben worden waren, könne der Bedarf an Hefe nicht mehr an die einzelnen Bäckermeister geliefert werden, von denen wiederum die Bäcker des betreffenden Bezirks ihren Bedarf erhielten. Was den Mehl-Preis betraf, so lobte er die Münchner Mühlen, die ihren Mehlvorrat ohne Preisaufschlag abgegeben hätten; die großen rheinischen Mühlen und Mehlhändler dagegen hätten ihre Vorräte zurückgehalten, um dann sehr erheblich höhere Preise zu verlangen – ein Beweis, »daß die kleineren und mittleren Mühlen in kritischen Zeiten selbstlo-

und Gehälter blieben während des gesamten Krieges ein Thema; siehe dazu BayHStA – Kriegsarchiv: Stellv GenKo I AK 1029.

87 StadtA München: NL-Bronner-Jo, Bd. 1, S. 26b. Dem Eintrag liegt ein Zeitungsausschnitt bei, der leider keiner bestimmten Zeitung zugeordnet werden kann.

ser handeln und mehr nationalen Sinn betätigen als die Großbetriebe.«[88] Eine Woche
später, am 10. August, fand im Innenministerium eine Besprechung statt, bei der die Versorgung der gesamten bayerischen Bevölkerung mit Fleisch während der Kriegszeit thematisiert wurde. Unter Vorsitz eines Ministerialrats kamen Vertreter des Bayerischen
Landwirtschaftsrats, der Zentralstelle für genossenschaftliche Viehverwertung in Bayern
und ihrer Unterorganisationen sowie Vertreter des Viehhandels, des Bayerischen Städte-
tags und mehrere Zuchtinspektoren zusammen. Da aus allen Regierungsbezirken eine
gute bis sehr gute Heuernte gemeldet wurde und auch die Getreide- und Kartoffelernte
zufriedenstellend ausfiel, sahen die Viehzüchter keinen Grund zur Besorgnis. Doch auch
wenn der akute Bestand an Rindern und Schweinen als ausreichend beurteilt wurde, war
man sich einig, dass mit jeglichen Vorräten »haushälterisch« umzugehen war und zur
Fortführung der Zucht der Erhalt der besten männlichen Zuchttiere und der leistungsfä-
higsten Muttertiere wichtig war. Der Verbrauch von Kalbfleisch sollte deshalb einge-
schränkt werden und »wer irgend in der Lage sei, solle sich Kaninchen halten, die innerhalb kurzer Zeit ein großes Quantum von Fleisch für den Haushalt liefern«. Das Gespräch
endete mit dem Fazit, »[…] daß Bayern auch hinsichtlich der Fleischversorgung, selbst
wenn sich der Krieg in die Länge ziehen sollte, durch den eigenen Vorrat vollkommen
sicher gestellt sei«.[89] Besprechungen dieser Art machen deutlich, dass es bei Kriegsbeginn
keinerlei vorausschauende Planung hinsichtlich der Versorgung der Bevölkerung mit
Lebensmitteln und anderen lebenswichtigen Gebrauchsgütern gab und eine solche auch
langfristig nicht für notwendig gehalten wurde, denn niemand rechnete ernsthaft mit
einer längeren Dauer des Krieges.

Sorgen bereitete der Münchner Stadtverwaltung allerdings das voraussehbare Schicksal vor allem wenig bemittelter Soldatenfrauen und ihrer Kinder. Am 7. August gab Oberbürgermeister Dr. von Borscht bekannt, dass die Fürsorge für die Familienangehörigen
von Kriegsteilnehmern durch einen städtischen Wohlfahrtsausschuss in Zusammenarbeit
mit karitativen Vereinen und Einrichtungen geregelt werden würde. Der Ausschuss, der
mit »Wohlfahrtsbezirksausschüssen« in jedem der 29 Stadtbezirke präsent war[90] und dessen Leitung Rechtsrat Hörburger übernahm, sollte sich neben »Wohlfahrtsangelegen-
heiten allgemeiner Natur« vor allem um Angehörige von Kriegsteilnehmern und ihre
Probleme kümmern. Er hatte nicht nur Geldunterstützungen und Naturalien an hilfs-
bedürftige Familien zu vergeben, sondern sich ebenso um deren Mietprobleme, um die
Vermittlung von Arbeit an bedürftige Frauen[91] und um die Unterbringung ihrer Kinder
zu kümmern. Auch für Säuglings- und Krankenfürsorge, sanitäre Vorkehrungen und
Rechtsauskunft sah man sich zuständig.[92] Für die Unterstützung von Familien eingerück-

88   StadtA München: Chronik, 3. 8. 1914, S. 2477.
89   Münchner Neueste Nachrichten, 12. 8. 1914:
Fleischversorgung während des Krieges.
90   StadtA München: Wohlfahrt 5039. Schreiben des
Magistrats an das Kgl. Bayerische Statistische Landesamt,
betr. Soziale Kriegsstellen, 14. 6. 1917.
91   Der Wohlfahrtsausschuss schloss u. a. einen Vertrag
mit der Militärverwaltung, wonach Heimatarbeiterinnen
Näharbeiten für Soldaten-Bedarf ausführen sollten.

92   StadtA München: Wohlfahrt 5039, Schreiben des
Magistrats an das Kgl. Bayerische Statistische Landesamt,
betr. Soziale Kriegsstellen, 14. 6. 1917. Im Januar 1915 waren
die Überlegungen, wie die Brot- und Fleischversorgung der
deutschen Bevölkerung während der nächsten Kriegsmonate
zu gewährleisten sei, erstmals intensiviert worden. Während
der Konsum von Weizenprodukten bereits seit Oktober 1914
reduziert war (vgl. Anordnung des Stellv GenKo I AK vom
23. 10. 1914), wurde ab Januar auch über ein mögliches

Mitglieder des Wohlfahrts-
bezirksausschusses X, in
der Mitte vorne Magistrats-
rat Eduard Schmid, 1917.
StadtA München: WKI-STL 64

»Münchner Kriegsblätter«,
Flugblätter der Zeitschrift
»Zwiebelfisch«
*Lithografien von Bruno
Goldschmitt, 1914*
StadtA München: ZS 219/60
Mit Beginn der Kriegshand-
lungen ließen die Münchner
Tageszeitungen und Zeit-
schriften eigene Kriegs-
nummern erscheinen, deren
Erlös teilweise für »Liebes-
gaben an unsere Krieger«

verwendet wurde. Bruno
Goldschmitt (1881 – 1964)
zeigt Deutschland zunächst
als friedliebenden (Land-)
Mann, umringt von seinen
Feinden Frankreich (Hahn),
England (Löwe) und
Russland (Bär). Das zweite
Motiv thematisiert die
Entschlossenheit der Nation
zur kriegerischen Auseinan-
dersetzung.

Der Wohlfahrtshaupt-
ausschusses war mit Unter-
ausschüssen in jedem der
29 Stadtbezirke präsent.
Eduard Schmid wurde 1919
als erster Vertreter der SPD
Bürgermeister in München.

ter Gemeindearbeiter, also städtischer Mitarbeiter, wurde eine eigene Geschäftsstelle eingerichtet. Um deren Versorgung zu gewährleisten, beschloss der Magistrat folgende Regelung: Frauen sollten 60 Prozent des zuletzt bezogenen Wochenlohns ihres Mannes als Kriegsunterstützung erhalten, jedes Kind unter 15 Jahren 5 Prozent. Der Höchstsatz an Unterstützung durfte allerdings 80 Prozent des Wochenlohns nicht übersteigen. Hatten ledige Arbeiter für ihre Eltern gesorgt, so bekamen diese eine Unterstützung in Höhe von 30 Prozent des Lohns ihres Sohnes.[93] Da die erforderlichen Gelder nicht allein aus öffentlichen Mitteln aufzubringen waren, wurde im Amtszimmer des Oberbürgermeisters eine Sammelstelle »zur Entgegennahme von Geldspenden« eingerichtet. Um mit gutem Beispiel voranzugehen, eröffnete die Stadt die Sammlung mit einer Spende von 50.000 M.[94]

Neben den geschilderten behördlichen Maßnahmen gab es auch unterschiedlichste private Initiativen, die bedürftigen Frauen zugute kommen sollten. Da viele von ihnen vor Kriegsbeginn bei Haushalt und Kindern gewesen waren und über keinerlei Ausbildung verfügten, galt es, dieses Defizit aufzufangen und Arbeit für sie zu schaffen. Vor allem die Münchner Frauenvereine richteten deshalb Nähstuben ein, in denen »Kriegerfrauen« unter Anleitung gemeinschaftlich Näh- und Strickarbeiten fertigten.[95] Oskar von Miller (1855–1934), der Gründer des Deutschen Museums, stellte den Bibliothekssaal des Deutschen Museums zur Verfügung, damit hier bedürftige Näherinnen gegen Entlohnung Arbeiten für das Rote Kreuz (Soldatenbedarf) und Leibwäsche für arme Familien herstellen konnten.[96] Auch eine Gruppe Ehefrauen und Töchter der Münchner Hochschullehrer, darunter Marie von Heigel, Hedwig Pringsheim und Friederike Marcks[97], war entschlossen, brotlos gewordenen Frauen zu einem Verdienst zu verhelfen: Da sich unter ihnen sehr »gewandte und sparsame Zuschneiderinnen« befänden, boten sie an, die vom Roten Kreuz verlangten »Bedarfsgegenstände« für Soldaten (Hemden und Verbandszeug) zuzuschneiden, an Heimarbeiterinnen auszugeben und auch wieder einzusammeln: »Wir gehen davon aus, dass sich 30 Damen der vorbezeichneten Aufgabe widmen würden. Wenn wir auf jede Dame 5 Heimarbeiterinnen rechnen, so würde auf diese Weise für 150 Heimarbeiterinnen gesorgt. Rechnen wir ferner, das jede Heimarbeiterin im Durchschnitt täglich 1,50 M. an Lohn erhalten würde, so gelangen wir zu einer Lohnsumme von 225 M täglich bzw. 6.750 M monatlich.« Da die engagierten Damen offen-

gesamtdeutsches Rationierungssystem diskutiert; vgl. Bay HStA – Kriegsarchiv: Stellv GenKo I AK 1113. Im März 1915 wurden in München erstmals zwei Kategorien von »Brot-Karten« ausgegeben, die zum Kauf von acht bzw. – bei größerem Bedarf – 14 Pfund Brot für vier Wochen berechtigten; man versuchte hierbei auch die Bedürfnisse des Münchner Fremdenverkehrs zu berücksichtigen. Vgl. dazu Bay HStA – Kriegsarchiv: Stellv GenKo I AK 1112.

93 StadtA München: Wohlfahrt 3676, Vormerkung für die Sitzung vom 11. 8. 1914, betr. Versorgung zurückgebliebener Angehöriger städtischer Arbeiter.

94 Aufruf des Wohlfahrtsausschusses, abgedruckt in: Münchner Neueste Nachrichten, 8. 8. 1914.

95 Schreiben des Hauptwohlfahrtsausschusses an den Deutschen Städtetag, betr. Arbeitssäle für Heimarbeiterinnen, 19. 1. 1915. Bis zum Januar 1915 waren bereits 17 Nähstuben

eingerichtet. BayHStA – Kriegsarchiv: Stellv GenKo I AK 1029 enthält u. a. Erhebungen über Kriegsnähstuben und Arbeitsausgabestellen. Nachdem es in etlichen Nähstuben zu Missständen auf Kosten der beschäftigten Frauen gekommen war, wurde 1916 eine Staatliche Aufsichtsstelle für Kriegswohlfahrtsunternehmen eingerichtet.

96 StadtA München: Wohlfahrt 5039, Schreiben von Miller an Rechtsrat Hörburger, 1. 9. 1914.

97 Marie von Heigel war die Ehefrau des Historikers und Archivars Karl Theodor Ritter von Heigel. Hedwig Pringsheim war mit dem Mathematikprofessor Alfred Pringsheim verheiratet; ihre Tochter Katia war seit 1905 mit dem Schriftsteller Thomas Mann verheiratet. Friederike Marcks war mit dem Historiker Erich Marcks verheiratet; der älteste Sohn des Ehepaars fiel noch im Jahr 1914.

sichtlich selbst kein Geld zusteuern konnten und die Universität nur 1.000 Mark monatlich aufzubringen bereit war, baten sie den Wohlfahrtshauptausschuss um einen Zuschuss von 5.750 M.[98]

Vielen zurückgebliebenen Männern lag dagegen die öffentliche Sicherheit am Herzen. Gemeinsam mit dem Oberbürgermeister und dem Polizeipräsidenten rief der Vorsitzende des Haus- und Grundbesitzervereins Mitte August zur Bildung einer Bürgerwehr auf, die die Ordnung in der Stadt während des Kriegs aufrechterhalten sollte.[99] Die im Rathaus sowie bei den Münchner Zeitungsredaktionen aufgelegten Anmeldelisten füllten sich rasch. Allein am ersten Tag nach der Veröffentlichung des Aufrufs trugen sich mehr als 600 Männer ein. Vertreten waren alle Gesellschaftsschichten: Privatiers, Hausbesitzer, Fabrikanten, Handwerksmeister, Bankdirektoren, Gelehrte, Künstler, Studenten, aktive und pensionierte Beamte, Veteranen »und was besonders erwähnenswert ist, auch eine erhebliche Zahl von Arbeitern«. Die meisten gaben an, zu jedem Dienst und zu jeder Tageszeit verfügbar zu sein, viele stellten sich auch mit ihrem Fahrrad oder als Reiter zur Verfügung, andere erklärten sich zur Besorgung von Feuerwehr- oder Sanitätsdienst bereit.[100] Trotz des starken Zulaufs richtete man schließlich doch keine Bürgerwehr ein, sondern entschied sich zur Aufstellung von »Hilfsschutzleuten«. Man nahm dafür Geschäftsleute in Dienst, die durch Krieg unverschuldet in Not geraten waren und nun zumindest einen Lohn von vier Mark pro Tag erhielten. Kenntlich waren diese Hilfspolizisten an einem roten Band, das sie am Arm trugen.[101]

Nachrichten von der Front

Es versteht sich von selbst, dass die Bevölkerung mit zwar aktuellen, allerdings von Anfang an streng zensierten Informationen über das Kriegsgeschehen versorgt wurde. Mit Kriegsbeginn wurde ein Verzeichnis der in München erscheinenden »vorlagepflichtigen periodischen Druckschriften« erstellt, das sogar unpolitische Organe wie die Bayerische und Münchner Metzgerzeitung, die Münchner Gastwirtszeitung und die Münchner Vorortzeitung betraf. Die Zensur von Presse, Film und Bild oblag in München dem Stellvertretenden Generalkommando. Wurde die Beschlagnahme einer Zeitungsausgabe notwendig, hatte die Polizeidirektion München diese zu vollziehen. Obwohl man im Generalkommando sehr wohl wusste, dass die »Sensationslust des Publikums« Falschmeldungen und falsche Gerüchte begierig aufnahm, ging man zunehmend entschlossener gegen unangemessene Berichterstattungen vor.[102] Auch übereifrige Bürger gerierten sich als Zensoren und forderten das Generalkommando auf, gegen unziemliche Publikationen einzuschreiten. So befand eine ehemalige Lehrerin, es sei nicht angängig, dass »der

98 StadtA München: Wohlfahrt 5039, Schreiben an den Wohlfahrtsausschuss, 26. 8. 1914, gezeichnet M. von Heigel, Hedwig Pringsheim, Friederike Marcks. Das Wohlfahrtsausschuss erklärte sich bereit, die Arbeitslöhne zu übernehmen und sah vor allem großen Bedarf an »Liebesgaben« für Soldaten (Hemden, Unterhosen, Socken, Unterjacken, Leibbinden, Pulswärmer usw., für die es keine bestimmten

Schnitt- und Stoffvorgaben gab) sowie »Kinderwäsche und Kinderkleidern aller Art«.
99 StadtA München: Chronik, 11. 8. 1914, S. 2674 ff.
100 Münchner Neueste Nachrichten, 14. 8. 1914: Der Aufruf zur Gründung einer Münchner Bürgerwehr.
101 StadtA München: NL-Bronner-Jo, Bd. 1, S. 29.
102 BayHStA – Kriegsarchiv: Stellv GenKo I AK 1705, Schreiben des GenKo, 29. 9. 1914.

Nähen für die Front.
StadtA München: FS-CHR 1914324
(Foto: Hümmer), FS-CHR 1916183 (rechts)
Während in der Residenz (linkes Foto) Damen der besseren Gesellschaft »Liebesgaben« für die Front fertigten – auch Königin Marie Therese (im Hintergrund sitzend mit dunklem Hut) beteiligte sich –, verarbeiteten andernorts vom Wohlfahrtshauptausschuss vermittelte und bezahlte Näherinnen ausgegebene Stoffe nach vorgegebenen Schnittmustern. Die romantisch-naive Vorstellung vom Dienst der Frauen im Krieg und den von ihnen gefertigten »Liebesgaben« sollte allerdings schon bald unrealistisch werden.

Fahrzeugkontrolle an der Münchner Burgfriedensgrenze.
StadtA München: FS-CHR 1914288
(Foto: Hümmer)
Die vom Stellvertretenden Generalkommando angeordneten Straßensperren wurden bereits am 9. August wieder aufgehoben, da sie sich als hinderlich für die eigenen Truppentransporte erwiesen.

Zivilschutzwache an der Landsberger Brücke (heute: Friedenheimer Brücke).
StadtA München: FS-CHR 1914290
(Foto: Georg Pettendorfer)

entschieden deutschfeindliche Corriere della Sera« am Stachus-Kiosk und am Bahnhof angeboten würde, nicht aber das »deutschfreundliche Giornale d'Italia«.[103]

Die rasche Übermittlung von Frontnachrichten wurde im Sommer 1914 per Telefon, vor allem aber mittels Telegrafie bewerkstelligt und schließlich der Öffentlichkeit durch »Telegramme und Kundgaben« der Tageszeitungen bekannt gemacht, die an Münchner Straßenecken angeschlagen wurden.[104] Über den aktuellen Frontverlauf konnte man sich auch in zahlreichen Schaufenstern informieren, denn viele Geschäfte dekorierten in ihren Auslagen Landkarten, auf denen die Bewegungen an der Front anschaulich markiert waren. Auf »patriotischen Vortragsabenden« wurden die wichtigsten Tagesereignisse referiert, Vorgänge auf dem Kriegsschauplatz auf der Landkarte erläutert, Erlasse und Ansprachen des Kaisers etc. vorgelesen und die bis 10 Uhr abends einlaufenden Depeschen verkündet.[105] Die Münchner »Lichtspiele«, die bei Kriegsbeginn den Betrieb eingestellt hatten, aber schon bald wieder öffnen durften, brachten ebenfalls Kriegsberichte.[106] All diese Informationen boten aber nur die offizielle Berichterstattung. Der direkte Kontakt zu Angehörigen an der Front war nur mittels Feldpost möglich, die – wenn sie mit entsprechenden Aufklebern versehen war – kostenlos transportiert wurde.[107] Für diejenigen, denen das Schreiben schwer fiel oder die sich mit den Feldpostbestimmungen nicht genau auskannten, wurde an der Adalbertstraße 25 ein Büro eingerichtet, wo sie sich Hilfe holen konnten. Die Vordrucke für Feldbriefe und Feldpostkarten mussten käuflich erworben werden, wurden aber an Bedürftige unentgeltlich abgegeben.[108]

Am 13. August 1914 traf erstmals eine positive Nachricht von der Front ein. Zwar handelte es sich nur um ein Scharmützel, immerhin war es eine Erfolgsmeldung: »Vom Kriegsschauplatz traf heute die Nachricht ein, daß Prinz Heinrich von Bayern mit seiner Eskadron eine Abteilung französischer Dragoner vernichtet habe, sowie daß durch die Siege bei Mühlhausen und Lagarde der deutsche Boden nunmehr vom Feinde frei sei.«[109] Tatsächlich war Prinz Heinrichs Abteilung auf zwei feindliche Dragoner-Gruppen getroffen. Joseph von Tannstein erlebte den Angriff der Schweren Reiter selbst mit: »Nach 1½ km Verfolgungsgalopp holt die Eskadron, Prinz Heinrich weit voraus, den Feind ein. […] Der Feind wird einzeln niedergemacht und bis auf 1 Offizier und 5 Dragoner, die entkommen, vernichtet.«[110] Die erste Nachricht über einen »entscheidenden Kampf« sollte allerdings noch eine Woche auf sich warten lassen. Bronner beschreibt die zermürben-

103 BayHStA – Kriegsarchiv: Stellv GenKo I AK 1705, Schreiben von Adolphie Schmepf, 27. 8. 1914.

104 Jander, Thomas: Fernsprecher als Waffen. Kommunikation im Ersten Weltkrieg, in: Das Archiv 1 (2014), S. 52–54. Jander stellte die gleichnamige Ausstellung vor, die das Museum für Kommunikation Berlin im Sommer 1914 zeigte.

105 StadtA München: Chronik, 10. 8. 1914, S. 2656.

10 6 1914 gab es bereits 46 Kinos in München. Vgl. Kleinöder, Reinhardt: Lustbarkeiten in ernsten Zeiten. Münchner Kinos während des ersten Weltkriegs und in der Revolutionszeit 1914–1919, S. 83–95, hier S. 85.

107 Im Lauf des Kriegs wurden rund 29 Milliarden Briefe, Postkarten und Pakete zwischen der Heimat und der Front getauscht.

108 StadtA München: Wohlfahrt 3676.

109 StadtA München: Chronik, 13. 8. 1914, S. 2689 f.

110 Zitat nach: Das Bayernbuch vom Weltkriege 1914–1918. Ein Volksbuch, bearb. von Konrat Krafft von Dellmensigen / Friedrichfranz Feeser, Stuttgart 1930, Bd. II, S. 18 f. Der geschilderte Angriff, bei dem Prinz Heinrich durch einen Lanzenstich verwundet wurde, war eine der wenigen klassischen Reiterattacken an der Westfront mitten in den Feind. Nach seiner Genesung meldete sich Heinrich zur Infanterie, da seiner Meinung nach die Kavallerie im Stellungskrieg nichts mehr leisten konnte. Er wurde Führer des Kgl. Bayerischen Infanterie-Leib-Regiments. Prinz Heinrich fiel am 7. November 1916 in Rumänien.

Bekanntmachung.

№ 15.

Die zum militärischen Nachrichtendienst benutzten Brieftauben tragen die ihnen anvertrauten Depeschen in Aluminiumhülsen, die an den Schwanzfedern oder an den Ständern befestigt sind.

Trifft eine Taube mit Depesche in einem fremden Taubenschlage ein oder wird sie eingefangen, so ist sie ohne Berührung der an ihr befindlichen Depesche unverzüglich, falls eine Fortifikation am Orte, an diese, anderenfalls an die oberste Militärbehörde auszuhändigen. Ist auch eine Militärbehörde nicht am Orte, so ist die Taube an den Bürgermeister zu übergeben, der für die Weiterbeförderung der Depesche an die Militärbehörde oder an den Befehlshaber der nächsten Truppenabteilung sorgen wird.

Die Durchführung dieses Verfahrens erheischt die tätige Mitwirkung der gesamten Bevölkerung. Von ihrer patriotischen Gesinnung wird erwartet, daß jedermann, der in den Besitz einer Brieftaube gelangt, bereitwillig den vorstehenden Anordnungen entsprechen wird.

München, den 1. August 1914.

Kgl. Polizeidirektion
von Grundherr.

Bekanntmachung der
Kgl. Polizeidirektion, betr.
Brieftauben mit Depesche, 1914
StadtA München: CHR-415-001

Vor dem Redaktionsgebäude
der Münchner Neuesten
Nachrichten in der Sendlinger
Straße warten die Menschen
auf neue Nachrichten von der
Front, 1914.
StadtA München: FS-CHR 1914329
(Foto: Hümmer)

Feldpost-Marken, 1914/18.
StadtA München: CHR-449-001
Nur mit entsprechenden Aufklebern versehene Briefe wurden kostenlos transportiert.
Der Versand von Feldpost
funktionierte in der Anfangszeit eher schlecht. Schuld daran
war, dass kriegsbedingt mit zu
viel ungeschultem Personal
gearbeitet wurde.

Deutsche Siege in Lothringen

München, 21. August (nachm. 5½ Uhr)

W.T.B. Berlin, 21. August.

Unter der Führung S. K. H. des Kronprinzen von Bayern haben Truppen aller deutschen Stämme gestern in Schlachten zwischen Metz und den Vogesen einen Sieg erkämpft.

Der mit starken Kräften in Lothringen vordringende Feind wurde auf der ganzen Linie unter schweren Verlusten geworfen und ihm

viele tausende Gefangene und zahlreiche Geschütze abgenommen.

Der Gesamterfolg läßt sich noch nicht übersehen, da das Schlachtfeld einen größeren Rahmen einnimmt, als in den Kämpfen 1870/71 unsere gesamte Armee in Anspruch nahm.

Unsere Truppen, beseelt von unaufhaltsamem Drang nach vorwärts, folgen dem Feind und setzen den Kampf auch fort.

(Amtliche Meldung)

Druck von Knorr & Hirth in München.

Sieg in Lothringen
StadtA München: CHR 417-083
Am 20. August 1914 erkämpfte die bayerische Armee unter ihrem Befehlshaber Kronprinz Rupprecht den ersten deutschen Sieg.

Erbeutete französische
Geschütze, August 1914.
StadtA München: NL-BRO-J-01-40b
StadtA München: FS-CHR1914333

Auch König Ludwig III.
und Königin Marie Therese
(linkes Foto) besichtigten
die vor der Feldherrnhalle
ausgestellten Kanonen.

de Situation zwischen Bangen und Hoffen: »Ein ängstliches Fiebern bemächtigt sich eines jeden und die Unruhe des Herzens wird um so größer, je länger keine Mitteilung kommt. Dann wieder beruhigt man sich selbst, indem man sich vernünftigerweise sagt: der Aufmarsch der Riesenmassen von Truppen muß klug und vorsichtig bewerkstelligt werden. Wir dürfen und müssen Vertrauen zu unseren Heerführern haben [...]. Der gewaltige Zusammenprall kann aber jeden Augenblick erfolgen. Gott, welche Riesenschlachten muß es da geben! Welche Ströme von Blut werden da fließen! Man findet einigen Trost in dem Gedanken, nach etlichen solcher Riesenkämpfe, wo Hunderttausende – ja bis in die Million gehende Massen – einander gegenüberstehen, müsse der Krieg bald zu Ende sein. Bei den heutigen mörderischen Kampfmitteln könne er unmöglich länger als etliche Wochen – bis Kirchweih oder höchstens bis Weihnachten dauern.«[111] In ihrer Sorge um Angehörige an der Front suchten viele Menschen Hilfe und Trost im Glauben.[112] Und so fanden sich zu einer von den katholischen Münchner Arbeiter- und Arbeiterinnen-Vereinen an Maria Himmelfahrt (15. August) veranstalteten Wallfahrt nach Maria Eich/Planegg rund 10.000 Gläubige ein; die meisten hatten sich um 7 Uhr morgens zu Fuß vom Alten Peter aus auf den knapp 20 km langen Weg gemacht hatten. Sie alle setzten ihre Hoffnung auf die Gottesmutter Maria: Sie möge »ihren Mantel ausbreiten über all die Hunderttausende von Gatten und Vätern, von Brüdern und Söhnen, die jetzt draußen kämpfen um unsere heiligsten Güter.« »Kann Gott solchem Massenansturm bei gerechter Sache widerstehen?«, fragte der schon mehrfach zitierte Joseph Bronner.[113]

Endlich kam die erlösende Nachricht – die bayerischen Truppen hatten den ersten deutschen Sieg erkämpft und in der »Saarschlacht« die französischen Truppen auf die Linie Nancy-Lunéville zurückgeworfen. Eine wenige Tage danach vom Münchner Verwaltungsoberinspektor Ludwig Bossart (1887 – 1940) an seine Kollegen bei der städtischen »Inspektion für Starkstromanlagen« geschriebene Feldpostkarte berichtet über die Stimmung an der Front: »Azerailles, 25. 8. 14. Vom Felde die herzlichsten Grüße [...] Bis heute bin ich gesund und munter. Die Erfolge sind großartig. Also auf Wiedersehn, ein herzliches Lebe wohl!«[114] Auch in München war der Jubel über diesen ersten, noch dazu von bayerischen Truppen errungenen Erfolg groß: »Als vor dem Redaktionsgebäude der Münchner Neuesten Nachrichten gegen 4 Uhr [...] die Fahnen hoch gingen, da löste ein ›Hoch‹ die Zungen. Und nun stürmte alles davon [...]. Dutzende von Leuten, Ausgeher, Kellnerinnen, Radler, schrieben sich die Meldung ab, um sie durch die Stadt zu verbreiten [...]. Vor der Anschlagtafel am Marienplatz sammelte sich schnell eine größere Menge. Beim ersten Hurra stürzten die Beamten, die ein paar Minuten den Beamten an den Nagel hängten, auf den Marienplatz heraus. Nun stand Mann an Mann und lauschte einem Vorleser. Und als er geendet, flog wieder ein ›Hurra‹ zum Himmel [...].«[115] Nachdem tags darauf (21. August) bei Metz 10.000 Franzosen gefangengenommen und über 50 Geschütze erobert worden waren, veranstaltete man in der Haupt- und Residenzstadt

111 StadtA München: NL-Bronner-Jo, Bd. 1, loser Zettel (datiert 16. 8. 1914).

112 Vgl. dazu auch Alzheimer, Heidrun (Hg.): Glaubenssache Krieg. Religiöse Motive auf Bildpostkarten des Ersten Weltkriegs, Bad Windsheim 2009.

113 StadtA München: NL-Bronner-Jo, Bd. 1, S. 33a.

114 StadtA München: Stadtwerke Feldpostbriefe WK I, A–F, Bossart.

115 StadtA München: Chronik 1914, 20. 8. 1914.

begeisterte Huldigungen für die bayerische Armee und ihren Oberbefehlshaber Kronprinz Rupprecht, den »Held von Lothringen«. Erstmals seit Kriegsbeginn ertönte auf dem Marienplatz wieder das Glockenspiel vom Münchner Rathausturm und Oberbürgermeister Dr. von Borst sprach vom Balkon des Rathauses »einige zündende Worte an die Versammelten unten. Ein Hoch auf den Landesvater und seinen Sohn, den siegreichen Kronprinzen, ward ausgebracht. Mit einem Hurra hoch wurde unserer tapferen deutschen Armee gedacht. Heller Freudenjubel brauste über den weiten, alten Platz [...]«[116] Anschließend zog die Menge zum Wittelsbacher Palais, um auch dem König die Referenz zu erweisen. Auch er richtete einige Worte an sein Volk. Als am 25. August schließlich einige der eroberten französischen Geschütze in München eintrafen und am Odeonsplatz ausgestellt wurden, lockten sie Tausende von Schaulustigen an.[117]

Der Schrecken des Krieges erreicht München

Waren die wenigen Blessierten, die schon am 14. August in München eingetroffen waren, von der Öffentlichkeit kaum wahrgenommen worden, so änderte sich dies, als der erste Lazarettzug mit nunmehr 173 Soldaten München erreichte; es handelte sich um Männer, die in der Schlacht bei Metz verwundet worden waren. Zwar hatte München durchaus Vorsorge für von der Front zurückkehrende verletzte Soldaten getroffen – in der Poliklinik standen 250 Betten, im Schwabinger Krankenhaus und im Krankenhaus links der Isar je 150 Betten für chirurgisch Kranke, 60 Betten für internistische Fälle und 150 Betten für Soldaten mit ansteckenden Krankheiten zur Verfügung und der Verein für hauswirtschaftliche Frauenbildung hielt in seinem eigenen Haus ein Kriegslazarett mit 150 Betten bereit –, doch nun wurde es nötig, auch das Künstlertheater und die Ausstellungshallen zu Lazaretten umzufunktionieren. Schon am 31. August fuhren zwei weitere Krankenzüge mit nunmehr 725 Verwundeten, darunter 50 kriegsgefangene Franzosen, in den Münchner Bahnhof ein.[118]

Da Angehörige aus verfeindeten Nationen, darunter auch viele Studierende, bereits Anfang August die Stadt verlassen hatten, fielen die verbliebenen japanischen Studenten im Straßenbild umso mehr auf. Plötzlich aber waren auch sie verschwunden: »Die ziemlich zahlreichen Gelbgesichter mit ihren Schlitzaugen belebten mit eigenartigem Reiz das Bild des hiesigen Straßenpublikums. Die mittelgroßen Leutchen kamen meist sehr gesetzt einher, mit goldener Brille im ernsten Antlitz; waren stets zu zweit oder dritt oder hatten eine deutsche Freundin bei sich; studierten fleißig, beobachteten fleißig, zeigten aber nirgends ein aufdringliches oder lärmendes, eher ein fast bescheidenes, immer freundliches Wesen und waren darum mehr ein exotisches als störendes Element. Sie waren in gewissen Kreisen sogar wohlgelitten. – Ihr plötzliches Verschwinden befremdet«, notierte der

116 StadtA München: NL-Bronner-Jo, Bd. 1, S. 39b
117 StadtA München: NL-Bronner-Jo, Bd. 1, S. 40a.
Ende 1914 legte man auf dem Pionierübungsplatz auf dem Oberwiesenfeld rund 100 Meter Schützengräben und Unterstände an, die besichtigt werden konnten. Der Bevölkerung sollte auf diese Weise Einblick in die Lebensbedingungen der Soldaten im Feld gegeben werden. Das

Interesse war groß, ebenso die durch die Besichtigung ausgelöste Spendenfreudigkeit zugunsten der Soldaten. Vgl. StadtA München: NL-Bronner-Jo, Bd. 1, S. 66.
118 Im November 1914 waren 55 Schulhäuser als Lazarette hergerichtet, 17 dienten noch immer als provisorische Kasernen und zwei wurden als »Vorrat für Truppenunterkünfte« bereit gehalten.

Am 14. August 1914 trafen
173 verwundete Soldaten in
München ein.
StadtA München: FS-CHR 1914323

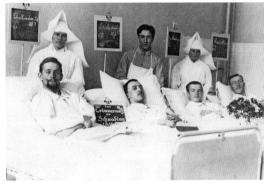

Verwundete im Schwabinger
Krankenhaus, 1915.
StadtA München: FS-PK-ERG 09-0175
(Foto: Joseph Werner)

Die ins Bett gestellte
Erinnerungstafel war sc
1914 angefertigt worden.

Sanitätsstraßenbahn, 1914.
StadtA München: FS-CHR 1914327
Der Liegendtransport schwer-
verwundeter Soldaten vom
Bahnhof ins Lazarett wurden
mit umgerüsteten Beiwägen
der Münchner Straßenbahn
bewerkstelligt.

Lazarett des Männer-Turn-
Vereins München von 1879.
StadtA München: FS-PK-ERG 09-0164 /
09-0166
Neben dem Garnisonslazarett
standen auch in den Münchner

Krankenhäusern Betten für
verwundete Soldaten bereit.
Schon bald wurde aber die
Einrichtung weiterer Lazarette
notwendig.

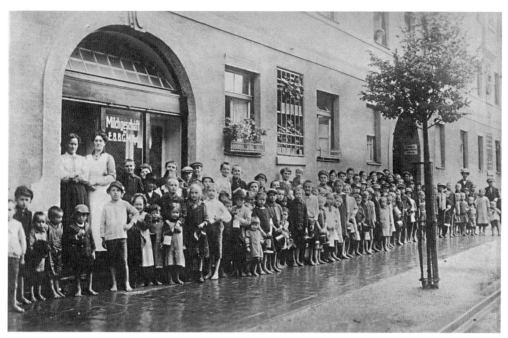

Anstehen um Milch
StadtA München: FS-PK-ERG 09-0133

Kinderreiche Familien, die
wegen »Diensteintritts des Er-
nährers oder infolge des Krieges
in anderer Weise« hilfsbedürftig
geworden waren, erhielten
ab Ende August bei den Wohlfahrtsbezirksausschüssen Be-
rechtigungskarten zum Bezug
von Milch und Brot auf Kosten
der Stadt. Daneben richtete
der Wohlfahrtshauptausschuss
Milchküchen für die Abgabe
von Milch an Säuglinge ein, die
nicht gestillt werden konnten.

»Kriegsschokolade«. Entwurf:
Ludwig Hohlwein, 1914
Münchner Stadtmuseum – Slg. Graphik
und Gemälde: E 356-357

»Hier werden noch Kriegs-
erklärungen angenommen«
Postkarte, 1914
StadtA München: NL-Bro-J-01-25a

schon mehrfach zitiert Joseph Bronner. Der Chronist bemerkte Ähnliches: »In München gibt es keinen Japaner mehr. Sie waren bis vor wenigen Tagen ziemlich zahlreich vertreten und bildeten im 9. und 10. Bezirk eine ganz Kolonie. Schon am 15. und 18. August reisten sie ab, angeblich nach Berlin. Als heute früh die Weisung kam, die Japaner festzunehmen, hielt sich keiner mehr in unserer Stadt auf.«[119] Schon bald sollte sich das rätselhafte Verschwinden lösen – am 23. August 1914 trat Japan als Verbündeter der Entente in den Krieg ein. Der Krieg griff immer weiter um sich ... Bronners Kommentar fiel bitter aus: »Die Herrren hatten feine Witterung oder waren von zu Hause aus gut unterrichtet und ließen bei ihrem schnellen, stillen Abschied nur Vorsicht walten. Japan, das wir stolz als unseren gelehrigen, eifrigen Schüler bezeichneten, das wir bereitwilligst in viele Dinge Einblicke tun ließen, von dem wir, weil es ehemals der Gegner Rußlands war, Hilfe oder doch Unterstützung erhofften, steht im Bunde mit England, also auf der Seite unserer Feinde. O deutscher Michel!«[120] Die Behörden griffen umgehend durch – jeder noch in München weilende Ausländer hatte sich nun persönlich bei der Polizeidirektion zu melden und einen Fingerabdruck abzugeben. Als wenige Tage später bei einer polizeilichen Razzia einige Russen aufgegriffen wurden, überstellte man sie dem Stellvertretenden Generalkommando, das sie als Kriegsgefangene nach auswärts verbrachte.[121]

»Kriegszustand« als Alltag

Obwohl die bayerische Landeshauptstadt weit weg vom eigentlichen Kriegsgeschehen lag, hatte der Krieg das Leben in München innerhalb von vier Wochen völlig verändert. Zur Sorge um die im Feld stehenden Männer kamen für immer mehr Menschen die Nöte eines zunehmend komplizierter werdenden Alltags. Viele Dinge mussten anders als vor Kriegsbeginn organisiert werden. Da es kaum noch Autoverkehr gab und auch viele Pferde fehlten, bevölkerten wieder wie früher zahlreiche Boten die Straßen. Kaufleute wurden nur noch gegen Bargeld beliefert und duldeten dementsprechend auch bei ihren Kunden

---

119 StadtA München: Chronik, 21. 8. 1914, S. 2809.
120 StadtA München: NL-Bronner-Jo, Bd. 1, S. 38a.

121 StadtA München: Chronik, 24. 8. 1914, S. 2848 bzw.
27. 8. 1914, S. 2919.

kein »Anschreiben lassen« mehr. Auch alle Dienstleistungen wurden nur mehr bei So-
fortzahlung ausgeführt; dies galt sogar beim Zahnarzt.

Schon Ende August begann die Versorgung der Bevölkerung mit Lebensmitteln und
sonstigen lebensnotwendigen Waren (Kleidung, Brennmaterial etc.) schwieriger zu werden; die Auswirkungen der Requirierungen durch das Militär und der Blockade der deutschen Häfen machten sich ebenso bemerkbar wie das massenhafte Fehlen von Arbeitskräften. Bei einer Besprechung im Innenministerium wurde die angespannte Lage auf
dem Arbeitsmarkt und die plötzliche »Verdienstlosigkeit« vieler Familien nun zwar thematisiert, doch sah man noch immer keinen Grund zur Besorgnis: »Niemand hat ein
Recht zu Kleinmut; wir dürfen und müssen vielmehr mit vollem Vertrauen in die Zukunft
blicken. Dies gilt besonders auch für die Kapitalisten und die Unternehmer, um des Vaterlandes und ihrer eigenen Zukunft willen, müssen sie grade jetzt sich bemühen, das
Wirtschaftsleben in Fluß zu halten und auch den wirtschaftlich Schwachen über die
Kriegszeit hinwegzuhelfen.«[122] Die Aktivitäten, mit denen man den aufkommenden Ver-
sorgungsproblemen von städtischer Seite entgegenzutreten versuchte, waren von geradezu rührender Naivität. Der städtische Hauptwohlfahrtsausschuss richtete »die höfliche
Bitte« an die Villenbesitzer in den Vororten Münchens, das in ihren Gärten angebaute,
selbst nicht benötigte Gemüse zugunsten armer Familien abzuliefern: »[…] es ist doch
schade um diese Produkte. Hunderte von armen Familien, deren Ernährer im Felde stehen, wären herzlich froh und dankbar, wenn ihnen dieses überschüssige Gemüse zugewiesen werden könnte.«[123] Ein solcher Aufruf bewies nur zu deutlich, dass die Dimension
der Problematik völlig unterschätzt wurde.

Zur ungewohnten Ruhe kam eine durch den Krieg ausgelöste Tristesse im Straßenbild. Die ehedem bunten Plakattafeln und Anschlagsäulen wiesen nun fast nur noch amtliche Bekanntmachungen des Kriegsministeriums, Aufforderungen des Roten Kreuzes zu
»werktätiger Opferwilligkeit und dergleichen auf. Nahezu alle Geschäftsdekorationen
variierten nur mehr das Thema »Krieg«; das mehr oder weniger geschmackvolle Sorti-
ment reichte von militärischen Ausrüstungsgegenständen über Geschirr und sonstige
Alltagsgegenstände bis hin zu Nippes und Devotionalien.[125] Selbst die Schaufenster der
Spielwarenhandlungen boten nur mehr Schlachtenszenen, Seegefechte und Festungser-
stürmungen. In den Buchhandlungen waren belletristische Werke durch Kriegsliteratur
ersetzt und in den Konditoreien verdrängte versandfertige »Kriegsschokolade« die far-
benfrohen Bonbons und glasierten Früchte. Auch die Witzblätter und illustrierten Zeitungen hatten ihre Inhalte kriegsbedingt verändert.

Neben solch kommerziellen Anpassungen setzte auch zunehmend die offizielle Re-
gierungspropaganda ein, die der Festigung des Feindbildes und der Werbung von Freiwilligen dienen sollte, aber auch zu Spenden und Solidaritätsaktionen aufrief. Sie nutzte in

---

122 StadtA München: Chronik, 28. 8. 1914, S. 2925 ff. Das
Zitat fiel während einer Besprechung im Innenministerium
zur allgemeinen wirtschaftlichen Lage und der Bekämpfung
der Verdienstlosigkeit. Teilnehmer waren Vertreter aller
Ministerien, der Oberbayerischen Regierung, der Stadt
München, der Handelskammer, der Handwerkskammer, der
Unternehmerverbände und der Gewerkschaften.

123 StadtA München: Chronik 24. 8. 1914, S. 2851 ff.
124 StadtA München: Wohlfahrt 3670.
125 Eine reiche Auswahl solcher Objekte bietet die
Dauerausstellung »Der Erste Weltkrieg« des Bayerischen
Armeemuseums, Ingolstadt.

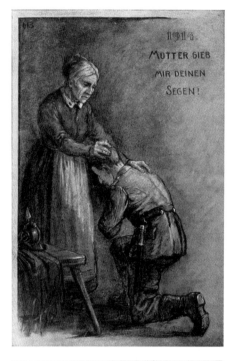

Kriegspostkarten, 1914
BayHStA: Stellv GenKo I AK 1705 /
Slg. Staudinger

Die Münchner Ansichts-
kartenindustrie, die vor
allem die Bündnistreue
Deutschlands und Öster-
reichs sowie den Verrat der
Feinde thematisierte, traf
nicht immer einen akzep-
tablen Ton. Eine amtliche
Bekanntmachung forderte
deshalb die ins Feld ziehenden Männer auf, nur »die
erhebenden und ernsten

Darstellungen« zu wähle
Postkartenhändler sollten
auf geschmacklose Karte
verzichten. Die Karte red
unten, deren rückseitiger
Text lautet: »Wie Sie auf
Kehrseite sehen, bezeuge
auch wir dem frechen
Einbrechergesindel die il
gebührende Hochachtun
und zwar mit Hochdruck
Die kleine ›Luftschiffer-
abteilung‹.«, kam nicht z
Verkauf.

Kinder beim Kriegsspiel
vor dem Armeemuseum, 1914
StadtA München: FS-CHR 1914491 /
PK-ERG 09-0123
Fotos von Kindern, die Solda-
ten spielten, wurden gerne zu
Propagandazwecken benutzt:
Die Jugend symbolisierte die
hoffnungsvolle Zukunft nach
Kriegsende. Die abgebildeten
Knaben tragen zum Teil die
Raupenhelme ihrer Großväter.
Der Raupenhelm war bei der
bayerischen Armee bis 1886 in
Gebrauch.

Sammelstelle für die freiwillige
Abgabe von Metallgegen-
ständen für Kriegszwecke in
der Schrannenhalle an der
Blumenstraße
StadtA München: FS-WKI-STL 62

erster Linie Plakate, Broschüren und Zeitungsartikel und gewann für deren Gestaltung bevorzugt bekannte Schriftsteller und Künstler. Auch Hedwig Zimmermann-Reber, Autorin von Sittenromanen, stellte ihre Popularität in den Dienst der Sache. In einem im August 1914 in den Münchner Neuesten Nachrichten veröffentlichten »Offnen Brief einer Münchner Frau« rief sie ihre Geschlechtsgenossinnen auf, entsprechend ihren Fähigkeiten und Kenntnissen ein »kleines Bündelchen« zu übernehmen, »wo unsere Männer Lasten schleppen«. Sie bat, weibchenhafte Attitüden abzulegen und auf eine angemessene Kleidung zu achten, die nicht der französischen Mode folgte: »Einfachheit herrsche in der Kleidung, nicht in Sack und Asche sollt ihr gehen, das verlange ich nicht von euch. Ach, nur zu bald werden wir mehr denn je Trauergewänder in unseren Straßen sehen. Von anmutiger und ruhiger Eleganz sollen und dürfen eure Kleider sein, denn Schneider und Schneiderinnen sollt ihr gewiß nicht brotlos machen. Aber weg mit der hypermodernen, grellen Geschmacklosigkeit, den verrückten Hüten, den schamlosen Röcken! [...] Es ist ja gar nicht denkbar, daß es eine Frau geben kann in unserem deutschen Vaterlande, der diese ›große Nation‹, diese Lügen- und Ränkeschmiedin Frankreich noch tonangebend und vorbildlich sein sollte.« Schließlich machte sie deutlich, dass dem Vaterland schlecht gedient wäre, wenn man seine Kräfte überschätzte oder die Sache nicht ernst genug nähme: »Man soll nicht zur Vertreibung der Langeweile in den Sanitätskurs gehen, weil Tennis und dergleichen augenblicklich ruht.«[126] Dieser deutlich an wohl situierte Frauen gerichtete Satz sprach ein Problem an, das es zu verbessern galt – allzu viele wohlhabendere Frauen beschränkten ihren Solidarbeitrag auf den Besuch von Wohltätigkeitsveranstaltungen.

Tatsächlich musste sich eine allgemeine Einsicht in die Tatsache, dass einst wichtige Belange nun keine Bedeutung mehr hatten, erst allmählich entwickeln. So sah sich das Amtsgericht, Abt. Strafsachen, das kriegsbedingt nur noch eingeschränkt verhandlungsfähig war, genötigt, alle Kläger aufzurufen, auf »kleinliche Zwistigkeiten« und »bedeutungslose Feindseligkeiten« zu verzichten.[127] Auch die Absage des traditionellen Oktoberfestes sowie des Bayerischen Zentrallandwirtschaftsfestes[128] – beide waren längst wichtige Wirtschaftsfaktoren für die Stadt –, fand keineswegs allgemeines Verständnis.[129] Während sich die Münchner Bevölkerung also noch mit der Situation des Kriegszustands zu arrangieren versuchte, kamen aus dem Kriegsgebiet die ersten Todesnachrichten. Am 23. August wurde die erste bayerische Verlustliste veröffentlicht, in der auch Männer aus München zu beklagen waren.[130] Doch nicht nur an der Front, auch in den Münchner

126 MNN, 18.08.1914.
127 StadtA München: Chronik 27.8.1914, S. 2911 ff.
128 Zur Geschichte des Landwirtschaftsfestes siehe Huber, Brigitte: Feiertage für den »wichtigsten Gegenstand einer Nation«. Anmerkungen zur Geschichte des Bayerischen Zentral-Landwirtschaftsfestes, München 2013, S. 33.
129 Seit 1810 war das Oktoberfest nur fünfmal ausgefallen (1813, 1854, 1866, 1870, 1873); vgl. Dering, Florian/Eymold, Ursula: Das Oktoberfest 1810 – 2010, München 2010, S. 267. Das Zitat nach StadtA München: NL-Bronner-Jo, Bd. 1, S. 50.

130 StadtA München: Chronik 1914, Bd. 418. Ab Dezember 1914 durften die Tageszeitungen keine Verlustlisten mehr veröffentlichen; zur Begründung hieß es, der Feind könnte damit »Wahrscheinlichkeitsrechnungen« anstellen. In München wurden die Listen nun nur noch am Eingang des Kriegsministeriums angeschlagen. Vgl. StadtA München: NL-Bronner-Jo, Bd. 1, S. 62a. Insgesamt fielen im Ersten Weltkrieg 13.725 Münchner an der Front.

Lazaretten wurde gestorben. Am 28. August fand im Waldfriedhof in einer eigens von der Stadt für deutsche Soldaten bereitgestellten Gräber-Sektion die erste Beerdigung statt. Bestattet wurde Ludwig Weldishofer, der Mitglied eines auswärtigen Reserve-Infanterie-Regiments gewesen und im Münchner Garnisonslazarett an den Folgen eines Brustschusses gestorben war.[131] Der Krieg mitsamt seinen schrecklichen Folgen hatte München erreicht.

Schluss

Sowohl der Stadtarchivar Ernst von Destouches als auch der Lehrer Joseph Bronner schildern die Vielfalt neuer Fragen und Probleme, kolportieren aber die durchwegs von Optimismus geprägten Einschätzungen der Verantwortlichen. Sie glaubten – wie die überwiegende Mehrheit der Münchner Bevölkerung – den Versprechungen der Politik und waren deshalb von der Notwendigkeit des Krieges und seiner nur kurzen Dauer überzeugt. Doch es gab in der bayerischen Landeshauptstadt auch viele Menschen, die Zweifel an der Richtigkeit des Krieges hatten. Strenge Zensur sorgte allerdings dafür, dass ihre Stimme nach Möglichkeit nicht an die breite Öffentlichkeit gelangte. Belege für negative Äußerungen lassen sich deshalb gerade in den ersten Kriegswochen vor allem indirekt finden: Als Adolf Müller (1863/65 – 1943), Chefredakteur der sozialdemokratischen Tageszeitung Münchner Post, SPD-Abgeordneter im Bayerischen Landtag und selbst ein Kriegsbefürworter, in seinem Artikel »Gefährlicher Unverstand« (Münchner Post 1914, Nr. 206) ansprach, dass große Teile der Arbeiterschaft den Krieg ablehnten, wurde er umgehend in die Münchner Polizeidirektion zitiert. Müller machte dort seine persönliche Haltung noch einmal deutlich und erklärte, dass er es gewesen sei, der dafür gesorgt habe, dass die SPD im Reichstag einstimmig für den Kriegseintritt gestimmt habe und dass mit seinem Zeitungsartikel vom 1. August (»Sein oder Nichtsein«, Münchner Post 1914, Nr. 177)[132] auch im Ausland der Eindruck unterbunden werden sollte, »dass die Deutschen nicht einig seien, wenn zu den Waffen gerufen werde«. Mit seinem nun beanstandeten Artikel dagegen habe er die tatsächlich in der Partei herrschende Missstimmung abschwächen wollen, denn er halte es für angebracht, das »Ventil eines Dampfkessels« zu öffnen, wenn man damit eine »Explosion« vermeiden könne. Weiters verwies Müller – und hier bewies er eine realistische Klarsicht – auf die »großartige Hilfsbereitschaft der Gewerkschaftsorganisation, die erst voll in Erscheinung treten wird, wenn die Zeiten schwieriger und Mangel an Lebensmitteln eintritt«. Das für Zensur-Angelegenheiten zuständige Stellvertretende Generalkommando allerdings konnte dieser Argumentation nicht folgen, es ordnete die Beschlagnahme der bereits gedruckten Auflage an.[133]

131 Die Sektion »Kriegsgräber deutscher Soldaten« befand sich links vom Eingang. Die Kriegsgräberstätte am Waldfriedhof, auf der 3.543 Gefallene und Opfer der beiden Weltkriege begraben sind, ist heute eine der größten in Deutschland.
132 Vgl. S. 14.
133 BayHStA – Kriegsarchiv: Stellv GenKo I AK 1705, Protokoll, 13. 8. 1914, gez. vom Polizeipräsidenten Ludwig von

Grundherr. Wegen scharfer Kritik an der bayerischen Regierung geriet Müller, der sich bei Kriegsausbruch 1914 auf die Seite von Staat und Regierung gestellt und für die Bewilligung der Kriegskredite ausgesprochen hatte, im Lauf des Krieges immer wieder mit der Zensur in Konflikt, es kam jedoch nie zu einem Verbot der Münchner Post. Zu Müller siehe Neue Deutsche Biographie 18, 1997, S. 343.

Rotkreuz-Sammlung zugunsten
der Freiwilligen Krankenpflege
im Krieg. Entwurf: Ludwig
Hohlwein, 1914

StadtA München: PL 23303-1914-1124014

In Heft 5 der »Kriegs-Chronik der Münchner Neuesten Nachrichten«, 25. August 1914, waren die ersten drei bayerischen Verlustlisten veröffentlicht.

StadtA München: CHR-418-001

Die Denuntiation – häufig anonym geäußert – wurde für Privatleute wie Geschäftsinhaber ein Mittel, der persönlichen Angst, dem Hass auf den Feind und dem Neid auf den Nachbarn oder den Konkurrenten Luft zu machen. Immer wieder gingen beim Stellvertretenden Generalkommando Briefe ein, in denen sich Missgunst gegen wohlsituierte Kreise, die keine Alltagssorgen zu kennen schienen, gegen »Drückeberger« oder Ärger über mangelnden Patriotismus artikulierte. So zeigte etwa »ein einfacher deutscher Schneider« an, dass der Münchner Herrenausstatter Isidor Bach »Ulsters in englischer Verarbeitung«[134] offeriere.[135] Übereifrige Kriegsbefürworter meldeten subversive Äußerungen, die sie bei Nachbarn oder Kollegen wahrgenommen hatten, und wieder andere versuchten, sich auf Kosten anderer persönliche Vorteile zu verschaffen: So beschwerten sich etwa die Händler am Viktualienmarkt beim Stellvertretenden Generalkommando darüber, dass ganze Gruppen von Soldaten unverhohlen »Liebesgaben« einforderten und – wenn diese nicht gewährt wurden – sich die Marktleute den Vorwürfen der Passanten ausgesetzt sahen, die ihnen mangelnde nationale Gesinnung vorhielten.[136] Manch einer wünschte sich drastische Maßnahmen: So schlug der Schriftsteller Emil Zimmer vor, eine »freche Engländerin«, die noch immer als Angestellte bei einem Münchner Adeligen lebe, »sollte dahin befördert werden, wo sie schon längst alle hingehören, in ein Konzentrationslager«.[137] Denuntiationsschreiben dieser Art sind nicht nur Zeugnisse der Verblendung einzelner, sie geben vor allem Hinweise darauf, wie unterschiedlich die Menschen den Krieg und seine Begleitumstände tatsächlich beurteilten – je nach politischer Gesinnung und persönlicher Betroffenheit patriotisch bis zum Fanatismus, gottergeben-fatalistisch, kritisch oder auch schlicht pessimistisch.

Dass sich die Kampfhandlungen mehr als vier lange Jahre hinziehen und etwa 2 Millionen deutsche Soldaten fallen würden, dass in der Heimat zu den bereits vorhandenen Problemen noch Zwangsbewirtschaftung, Mangelernährung und Wohnungsnot kommen sollten, konnten sich im August 1914 nur wenige Menschen vorstellen. Doch auch für viele Münchnerinnen und Münchner, die die militärischen Auseinandersetzungen zunächst als notwendig und unvermeidbar befunden hatten, genügten schon die Erlebnisse der ersten vier Wochen nach Kriegsbeginn, um ihre anfängliche Begeisterung für den Krieg wesentlich zu dämpfen. Zu einem für den 31. August angekündigten patriotischen Abend im Café Luitpold erschienen nur mehr 25 Personen.[138]

---

134 Der »Ulster« ist ein schwerer Herrenmantel, der nach dem derben, dicht gewalkten und deshalb sehr strapazierfähigen »Ulster«-Stoff aus der gleichnamigen nordirischen Provinz benannt ist. Er ist gerade geschnitten, hat stets zwei parallele Knopfreihen bis zum Kragen sowie Manschettenärmel; vgl. Loschek, Ingrid: Reclams Mode- und Kostümlexikon, Stuttgart 1994, S. 462.

135 BayHStA – Kriegsarchiv: Stellv GenKo I AK 948, anonymes Schreiben, 1. 12. 1914. Weitere Beispiele siehe z.B. in Stellv GenKo I AK 948, 949, 1007, 1691, 1705.

136 BayHStA – Kriegsarchiv: Stellv GenKo I AK 948, Schreiben der Schutzmannschaft, Abt. für den 2. Bezirk, an die Polizeidirektion München, 22. 8. 1914.

137 BayHStA – Kriegsarchiv: Stellv GenKo I AK 949, Em Zimmer an Stellvertr GK, 20. 1. 1915. Der Begriff »Konzentrationslager« bezeichnet Sammel-, Internierungs- und Arbeitslager. Er wurde erstmals während der Niederschlag eines Aufstands gegen die spanische Kolonialmacht in Kul 1896 verwendet; Gouverneur Weyler nötigte Bauern, die nicht als Aufständische verdächtigt werden wollten, sich in »campos de (re)concentración« zu begeben. Wenig später ließ der britische General Horatio Herbert Kitchener während des Burenkriegs (1899 – 1902) in Südafrika etwa 120.000 Farmbewohner in »Concentration Camps« internieren.

138 StadtA München: Chronik, 31. 8. 1914, S. 2968 f.

Blatt I,2r aus dem »Marienleben« des
Kartäuserbruders Philipp, 2. Viertel 15. Jahrhundert

Klaus Klein

Fragmente einer mittelhochdeutschen illustrierten Weltchronik-Kompilation in den Beständen des Historischen Vereins von Oberbayern

Raymond Graeme Dunphy konnte vor wenigen Jahren in der Zeitschrift für deutsches Altertum und deutsche Literatur ein neu entdecktes Fragment aus einer mittelhochdeutschen illustrierten Weltchronik-Kompilation vorstellen, das noch heute einem Handwerker-Tagebuch vom Jahr 1685 als Einband dient.[1] Dieses Blatt überliefert auf der sichtbaren Außenseite Verse aus der »Weltchronik« des Jans von Wien und gehört – wie Dunphy zutreffend bemerkte – zu einer erst im 17. Jahrhundert zerstörten mittelalterlichen Handschrift, von der sich weitere Reste in Bamberg, München, Nürnberg, Regensburg und Wien erhalten haben. Die Auftraggeber und Besitzer der ehemals vollständigen Handschrift müssen – nicht zuletzt wegen der repräsentativen Ausstattung – in Adelskreisen gesucht werden. Alle erhaltenen Blätter, Doppelblätter und Blattreste überliefern Verse aus den drei großen gereimten Weltchroniken des 13. Jahrhunderts: aus der »Weltchronik« des Rudolf von Ems, aus der »Christherre-Chronik«, aus der »Weltchronik« des Jans von Wien sowie aus dem »Marienleben« Bruder Philipps. Durch das planvolle Zusammenfügen einzelner Bestandteile aus den genannten Werken entstand so ein »neues« Werk – die vorliegende Weltchronik-Kompilation.

Die allen bisher bekannten Fragmenten gemeinsamen kodikologischen Daten der ehemals vollständigen Pergamenthandschrift aus dem 2. Viertel des 15. Jahrhunderts[2] seien hier kurz zusammengefasst: Blattgröße ca. 360 × 262 mm; Schriftspiegel 250 × 160 bis 170 mm; zweispaltig mit je 33 bis 36 abgesetzten Verszeilen; gerahmte, in den Schriftspiegel integrierte, einspaltige Illustrationen in der Höhe von ca. 10 bis 12 Zeilen. Fast alle Blätter der im bairisch-österreichischen Sprachraum entstandenen Handschrift tragen jeweils auf der Vorderseite im oberen Randbereich (deutlich über dem Beginn der rechten Spalte) eine alte rote Blattzählung in römischen Ziffern, die der leichteren Lesbarkeit wegen in diesem Beitrag in arabischen Ziffern wiedergegeben wird. – Wie bereits Jörn-Uwe Günther 1993 in seiner Arbeit über illustrierte mittelhochdeutsche Weltchronik-Handschriften vermutet hat, ist unsere Handschrift noch zu Beginn des 17. Jahrhunderts intakt gewesen und erst um 1684 in Regensburg von einem Buchbinder zerstört und für andere

---

1 Vgl. Dunphy, Raymond Graeme: Ein neues Weltchronik-Fragment in Engelthal, in: Zeitschrift für deutsches Altertum und deutsche Literatur 140 (2011), S. 353–358 (mit Abdruck der auf der Außenseite sichtbaren Verse).
2 Die heute maßgebliche Datierung bei Schneider, Karin: Die deutschen Handschriften der Bayerischen Staatsbibliothek München. Die mittelalterlichen Fragmente Cgm

5249–5250 (Catalogus codicum manu scriptorum Bibliothecae Monacensis V,8), Wiesbaden 2005, S. 51 f. Weiterführende Informationen zu den einzelnen Stücken finden sich im Handschriftencensus http://www.handschriftencensus. de/3646.

Zwecke wiederverwertet worden.[3] Dunphys Fund eines Einzelblattes, das als Einband eines auf das Jahr 1685 datierten Bandes wiederverwendet wurde, bestätigt Günthers Annahme.

Zu den bisher bekannten Blättern und Blattresten des zerstörten Codex kommen nun noch vier weitere Doppelblätter hinzu, die sich zwar bereits seit 1866 im Besitz des Historischen Vereins von Oberbayern[4] befinden, die aber bisher in der einschlägigen Forschung unbeachtet geblieben sind.[5] Sie werden heute im Münchner Stadtarchiv unter der Signatur HV-MS 273 aufbewahrt und überliefern nach der Ausgabe von Heinrich Rückert[6] folgende Verse aus Bruder Philipps »Marienleben«[7]:

I,1r:	1833-1906	ehem. Bl. 300
I,1v:	1907-1973 (+ 1 Illustration)	
I,2r:	2735-2768 (+ 3 Illustrationen)	ehem. Bl. 307
I,2v:	2769-2840 (+ 1 Illustration)	
II,1r:	4001-4070	ehem. Bl. 317
II,1v:	4071-4127 (+ 1 Illustration)	
III,1r:	4238-4292 (+ 1 Illustration)	ehem. Bl. 319
III,1v:	4294-4348 (+ 1 Illustration)	
III,2r:	4349-4415 (+ 1 Illustration)	ehem. Bl. 320
III,2v:	4418-4469 (+ 2 Illustrationen)	
II,2r:	4584-4640 (+ 1 Illustration)	ehem. Bl. 322
II,2v:	4642-4705 (+ 1 Illustration)	
IV,1r:	8297-8341 (+ 2 Illustrationen)	ehem. Bl. 373
IV,1v:	8344-8411	
IV,2r:	8881-8947	ehem. Bl. 376
IV,2v:	8948-9011	

3   Vgl. Günther, Jorn-Uwe: Die illustrierten mittelhochdeutschen Weltchronikhandschriften in Versen. Katalog der Handschriften und Einordnung der Illustrationen in die Bildüberlieferung (tuduv Studien, Reihe Kunstgeschichte 48), München 1993, S. 77–84 (ausführliche Beschreibung aller bis dahin bekannten Fragmente aus diesem Codex discissus); zur Herkunft der einzelnen Fragmente S. 80f.

4   Vgl. Jhber. des HV Oberbayern 29, 1867, S. 89 (Nr. 4). Der Inhalt der vier Doppelblätter wird dort korrekt mit »Bruchstücke aus Bruder Philipp's des Karthäusers Marienleben« angegeben; der Hinweis auf den Druck bezieht sich auf die Gesamtausgabe des Werkes, nicht auf einen Druck der Fragmente. Bereits damals sind von einer unbekannten Person auf den Fragmenten die Vers-Angaben mit Bleistift notiert worden. Die Zugehörigkeit der Fragmente zu der Weltchronik-Kompilation konnte damals natürlich noch nicht bekannt sein.

5   Kurze Erwähnung inzwischen bei Plate, Ralf: Nachlese zur »Christherre-Chronik«-Überlieferung, in: Grundlagen. Forschungen, Editionen und Materialien zur deutschen Literatur und Sprache des Mittelalters und der Frühen Neuzeit, hg. v. Rudolf Bentzinger, Ulrich-Dieter Oppitz und Jürgen Wolf, Stuttgart 2013 (ZfdA. Beiheft 18), S. 133–137, hier S. 134.

6   Bruder Philipps des Carthäusers Marienleben, hg. v. Heinrich Rückert, Quedlinburg/Leipzig 1853 (Nachdruck Amsterdam 1966; Bibliothek der deutschen National-Literatur 34).

7   Zusätzlich notiert wird die Anzahl der erhaltenen Illustrationen und die alte Blattzählung; Doppelblatt III (ehem. Bl. 319/320) war das innerste Doppelblatt einer Lage; Doppelblatt II (ehem. Bl. 317/322) war das drittinnerste Doppelblatt aus der gleichen Lage.

Aus der ehemals vollständigen Handschrift, die ursprünglich wohl knapp 400 Blätter umfasst hat, sind bisher 34 Blätter (bzw. Teile davon) aufgefunden worden – eine außergewöhnlich hohe Anzahl, denn üblicherweise lassen sich von zerstörten Pergamenthandschriften nur noch geringe Überreste wiederfinden. Die erhaltenen Blätter unseres Codex discissus verteilen sich folgendermaßen:[8]

Aus der »Christherre-Chronik«

Bl. 10	Regensburg, Archiv des Katharinenspitals, Frag. Kasten II, Fach 49, Fasc. 12, Bl. 1
Bl. 15	Regensburg, Archiv des Katharinenspitals, Frag. Kasten II, Fach 49, Fasc. 12, Bl. 2

Aus Rudolf von Ems: »Weltchronik«

Bl. 44	München, Bayerische Staatsbibliothek, Cgm 5249/22a, Bl. 1
Bl. 45	München, Bayerische Staatsbibliothek, Cgm 5249/22a, Bl. 2
Bl. 58	München, Bayerische Staatsbibliothek, Cgm 5249/51b
Bl. 76	Nürnberg, Germanisches Nationalmuseum, Hs. 18399, Bl. 1
Bl. 77	Nürnberg, Germanisches Nationalmuseum, Hs. 18399, Bl. 2
Bl. ?[9]	München, Bayerische Staatsbibliothek, Cgm 5249/22a, Bl. 3
Bl. 179	Regensburg, Stadtarchiv, A 1988 / 13,30, Bl. 1
Bl. 180	Regensburg, Stadtarchiv, A 1988 / 13,30, Bl. 2
Bl. 182	Nürnberg, Germanisches Nationalmuseum, Hs. 42568
Bl. 184	Regensburg, Stadtarchiv, A 1988 / 13,30, Bl. 3
Bl. 189	Regensburg, Stadtarchiv, A 1988 / 13,30, Bl. 4
Bl. 219	München, Bayerische Staatsbibliothek, Cgm 5249/22a, Bl. 4
Bl. 222	München, Bayerische Staatsbibliothek, Cgm 5249/22a, Bl. 5
Bl. 236	Regensburg, Bischöfliche Zentralbibliothek, Fragm. I.5.5, Bl. 1
Bl. 237	München, Bayerisches Nationalmuseum, Inv.-Nr. 4439, Bl. 1
Bl. 242	München, Bayerisches Nationalmuseum, Inv.-Nr. 4439, Bl. 2
Bl. 243	Regensburg, Bischöfliche Zentralbibliothek, Fragm. I.5.5, Bl. 2
Bl. 245	Regensburg, Archiv des Katharinenspitals, Frag. Kasten II, Fach 49, Fasc. 12, Bl. 3
Bl. 250	Regensburg, Archiv des Katharinenspitals, Frag. Kasten II, Fach 49, Fasc. 12, Bl. 4

8   Raymond Graeme Dunphy bin ich zu großem Dank verpflichtet für die von ihm im Regensburger Stadtarchiv erhobenen Daten. Dieses Archiv hatte mir nämlich im November 2011 auf meine Bitte um Auskunft mitgeteilt, »schriftliche Anfragen an unser Archiv grundsätzlich nicht mehr durchzuführen«, und mir geraten, auf eigene Kosten einen jungen Regensburger Wissenschaftler zu engagieren, der dann vor Ort arbeiten könne. Mein Dank gilt auch Dr. Michael Stephan, dem Leiter des Münchner Stadtarchivs und zugleich 1. Vorsitzender des Historischen Vereins für Oberbayern für die Hilfsbereitschaft und Gastfreundschaft bei der Einsichtnahme in die Originale im Münchner Stadtarchiv, sowie Frau Dr. Brigitte Huber für ihre bewundernswerte Geduld mit dem Autor dieses Beitrages.
9   Nach Auskunft von Elisabeth Wunderle (München) handelt es sich nur um einen Streifen, der eine Spalte umfasst; die Blattzählung ist hier nicht mehr vorhanden, d. h. abgeschnitten.

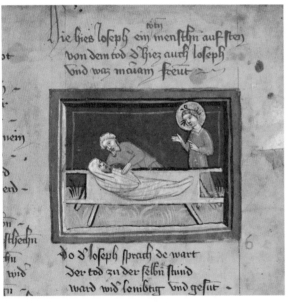

Die vier Doppelblätter im Münchner Stadtarchiv
sind ungewöhnlich reich illustriert.

Seite 70 oben: HV-MS 273, Bl. I,1vb und I,2vb
Seite 70 unten: HV-MS 273, Bl. II,1vb und Bl. III,1rb
Seite 71 oben: HV-MS 273, Bl. III,1vb und Bl. III,2rb
Seite 71 unten: HV-MS 273, Bl. II,2rb und Bl. II,2va

ge ines, anno er rumgan, p-
Sie gie dar chind lef e mit den luden
chindn auf ein wr. darauf lagiein
holer strain, und z ei thurzweil vil
Da viel sich ein chind ab dem stain ze tod

sm
larhu —

chnecht
erst —
maß

4348

lesa vnd man des todes chindes freu-
ndn in vnd giengen zu dem toin leichna
m niiest. Sagn wer ez tot hiet
Da wacht lesa das chind wid sein bege-

ten
er fall

eau je

shn

er m

wer
z rom tin

das tod chind mit volln wartn
sprach das all sewt hörtn
n liebem   lef maia chind mithel dem ger —

chom war von hymelreich
Sie gie loseph vnd maia mit lesu
vn vil ludn mit li zu dem toin ludn
Da macht lesp den toin ludn lembtig

t
n)

erlany
wartn

gt

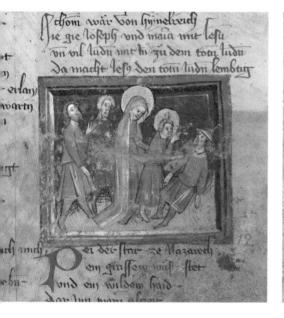

P er der star ze Nazareth
en graßey wust ster
vnd ein wildem hald —

rh amich
ebu

12

Sie gie lesus zu Nazareth auf mit
den luden auf da hand zu der hol
Daraus gegn de lobn den chind
engegen diemutigchleißen zu;

De b
do
lef
Se l
Da
Das
Des
Da
Das
wan
Mir
Daz
De a
Das
allo

10

13

Sie chamen all gemain
zu lesu paid graß vnd chlain —
Sie erschain wol de

Aus Jans von Wien: »Weltchronik«
Bl. -[10]   Wien, Österreichische Nationalbibliothek, Cod. 15328
Bl. ?[11]   Privatbesitz Familie Eigner, Engelthal bei Nürnberg

Aus Bruder Philipp: »Marienleben«
Bl. 300   München, Stadtarchiv, HV-MS 273, Bl. I,1
Bl. 302   Regensburg, Archiv des Katharinenspitals, Frag. Kasten II, Fach 49,
           Fasc. 12, Bl. 5
Bl. 305   Regensburg, Archiv des Katharinenspitals, Frag. Kasten II, Fach 49,
           Fasc. 12, Bl. 6
Bl. 307   München, Stadtarchiv, HV-MS 273, Bl. I,2
Bl. 317   München, Stadtarchiv, HV-MS 273, Bl. II,1
Bl. 319   München, Stadtarchiv, HV-MS 273, Bl. III,1
Bl. 320   München, Stadtarchiv, HV-MS 273, Bl. III,2
Bl. 322   München, Stadtarchiv, HV-MS 273, Bl. II,2
Bl. 354   Bamberg, Staatsbibliothek, Msc. I Qa 4 (verschollen)
Bl. 362   Nürnberg, Germanisches Nationalmuseum, Hs. 22282
Bl. 373   München, Stadtarchiv, HV-MS 273, Bl. IV,1
Bl. 376   München, Stadtarchiv, HV-MS 273, Bl. IV,2

Bemerkenswert ist schließlich auch, dass die vier im Münchner Stadtarchiv aufbewahrten Doppelblätter – wohl eine Laune der Überlieferung – besonders reichhaltig illustriert sind, denn auf ihnen haben sich insgesamt 15 bildliche Darstellungen erhalten. Zum Vergleich: Auf den bisher bekannten Blättern (bzw. Blattresten) befinden sich insgesamt ›nur‹ 18 Illustrationen, deren Motive Jörn-Uwe Günther 1993 im Rahmen seiner Untersuchung präzise aufgelistet hat.[12] Um auch die Illustrationen der neuen Fragmente für die kunsthistorische Forschung zu erschließen und Vergleiche mit Bildprogrammen in anderen mittelalterlichen Handschriften zu ermöglichen, verzeichne ich abschließend die Motive der 15 neuen Abbildungen und zitiere die in roter Farbe ausgeführten Bildbeischriften:[13]

1. Joseph und Maria ziehen nach Bethlehem; Bl. 300 (Bl. I,1vb):
    Hie fürt Joseph Mariam ze Bethlehem Da cham ein engel vnd wolt den esel nicht verrer lassen

2. Kindermord zu Bethlehem; Bl. 307 (Bl. I,2ra):
    Hie haist Herodes sein chnecht ziechen gen Bethlehem da tötten se de tegen chind waz se ir am chamen [?]

10 Nach Auskunft von Friedrich Simader (Wien), dem ich für die Überprüfung am Original danke, ist auf dem als Cod. 15328 verwahrten Einzelblatt auch mit UV-Licht keine Seitenzahl zu erkennen.
11 Nach Auskunft von Pfarrer Matthias Binder von der Evang.-luth. Kirchengemeinde Engelthal, dem ich für die Überprüfung zu Dank verpflichtet bin, ist das zum Einband verwendete Blatt ca. 2 cm nach innen umgeklappt und dort mit Papier überklebt, so dass eine eventuell vorhandene alte Blattzählung nicht sichtbar ist.
12 Siehe Günther (wie Anm. 3), S. 83.
13 Im Abdruck werden Abkürzungen stillschweigend aufgelöst; außerdem wird der Beginn von Eigennamen grundsätzlich groß geschrieben.

3. Joseph erhält von einem Engel den Befehl zur Flucht; Bl. 307 (Bl. I,2ra):
   Hie chumt ein engel zu Joseph vnd haist in daz chind vnd Mariam fürn in Egypten lannt

4. Flucht nach Ägypten; Bl. 307 (Bl. I,2rb):
   Hie fürt Joseph daz chind vnd Mariam auf einem esel vnd zwo diern mit in in Egypten lannt

5. Quellwunder; Bl. 307 (Bl. I,2va/b):
   Hie pegund rassten Joseph mit Mariam […] vnder einem palmpawm […]t sich Jesus auf di erd mit seiner hant da entsprang ein wazzer vnd der pawm naigt sich […]

6. *Erweckung von Josephs Namensvetter*; Bl. 317 (Bl. II,1vb):
   Hie hies Joseph ein töten menschen auf sten von dem töd der hiez auch Joseph vnd waz Mariam freunt

7. Längung der Hölzer; Bl. 319 (Bl. III,1rb):
   Hie half Jesus dem zimer chnecht de vier holczer aus ein nander ziechen daz si lenger wurden

8. Sturz des Kindes vom Felsen; Bl. 319 (Bl. III,1vb):
   Hie gie daz chind lesus mit den juden chindern auf einer wiz darauf lag ein hoher stain v[…] churczweil vil da viel sich ein chind ab dem stain ze töd

9. Jesus erweckt den Spielkameraden; Bl. 320 (Bl. III,2rb):
   Hie kumt Joseph vnd Maria mit irem chind Jesus vnd nam dez todes chindes freunt zu in vnd giengen zu dem toten leichnam der müst sagen wer ez tot hiet da macht Jesus das chind wider lembtig

10. Der zerbrochene Krug; Bl. 320 (Bl. III,2va):
    Hie gie Jesus bei einem paum vor der stat Nazareth da cham ein chind vnd nam wazzer in ein chrueg der prast dem <chind> do macht Jesus den chrüg wider gancz dem chind

11. Jesus trägt Wasser in einer Gewantfalte; Bl. 320 (Bl. III,2vb):
    Hie giengen vil juden chind mit chrüglein zů einem prunn vnd nam wazzer dar in da het Jesus chain chrügel der nam das wazzer an sein rokch vor an den gern

12. Jesus erweckt den zornigen Juden; Bl. 322 (Bl. II,2rb):
    Hie gie Joseph vnd Maria mit Jesu vnd vil juden mit in zů dem toten juden Da macht Jesus den toten juden lembtig

13. Jesus trifft auf die Löwen; Bl. 322 (Bl. II,2va):
    Hie gie Jesus zu Nazareth aus mit den juden auf de hayd zu der höl darauf giengen de leben dem chind engegen diemütigchleichen etc.

14. Himmelfahrt; Bl. 373 (Bl. IV,1ra):
    Keine Beischrift erhalten, die sich wohl auf dem vorhergehenden Blatt befunden hat.

15. Pfingsten; Bl. 373 (Bl. IV,1rb):
    Hie sennt vnser herr seiner můter magt Mariam vnd sein zwelif poten den heiligen geist

Verwendet wurden die neuen Münchner Doppelblätter zuletzt als Einbände von unbekannten Büchern bzw. Archivalien, denn alle Ränder sind (typisch für einen solchen Ver-

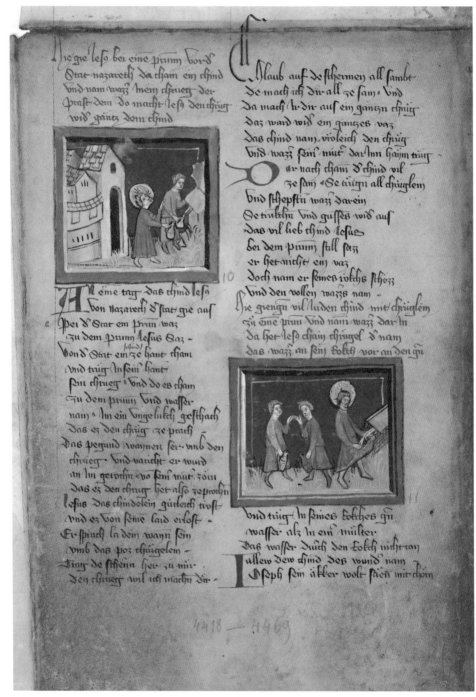

Der zerbrochene Krug /
Jesus trägt Wasser in einer Gewandfalte
StadtA München: HV-MS 273, Bl. III, 2v

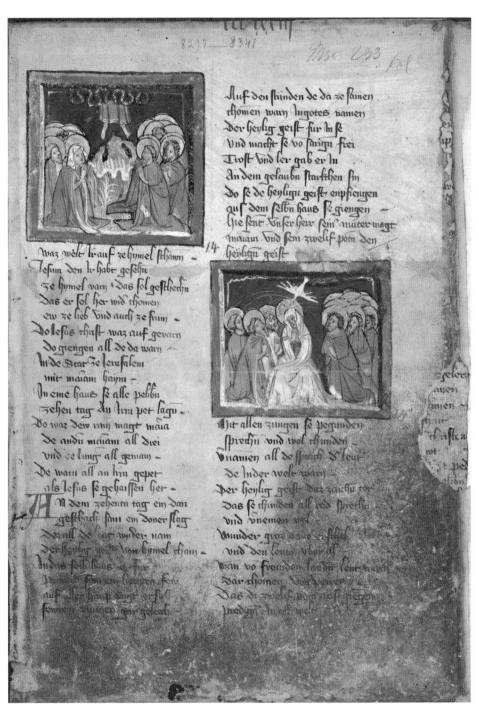

Christi Himmelfahrt / Pfingsten

wendungszweck) jeweils um ca. 1 bis 2,5 cm umgeknickt. Die Doppelblätter I und III tragen zusätzlich noch die Zahl »1685« – also exakt die gleiche Jahreszahl wie das eingangs erwähnte Handwerker-Tagebuch. Aus all dem darf man schließen, dass die Handschrift tatsächlich erst um 1685 zerstört worden ist und dann von einem unbekannten Buchbinder sukzessive »recycelt« wurde, indem er die einzelnen Blätter und Doppelblätter zu Einband-Zwecken verwendet hat. Dieser Buchbinder des ausgehenden 17. Jahrhunderts hatte nur noch das wertvolle Material (Pergament) im Blick – der mit zahlreichen Abbildungen illustrierte mittelhochdeutsche Text interessierte nicht mehr. Da andere Fragmente aus diesem Codex discissus als Einbände von Regensburger Archivalien gedient haben, spricht vieles dafür, dass der Buchbinder (wie auch der frühere Besitzer des intakten Bandes) in Regensburg bzw. im Raum Regensburg zu suchen ist.

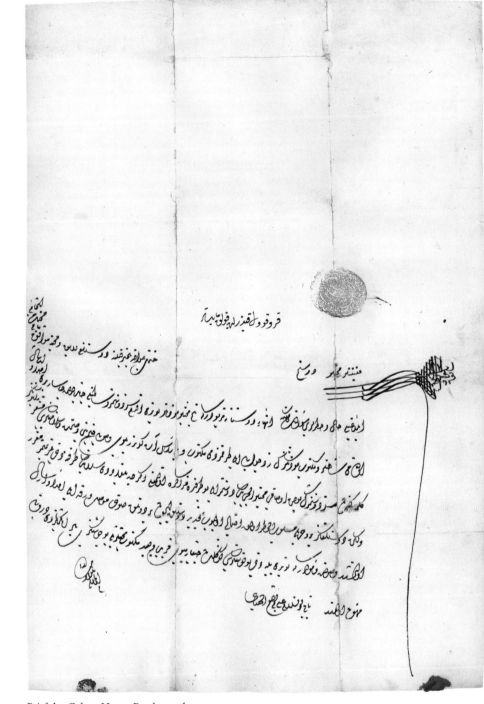

Brief des *Çakırcı* Hasan Pascha an den
kaiserlichen Obristfalkenmeister in Wien.
StadtA München: HV-URK 340 ½

Hans Georg Majer

Ein osmanisches Schreiben aus der »wohlbehüteten Stadt Belgrad« von 1706/07

Der Falkner (Çakırcı) Hasan Pascha, der kaiserliche Oberstfalkenmeister Georg Andre Graf Volkra und der Gesandte Christoph Ignatz Edler von Guarient und Rall

Anmerkung der Schriftleitung: Das hier vorgestellte Dokument aus dem Besitz des Historischen Vereins von Oberbayern war jahrzehntelang als »hebräisch« katalogisiert. Obwohl man es weder formal noch inhaltlich einordnen konnte, hatte das Schriftstück Aufnahme in die vom Verein angelegten Sammlungen gefunden; historische Geschenke – auch ohne unmittelbaren Bezug zum Vereinsgebiet – waren stets willkommen. Erst jetzt bringt ein Fachmann das Schreiben erstmals zum Sprechen und erschließt uns detailreich eine Episode aus den Beziehungen des Osmanischen Reichs und des Wiener Kaiserhofs zu Beginn des 18. Jahrhunderts.

Münchner Bibliotheken, Archive und Museen verwahren eine beachtliche Zahl osmanischer Urkunden, Akten und Briefe.[1] Die meisten betreffen innerosmanische Verhältnisse, doch einige berichten auch von Kontakten über die staatlichen und religiösen Gegensätze hinweg. Das Stadtarchiv München verwahrt im Bestand »Historischer Verein von Oberbayern« unter der Signatur »Urkunden 340 ½« ein solches Stück.[2] Es ist ein undatiertes osmanisches Schreiben, das als Geschenk von Oberstleutnant Joseph Würdinger (1822 – 1889) in die Sammlung gelangt ist. Würdinger war mit dem Verein eng verbunden, betreute ab 1874 als Konservator die Altertümersammlung des Vereins und wirkte ab 1887 als Erster Vorsitzender.[3] Auf welchen Wegen das Schreiben aus den Händen des ursprünglichen Empfängers in die Hände Würdingers gelangt ist, lässt sich leider nicht mehr klären.

Das Schriftstück misst 45,4 × 31 cm. Der 8-zeilige Text ist mit schwarzer Tinte in flüssiger Divani-Schrift, auf dickem, geglättetem Papier ohne Wasserzeichen geschrieben. Dieser Schrifttyp, der ein schnelles Schreiben erlaubt, ist nach dem Obersten Reichsrat

---

1 Mehr darüber in meinem Artikel: Ottoman Documents in Munich Collections. Origin and Fate, Type and Contents, Preservation and Whereabouts, in: Osmanlı Coğrafyası Kültürel Arşiv Mirasının Yönetimi ve Tapu Arşivlerinin Rolü Uluslararası Kongresi / International Congress of »The Ottoman Geopolitics Management of Cultural Archive Heritage and Role of Land Registry Archives«. 21 – 23 Kasım / November 2012 Istanbul. Bildiriler, Bd. I, Ankara 2013, S. 151 – 161.

2 Für vielerlei Hinweise und Hilfen danke ich Brigitte Huber, Stadtarchiv München, Ulrike Leis, Landesbibliothek Coburg, Ali Akkaya, Deutsches Archäologisches Institut Istanbul, Franz-Stefan Seitschek, Allgemeines Verwaltungsarchiv, Finanz- und Hofkammerarchiv Wien, Martin Scheutz

und Irene Kubiska-Scharl, Historisches Institut der Universität Wien, Eva Hüttl, Wien, Helga Anetshofer Chicago / Wien, Hans Galen, Greven, Suraiya Faroqhi und Dimitri Theodoridis, beide München, Özgür Savaşçı, Institut für den Nahen und Mittleren Osten der Universität München, den hilfsbereiten Damen des Oberösterreichischen Landesarchivs Linz und den geduldigen Herren des Haus-, Hof- und Staatsarchivs Wien, insbesondere Ernst Petritsch.

3 Zur Person siehe den Nekrolog in: Jhber. des HV Oberbayern 52/53, 1891, S. 89 – 136. Zu Würdingers Tätigkeit im Historischen Verein siehe Steidl, Bernd: Die archäologische Sammlung, in: Forscherlust und Sammeleifer. Die Sammlungen des Historischen Vereins von Oberbayern, hg. v. Brigitte Huber, München 2012 (OA 136), S. 229 – 231.

benannt, für dessen Kanzlei er entwickelt wurde. Zum Versand war der Brief auf eine Größe von 14 × 12 cm gefaltet und mit rotem Siegellack verschlossen, von dem noch Reste vorhanden sind. Die Zeilen des Textes schwingen sich wie üblich am Ende nach oben. Auf dem rechten Rand quer zum Text und in den Textspiegel hineinragend die *Pençe* mit dem Namenszug des Absenders; über dem Text das große, ovale Tintensiegel. Das Siegel und die *Pençe* kennzeichnen das aus der »wohlbehüteten Stadt Belgrad« abgesandte Schreiben als Brief eines hohen osmanischen Würdenträgers. Namen und Rang ergibt die Lesung der *Pençe*: es ist ein Hasan Pascha, ehemals *Muhafız* von Belgrad. Als Festungskommandant von Belgrad also war er abberufen worden und hatte noch kein seinem Rang entsprechendes neues Amt erhalten. Im Brief erwähnt der Pascha, er sei im Begriff, von Belgrad nach Saloniki aufzubrechen. Diese Angabe ermöglicht es, unter den zahlreichen Hasan Paschas der Zeit den richtigen aufzuspüren. Im osmanischen biografischen Lexikon Sicill-i Osmani findet sich ein »Çavuşoğlu Yürük Çakırcı Hasan Pascha«[4], der im Jahre 1118/1706–07 von Belgrad nach Saloniki versetzt worden ist. Bestätigt wird das durch einen Eintrag im »Register der wichtigen Angelegenheiten« *(Mühimme Defterleri)* des Osmanischen Archivs in Istanbul (Başbakanlık Osmanlı Arşivi)[5], wonach Hasan Pascha in der ersten Dekade des Monats Şa'ban des Jahres 1118, also zwischen dem 8. und 17. November 1706, als *Muhafız* von Belgrad abberufen und mit dem *Arpalık* von Selanik (Thessaloniki) versorgt wurde. Als »*Arpalık*« wies man einem hochrangigen Würdenträger die Einkünfte eines geringeren Amtes als Versorgung zu;[6] oft war es möglich, dieses Amt durch einen Vertreter verwalten zu lassen. In diesem Fall aber wurde Hasan Pascha befohlen, sein *Arpalık* bis zur Ernennung auf ein neues, ihm angemessenes Amt auch zu verwalten. Damit ist der Absender identifiziert. Rechnet man die Zeit für die Zustellung des Abberufungsbefehls (Istanbul – Belgrad) hinzu, kann Hasan Pascha das Schreiben im Münchner Stadtarchiv frühestens Anfang Dezember 1706 abgefasst haben.

Der Briefschreiber

Wer war dieser Hasan Pascha? Nach Mehmed Süreyya, dem Verfasser des biografischen Lexikons, war sein Vater, dessen Name nicht genannt wird, ein *Çavuş*, also Angehöriger einer Einheit im Hofdienst, die zur Begleitung des Sultans und einer Vielfalt oft wichtiger Aufgaben herangezogen wurde.[7] *Çavuşoğlu*, Sohn des *Çavuş*, nannte man ihn. Er selbst begann seine Karriere ebenfalls im Hofdienst, stieg auf zum *Kapıcıbaşı*[8], einem der Obertürhüter des Palastes, wurde schließlich als *Çakırcıbaşı* (Oberfalkenmeister) Mitglied des großherrlichen Jagdgefolges. Die *Çakırcıs* waren eine der vier Einheiten, die den Sultan bei der Beizjagd umgaben. Die Jagd mit Beizvögeln war bei den Sultanen und Prinzen ebenso beliebt wie bei europäischen Herrschern. Als osmanische Maler im 16. Jahrhun-

---

4   Süreyya, Mehmed: Sicill-i Osmani, Bd. 2, Istanbul 1311/1893–94, S. 148.

5   Başbakanlık Osmanlı Arşivi (BOA), Istanbul: Mühimme Defteri (= MÜD) 115, S. 158, Nr. 654.

6   Siehe dazu den Artikel: Arpalık (R. Mantran), in: Encyclopaedia of Islam (EI²), Bd. 1, Leiden 1979, S. 658.

7   Siehe dazu den Artikel: Čā'ūš (R. Mantran), in: EI², Bd. 2, Leiden-London 1965, S. 16.

8   Siehe dazu den Artikel: Kapıdjı (R. Mantran), in: EI², Bd. 4, Leiden 1978, S. 568.

dert osmanische Geschichtswerke illustrierten, hielten sie Jagden und besonders auch die Beizjagd als charakteristischen Aspekt höfischen Lebens immer wieder auf ihren Miniaturen fest.[9] Als Çakırcıbaşı[10] nahm Hasan, damals noch Ağa (Vorstufe zum Pascha), ebenso wie sein Kollege, der Doğancıbaşı, einen hohen Rang im engsten Jagdgefolge des Sultans ein, und zwar höchst wahrscheinlich bereits zu Zeiten des jagdversessenen Mehmed IV., des Jägers (Avcı), der von 1648 bis 1687 regierte. Da dieser Sultan seinen ältesten Sohn, den Prinzen Mustafa, häufig mit zur Jagd nahm, dürfte Hasan auch diesem, dem späteren Mustafa II. (reg. 1695 – 1703) schon früh bekannt gewesen sein. Leider fehlen bei Mehmed Süreyya, wie schon in seiner Quelle, einem kurzen Nachruf im Geschichtswerk des Küçükçelebizade[11], präzisere Details und Daten für Hasans frühe Jahre. Da Mehmed IV. im November 1687 vom Thron gestoßen wurde, dürfte Hasan auch unter dessen Bruder und Nachfolger Süleyman II. (reg. 1687–1691) noch Çakırcıbaşı gewesen sein. Auf ein neues Amt wurde er nämlich erst im Januar 1691 ernannt, dem ersten festen Datum seiner Biografie. Dieses neue Amt war die Führung der Evlad-ı Fatihan[12], mit dem Titel Zabit (Führer) oder auch Başbuğ (Anführer)[13], im Range eines Mirmiran (Gouverneurs einer Großprovinz).[14] Unter der ehrenvollen Bezeichnung »Evlad-ı Fatihan – Kinder der Eroberer« waren die organisatorisch zersplitterten und ihren militärischen Pflichten kaum mehr genügenden und teils noch nomadisierenden Yürüken der Balkanprovinzen durch einen Befehl des Sultans neu organisiert worden. Als erster Inhaber dieses Amtes hatte Hasan Pascha die Aufgabe, diese einheitlich zu organisieren und vor allem alle Männer in einem Verzeichnis zu erfassen.[15]

Einen Einsatzbefehl erhielt er im Dezember 1694: er habe sich mit 1.600 Gewehre tragenden (tüfeng-endaz) Yürüken zum Feldzug auf der Halbinsel Mora (Morea, Peloponnes) gegen die Venezianer unter dem Befehl des Wesirs Ibrahim Pascha einzufinden.[16] Seit elf Jahren bereits dauerte der Krieg an, der mit der zweiten Belagerung Wiens im Jahre 1683 begonnen hatte. Dem Osmanischen Reich standen das Habsburgerreich und Polen gegenüber, seit 1684 auch Venedig und schließlich war auch noch Russland dazu gestoßen. Sultan Mustafa II., der schon erwähnte Sohn Mehmeds IV., ein noch junger Mann, der im Februar 1695 den Thron bestiegen hatte, war entschlossen, das osmanische Kriegsglück zu wenden. Er rüstete einen offensiven Feldzug und zog in der Tradition seiner Ahnen an der Spitze des Hauptheeres in eigener Person gegen den Kaiser. Hasan Pascha und seine Yürüken waren dabei zum Kampf gegen die Venezianer aufgeboten. Im

9   Publiziert sind diese Jagddarstellungen in: Atıl, Esin (Hg.): Süleymanname. The Illustrated History of Süleyman the Magnificent. Washington New York 1986, S. 114, 116, 126, 174, 176, 193, 220; Anafarta, Nigâr (Hg.): Hünernâme Minyatürleri ve Sanatçıları, Istanbul 1969, S. 2, 3, 5, 7, 10, 11, 18, 19.

10   Siehe zu dieser Funktion den Artikel: Çakırdji-bashı (B. Lewis), in: EI², Bd. 2, S. 6. Etwas ausführlicher ist: Çakırcıbaşı (Abdülkadir Özcan), in: Türkiye DiyanetVakfı İslâm Ansiklopedisi, Bd. 8, Istanbul 1993, S. 189 – 190.

11   Küçükçelebizade: Tarih, Istanbul 1282/1865, S. 34.

12   Gökbilgin, M. Tayyib: Rumeli'de Yürükler, Tatarlar ve Evlâd-ı Fâtihân, Istanbul 1957, S. 253 – 312.

13   Süreyya, Mehmed: Sicill-i Osmani, Bd. 2, S. 148; vgl. Küçükçelebizade: Tarih, S. 34.

14   Küçükçelebizade: Tarih, S. 34.

15   Es verzeichnet sie – es war ja Krieg – als Fußsoldaten (piyade). Das Verzeichnis ist abgedruckt bei Gökbilgin, M. Tayyib: Rumeli'de Yürükler, Tatarlar ve Evlâd-ı Fâtihân, Istanbul 1957, S. 257 – 274 (Istanbul Üniversitesi Edebiyat Fakültesi Yayınlarından 748).

16   Özcan, Abdülkadir (Hg.): Anonim Osmanlı Tarihi. (1099 – 1116/1688 – 1704), Ankara 2000, S. 93.

Dogancibasi – Oberstfalkonier.
Aus dem Codex »Les portraits des
differens habillements qui sont en
usage a Constantinople [...]«.
Deutsches Archäologisches Institut Istanbul

Juni 1695 erging der Befehl des Feldherrn und Wesirs Ibrahim Pascha an Hasan Pascha, mit seinen Yürüken, seinem bewaffneten Gefolge *(kapı halkı)* und dem *Beg* der Maina, Liberaccio, und dessen Leuten, einen Angriff auf die Venezianer zu unternehmen.[17] Der Vorstoß war erfolgreich, die Gegner mussten mehrere Orte räumen, doch sie reagierten, indem sie weitere Truppen landeten, die die Osmanen bedrängten. In der Folge gelang es Hasan Pascha, mit 700 Yürüken die Venezianer im Rücken anzugreifen. Mit einem Kugelhagel und darauf mit blankem Schwert gingen sie gegen eine venezianische Einheit vor, vernichteten sie weitgehend, und machten Beute, darunter Gefangene und eine Fahne. Allerdings brach der osmanische Widerstand in der Folge doch noch zusammen und der Feldherr Ibrahim Pascha musste sich mit seinen Truppen von der Morea zurückziehen.

Im März 1696 erhielt Hasan Pascha den Befehl, am zweiten persönlichen ungarischen Feldzug Sultan Mustafas II. teilzunehmen.[18] Mit 2.000 Yürüken sowie Fazlı Bölükbaşı und dessen Bosniern[19] und einer Gruppe der Segban, der Soldtruppen des Großwesirs, hatte er die Versorgung der Festung Tımışvar (Timişoara, Temeschwar) sicherzustellen,[20] die bei diesem Feldzug besonders gefährdet war, aber gehalten werden konnte. Später hatte er den Schutz der wichtigsten Verbindungslinie zwischen Hauptstadt und Ungarn, der Heerstraße von Belgrad nach Konstantinopel im Abschnitt zwischen Niš und Belgrad zu übernehmen, doch im Juni erging der Befehl, diese Aufgabe abzugeben und sofort nach Belgrad zu marschieren.[21]

Gegen Ende August 1696 erreichte den Kommandanten von Temeschwar, Çerkes Ibrahim Pascha, der Befehl, sich mit einigen Truppenteilen, darunter den Yürüken unter Çakırcı Hasan Pascha, beim Haupttheer einzufinden.[22] Als er eintraf – es war nach der Schlacht an der Bega – wurde Hasan Pascha in Gegenwart des Sultans mit einem Ehrengewand *(hil'at)* bekleidet[23] und dann mit seinen Leuten den Truppen am Flussufer zugeteilt. Mitte September musste er 150 Mann zu einem Aufgebot abstellen, das der Wesir Daltaban Mustafa Pascha gegen die Palanke Moravik zu führen hatte.[24] Hasan Pascha und seine *Evlad-ı Fatihan* müssen sich bewährt haben, denn am 7. Oktober 1696 wurde er zum Oberbefehlshaber *(serdar)* der Truppen auf der Morea ernannt.[25] Gleichzeitig wurde ihm der Wesirsrang und der *Sandschak* Selanik als *Arpalık* verliehen.[26] Zunächst hatte er

---

17 Silâhdar Fındıklılı Mehmet Ağa: Nusretnâme. Sprachlich vereinfacht von İsmet Parmaksızoğlu, Bd. 1, S. 37–38.
18 Silâhdar: Nusretnâme, Bd. 1, S. 141; BOA Istanbul: Mühimme Defteri (MÜD) 108, S. 151/2 (meine alte Zählung = S. 152, 2. Eintrag usw. Inzwischen wurden die Einträge digitalisiert und sind in jedem Band durchnummeriert, neuere Fundstellen haben daher eine Nummer).
19 Zu diesem Mann und seiner kampfstarken Truppe siehe Majer, Hans Georg: Albaner und Bosnier in der osmanischen Armee. Ein Faktor der Reichsintegration im 17. und 18. Jahrhundert, in: Jugoslawien. Integrationsprobleme in Geschichte und Gegenwart. Beiträge des Südosteuropa-Arbeitskreises der Deutschen Forschungsgemeinschaft zum V. Internationalen Südosteuropa-Kongreß der Association Internationale d'Etudes du Sud-Est européen.

Belgrad, 11.–17. September 1984, hg. v. Klaus-Detlev Grothusen, Göttingen 1984, S. 105–117.
20 Silâhdar: Nusretnâme, Bd. 1, S. 152–153.
21 BOA Istanbul: MÜD 108, S. 309/1, Evasıt Zilkade 1107/11. 6. 1696.
22 Silâhdar: Nusretnâme, Bd. 1, S. 184.
23 Silâhdar: Nusretnâme, Bd. 1, S. 193.
24 Silâhdar: Nusretnâme, Bd. 1, S. 200, 203.
25 Die Mitteilung seiner Versetzung an den bisherigen Befehlshaber und die Ernennung Hasan Paschas in BOA Istanbul: MÜD 108, S. 414, Nr. 1738, Evasıt Rebiülevvel 1108/8.–17. 10. 1696.
26 Silâhdar: Nusretnâme, Bd. 1, S. 206; vgl. aber Küçükçelebizade: Tarih, S. 34.

nun den Auftrag, in Rumelien Truppen aufzustellen.[27] Den *Alaybeyis* (Truppenführern)
von Eğriboz (Euboea, Negroponte), Aynabahtı (Naupaktos, Lepanto) und Karlıili (Sandschak um Arta und Preveza) wurde befohlen, ihr Timar-Aufgebot zu versammeln und
sich ihm zu unterstellen.[28] Der Kommandant von Eğriboz wurde ebenfalls seinem Kommando unterstellt.[29] Hasan Pascha wurde im Mai 1697 ausdrücklich der Schutz eines weiten Gebietes anvertraut, Zusammensetzung und Zahl seiner Truppen wurde genau festgelegt und ein Kommissar ernannt, der überprüfen sollte, ob der Mannschaftsstand auch
in jedem Falle erreicht war.[30] Mit 3.438 Mann bildeten seine *Evlad-ı Fatihan* die stärkste
Einheit. Als Befehlshaber auf der Morea hatte er es aber nicht nur mit dem venezianischen Gegner zu tun, sondern im Sommer und Herbst 1697 auch mit der Verfolgung von
Räubern, die u.a. fromme Stiftungen der *Valide Sultan* (Sultansmutter) überfallen und
geplündert hatten,[31] sowie einer zwölfköpfigen Räuberbande, die in seinem Zuständig-
keitsbereich Gewalttaten begangen hatte,[32] über die sich der *Kadi* (Richter) und die Bevölkerung bei der Hohen Pforte schriftlich beklagt hatten.

Das osmanische Hauptheer unter Sultan Mustafa II. und seinem Großwesir Elmas
Mehmed Pascha erlitt auf diesem dritten Feldzug des Sultans am 11. September 1697 beim
Übergang über die Theiß bei Zenta eine schreckliche Niederlage: Der Großwesir war von
den eigenen Leuten getötet worden, Sultan und Kavallerie hatten vom anderen Flussufer
aus den Untergang der Infanterie mit ansehen müssen. Der Sultan verzichtete nun auf
eine weitere Feldzugsteilnahme. Der neue Großwesir Hüseyin Pascha aus dem Hause
Köprülü jedoch stellte 1698 erneut ein starkes Heer auf, das allerdings kaum mehr gegen
den Gegner eingesetzt wurde, da auch dort die Kriegsmüdigkeit eingesetzt hatte. Hüseyin
Pascha ging auf die englisch/holländische Vermittlung ein und stimmte schließlich Friedensverhandlungen zu. Im Januar 1698 war *Çakırcı* Hasan Pascha vom Kommando auf
der Morea abgelöst und mit 3.000 Yürüken noch zum Hauptheer befohlen worden. Auch
das *Arpalık* Saloniki war seinem Nachfolger zugesprochen worden.[33] Im Januar 1699 beendete der Friede von Karlowitz auch für ihn den Krieg.

Für das Osmanische Reich folgte nun die außerordentlich schwierige Aufgabe, aus
dem Krieg in den Frieden zu finden. In den langen Jahren der Konzentration auf den
Krieg war das Land in weiten Gebieten unsicher geworden, war wirtschaftlich und sozial
vernachlässigt und äußerst erholungsbedürftig. Hasan Pascha konnte seine *Evlad-ı Fatihan* nach Hause entlassen. Er selbst muss erneut zum Nutznießer des *Sandschaks* von
Saloniki ernannt worden sein, denn im Oktober/November 1700 wurde er als bisheriger
Mutasarrıf von Saloniki zum Befehlshaber von Belgrad ernannt. Der bisherige Kommandant, der mit sinnvollen, aber unpopulären Maßnahmen gegen eine Pestepidemie
angekämpft hatte, war in seinem Palast von der Stadtbevölkerung und Festungstruppen
umzingelt worden. Schließlich hatte man seinen Wohnsitz eingenommen und den Be-

---

27 BOA Istanbul: MÜD 108, S. 424, Nr. 1776, Evasıt
Rebiülevvel 1108/ 8. – 17. 10. 1696; hier wird er Inhaber des
Sandschaks Tırhala genannt.

28 BOA Istanbul: MÜD 108, S. 423, Nr. 1774, Evasıt
Rebiülevvel 1108/ 8. – 17. 10. 1696.

29 BOA Istanbul: MÜD 108, S. 424, Nr. 1776.

30 BOA Istanbul: MÜD 110, S. 13, Nr. 46,
Evahir Şevval 1108/13. 5. – 22. 5. 1697.

31 BOA Istanbul: MÜD 109, S. 15, Nr. 59,
Evail Muharrem 1109/20. – 29. 7. 1697.

32 BOA Istanbul: MÜD 109, S. 29, Nr. 119,
Evahir Rebiülevvel 1109/7. – 16. 10. 1697.

33 Silâhdar: Nusretnâme, Bd. 1, S. 332.

fehlshaber in Stücke gehauen. Hasan Pascha sollte nun wieder Ruhe und Ordnung her-stellen.[34] Noch ehe er aber seinen Amtssitz erreicht hatte, traf am 25. November der kaiserliche Großbotschafter Graf Wolfgang IV. zu Oettingen-Wallerstein[35] auf der Rück-reise von Istanbul nach Wien mit seinem Gefolge vor Belgrad ein, das schwer unter der Pest litt. Der Chronist der Botschaftsreise berichtet, die Seuche habe »14.356 Türcken, Juden und Ratzen [Serben] hinweg gefressen«.[36] In seinem Bericht an den Kaiser schreibt der Graf, der Chihaia [Kethüda] des Pascha habe ihn in sein »campement, ohngefahr eine halbe stundt vor der statt begleithet, daselbsten in nahmen ersagten Bassà, mit entschul-digung, daß er nicht in Person khommen, weillen er sich nicht wohl befindte / so aber eine lauthere finta gewesen / solenniter empfangen«.[37] Mit dieser Ausrede wurde wohl nur vertuscht, dass der alte Pascha erschlagen und der neue noch nicht eingetroffen war.[38] Auf diesem wegen seiner Grenznähe hochwichtigen und auch mit Kontakten zur kaiserlichen Seite betrauten Belgrader Posten blieb Hasan Pascha mit einigen Unterbrechungen bis zum November 1706. Gleichzeitig blieb er aber auch der Führer (zabit) der Evlad-ı Fati-han, wie an ihn ergangene offizielle Schreiben immer wieder belegen. Auf eine erste Un-terbrechung deutet eine Angabe des Geschichtsschreibers Defterdar Sarı Mehmed Pascha hin, wonach Hasan Pascha im November/Dezember 1702 zum Kommandanten von Bel-grad ernannt worden sei.[39] Dieser Hinweis würde voraussetzen, dass er zuvor abberufen gewesen war. Angaben darüber fehlen jedoch; der üblicherweise wohlinformierte Silahdâr weiß davon nichts.

Im Februar 1703 erscheint Çakırcı Hasan Pascha in verschiedenen Fermanen (Sultans-befehlen) noch oder wieder als Inhaber seiner beiden Ämter und wird mit der Aufstellung von 15.000 Evlad-ı Fatihan für den Einsatz in Bucak (Bessarabien) unter Wesir Yusuf Pascha betraut.[40] Etwas später wird er beauftragt, die Gebühr einzuziehen, die fällig wur-de, da sie doch keinen Kriegsdienst zu leisten hatten.[41]

Wachsam beobachtete man von Belgrad aus die Einhaltung des Friedensvertrages von Karlowitz. Im Mai 1703 kam es wegen der Errichtung zahlreicher hölzerner Wachtürme auf der kaiserlichen Seite zu einem Briefwechsel des Paschas mit Großwesir Rami Meh-med Pascha, in dem die Frage der Vertragsverletzung angesprochen wurde und Hasan Pascha den Auftrag erhielt, diesbezüglich ein freundschaftliches Schreiben an den ersten Minister des Kaisers zu senden.[42] Dies war in Bezug auf die osmanischen Angelegenhei-ten der Reichskriegsratspräsident. Genau einen Monat, nachdem der Großwesir seine

34 Silâhdar: Nusretnâme, Bd. 2, S. 43.

35 Volckamer, Volker von: Graf Wolfgang IV. zu Oettingen-Wallerstein (1629–1708). Gesandter zum Friedenskongreß von Karlowitz (1698–1699) und Groß-botschafter zum Sultan in Konstantinopel (1699–1701), in: Diplomaten und Wesire. Krieg und Frieden im Spiegel türkischen Kunsthandwerks, hg. v. Peter W. Schienerl unter Mitarbeit von Christine Stelzig, München 1988, S. 9–34.

36 Niggl, Simpertus : Diarium Oder: Außführliche curiose Reiß-Beschreibung/Von Wien nach Constantinopel und von dar wider zurück in Teutschland [...], Augsburg 1701, S. 323.

37 Haus-, Hof- und Staatsarchiv (HHStA) Wien: StAbt

Türkei I 175, Konv. 1700 Nov. – Dez., Fol. 60r, Oettingen an den Kaiser, Carlowitz 10. 12. 1700.

38 Der Interims-Pascha, wie ihn Niggl (wie Anm. 36), S. 320 nennt, blieb unsichtbar und war wohl nur eine proto-kollarische Kunstfigur, an deren Stelle der Chiaia handelte.

39 Defterdar Tarihi, S. 753, danach auch Raşid: Tarih, Bd. 2, S. 561.

40 BOA Istanbul: MÜD 114, 27/2, 26. Ramadan 1114/13. 2. 1703.

41 BOA Istanbul: MÜD 114, 30/3, Evahir Ramadan 1114/8. – 17. 2. 1703.

42 Österreichische Nationalbibliothek Wien (ÖNB): Handschrift A. F. 159, Fol. 146v – 147v, Nr. 361 – 363.

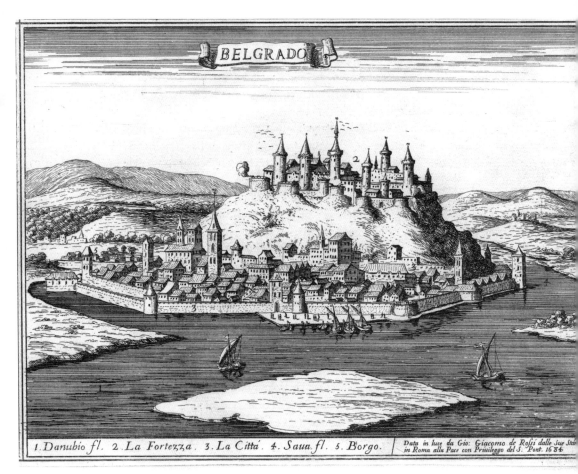

1. Danubio *fl*. 2. La Fortezza. 3. La Città. 4. Saua. *fl*. 5. Borgo.   Data in luce da Gio: Giacomo de Rossi dalle Sue Stai in Roma alla Pace con Priuileggo del S. Pont. 1684

Das osmanische Belgrad
Kupferstich von Giovanni
Giacomo de Rossi, 1684
Sammlung Hans Galen, Greven.
Foto: Stephan Kube

Briefe aus Istanbul abgesandt hatte, am 27. Juni 1703, wurde Prinz Eugen von Savoyen zum Reichskriegsratspräsidenten berufen, als Nachfolger des von ihm als »Esel« titulierten Grafen von Mansfeld.[43] Höchstwahrscheinlich gelangten die Briefe, die zu schreiben der Pascha aufgefordert worden war, also in des Prinzen Hände. Es dürfte nicht Hasan Paschas letztes Schreiben nach Wien gewesen sein, jedoch hat sich kein originales Schreiben von seiner Hand im Haus-, Hof- und Staatsarchiv zu Wien erhalten.[44] Konzepte zu offiziellen Briefen an ihn sowie Übersetzungen von Briefen von ihm sind jedoch vorhanden.

Auch mit einem Problem des internationalen Handels wurde Hasan Pascha befasst. Wohl im Juni kamen zwei persische Kaufleute aus Isfahan, ausgerüstet mit einem kaiserlichen Schreiben und einem des Kommandanten von Varadin, in Belgrad an. Sie beabsichtigten über die Donau und das Schwarze Meer nach Trapezunt und weiter über Erzurum nach Persien zu reisen. Da sie die Genehmigung des Kaisers hatten, ersuchten sie nun auch um die Erlaubnis des Sultans. Hasan Pascha berichtete an die Hohe Pforte und erhielt eine ausführliche Erörterung des Problems, das durch den Vertrag von Karlowitz noch nicht abschließend geregelt worden sei: Kaufleute, die von Seiten des Kaisers, Englands, Hollands und anderer Vertragsstaaten nach Belgrad kämen, seien sicher herzugeleiten, allen übrigen, woher sie auch kämen, sei keine Erlaubnis zu erteilen. Ihre Waren seien in Belgrad zu verkaufen und sie selbst zurückzuschicken.[45]

Hasan Paschas Tätigkeit richtete sich natürlich auch nach innen. Da man in Istanbul gehört hatte, dass in der Gegend von Belgrad derzeit Mehl und Gerste billig zu haben waren, erhielt er den Befehl, sofort seinem Finanzverwalter, dem *Defterdar*, eine bestimmte Summe zu übergeben, damit dieser günstig für die Mannschaften der Festung einkaufe. Die Geldquellen wurden zwar genannt, doch das Geld musste der Pascha zunächst einmal selbst auftreiben.[46]

Die Mitteilung, ein Nachfolger sei für ihn ernannt worden, erhielt Hasan Pascha am 1. Juli 1703. Er sollte aber bis zu dessen Eintreffen die Amtsobliegenheiten wie bisher wahrnehmen.[47] Die Abberufung bezog sich nur auf sein Amt als Befehlshaber von Belgrad, unberührt davon blieb seine Führung der *Evlad-ı Fatihan*. Noch im gleichen Monat erhielt er einen detaillierten *ferman* (Sultansbefehl), begleitet von einem kurzen Begleitschreiben des Großwesirs. Darin wurde auf sein Gesuch hin, für jene ein bestimmtes Einkommen festgelegt, die in den Jahren, in denen die *Evlad-ı Fatihan* keinen Kriegsdienst zu leisten hatten, die fälligen Gebühren (*bedel*) in der Gegend von Saloniki, Silistre und Nikebolu von ihnen einzuziehen hatten.[48]

43 Braubach, Max: Prinz Eugen von Savoyen, Bd. I: Aufstieg, München 1963, S. 364.
44 Die osmanischen Dokumente werden erfasst von Petritsch, Ernst Dieter: Die Regesten der osmanischen Dokumente im Österreichischen Staatsarchiv, Wien 1991. Die Regesten umfassen in ihrem bisher erschienenen ersten Band jedoch erst die Jahre von 1480 bis 1574. Dem Autor verdanke ich die obige Feststellung.
45 ÖNB Wien: AF 159, Fol. 169r-169v, Nr. 419, 10. Safer 1115/25. 6. 1703.

46 ÖNB Wien: AF 159, Fol. 166v, Nr. 412, 6. Safer 1115/21. 6. 1703.
47 ÖNB Wien: AF 159, Fol. 17v-174r, Nr. 429. Die Ernennung des Nachfolgers, und seine Absetzung erwähnt auch Silahdar: Nusretname, Bd. 2, S. 126, 173.
48 ÖNB Wien: AF 159, Fol. 198r-198v, Nr. 478, 2. Rebiülevvel 1115/16. 7. 1703; BOA Istanbul: MÜD 114, S. 228, neue Zählung Nr. 959.

Am 21. Juli aber forderte der Großwesir, wiederum in einem Schreiben, das wie meist das Begleitschreiben zu einem Sultansbefehl[49] war, Hasan Pascha nachdrücklich auf, nicht auf das Eintreffen seines Nachfolgers in Belgrad zu warten, sondern seinem Stellvertreter die Obhut Belgrads anzuvertrauen und ohne Verzug schleunigst nach Edirne zu kommen.[50] Gleichzeitig teilte er dies dem Nachfolger Ali Pascha mit, und befahl diesem, ohne sich aufzuhalten unverzüglich nach Belgrad zu eilen.[51] Wenige Tage später verstärkte der Großwesir sein Drängen, forderte Hasan Pascha auf, ohne Rast mit Relaispferden von Poststation zu Poststation[52] zu eilen und nach Edirne zu kommen.[53] Eine Woche nach der ersten Aufforderung verstärkte er sein Drängen weiter: Es sei zwingend, dass er unverzüglich in Edirne eintreffe. Und diesmal fordert er noch etwas: er solle in den Gerichtsbezirken (kaza) an seinem Wege, sowie links und rechts davon, die Evlad-ı Fatihan um sich scharen, sie zur Eile antreiben und herbeiführen.[54] Wie wichtig dem Großwesir die Angelegenheit war, zeigt sich daran, dass er am nächsten Tag erneut schrieb, seinen Brief fast Wort für Wort wiederholend.[55] Die Ungeduld hatte ihren Grund. In der Hauptstadt Istanbul hatten sich Armeeeinheiten, Ulema (Religions- und Rechtsgelehrte) und die Bevölkerung vor allem wegen der langjährigen Abwesenheit des Hofes von der Hauptstadt, wegen des Nepotismus des Sultanslehrers und Schejchülislams Seyyid Feyzullah Efendi gegen Sultan und Regierung in Edirne erhoben.[56] Misstrauen und Ungeschick auf beiden Seiten führte zu einer sich immer weiter zuspitzenden Konfrontation, so dass beide Seiten Truppen aufzustellen begannen. Großwesir Rami Mehmed Pascha versandte dazu Dutzende ähnlich lautender Fermane und persönlicher Schreiben auch an andere Paschas. Çakırcı Hasan Pascha traf am 11. August in Edirne ein. Sultan Mustafa beschenkte ihn mit fünf Pferden, auch die anderen gleichzeitig eingetroffenen Paschas wurden beschenkt. Die Wesire bestimmten dann Hasan Pascha, den die »Berliner Anonyme Chronik«[57] bei dieser Gelegenheit als »alten Wesir« bezeichnet, zum Befehlshaber der Edirner Truppen. Am folgenden Tag wurde er durch Vermittlung des Großwesirs vom Sultan empfangen und mit einem brokatenen Ehrengewand ausgezeichnet.[58] Bei dieser Zeremonie meinte der Sultan zur aktuellen Situation: Das Gesindel habe sich wegen des vorigen Schejchülislam versammelt und wie sie gefordert hätten, sei dieser abgesetzt und verbannt worden. Wenn diese Leute seine Segenswünsche (hayır dua) wollten, sollten sie

49   Majer, Hans Georg: Zwei Inšā' Rāmī Mehmed Paschas in Wien? in: Osmanistik – Turkologie – Diplomatik. Festgabe an Josef Matuz, hg. v. Christa Fragner und Klaus Schwarz mit einem Vorwort von Bert G. Fragner, Berlin 1992, S. 201–212 (Islamkundliche Untersuchungen 150).
50   ÖNB Wien: AF 159, Fol. 203r, Nr. 496, 7. Rebiülevvel 1115/21. 7. 1703.
51   ÖNB Wien: AF 159, Fol. 202v-203r, Nr. 495, 7. Rebiülevvel 1115/21. 7. 1703.
52   Siehe dazu Heywood, Colin: Some Turkish Archival Sources for the History of the Menzilhane Network in Rumeli During the Eighteenth Century, in: Boğaziçi Üniversitesi Dergisi 4–5, 1976–1977 (Notes and Documents on the Ottoman Ulak I), S. 39–55

53   ÖNB Wien: AF 159, Fol. 206v-207r, Nr. 510, 11. Rebiülevvel 1115/25. 7. 1703.
54   ÖNB Wien: AF 159, Fol. 208r, Nr. 517, 14. Rebiülevvel 1115/28. 7. 1703; der dazu gehörige Ferman in BOA Istanbul: MÜD 114, S. 241, Nr. 3. Siehe auch: Silahdar: Nusretname Bd. 2, S. 173.
55   ÖNB Wien: AF 159, Fol. 209r, Nr. 522, 15. Rebiülevvel 1115/29. 7. 1703.
56   Zu diesen Vorgängen siehe Abou-el-Haj, Rifa'at Ali: The 1703 Rebellion and the Structure of Ottoman Politics, Istanbul 1984 sowie die Dissertation von Stremmelaar, Annemarike: Justice and Revenge in the Ottoman Rebellion of 1703, Leiden 2007.
57   Anonim Osmanlı Tarihi, S. 245, osm. Text Fol. 259v.
58   Silahdar: Nusretname Bd. 2, S. 174.

endlich ihre Versammlung auflösen.[59] Beschlossen wurde, Hasan Pascha als Vertreter des Sultans mit Truppen und einer Gruppe *Ulema* den Istanbuler Rebellen entgegenzuschicken. Am 14. August ließ ihm der Sultan 1.000 Goldstücke und ein Schreiben zugehen, das ihm weite Vollmachten gab.[60] Sein Auftrag lautete, die Rebellen mit schönen Worten und guten Ratschlägen von ihrem Aufruhr abzubringen. Wenn sie dem jedoch nicht nachkämen, ihnen die gebührende Strafe zu verpassen.[61] In die Gegend von Çorlu vorgerückt, erkannte Hasan Pascha, dass man den Gegner unterschätzt hatte: Er sah keinen bunt zusammengewürfelten Haufen, er sah Krieger in nicht erwarteter Zahl. Nach Absprache mit den Kommandeuren entsandte er eine Abordnung, meist *Ulema*, um mit dem Gegner zu verhandeln. In heftiger, mit *Fetwas* und Koranversen gespickter Rede verhandelten die gelehrten *Ulema*. Die Forderungen der Istanbuler verdichteten sich auf den Thronwechsel zugunsten des jüngeren Bruders des Sultans, Prinz Ahmed. Die Delegierten kamen zurück und berichteten Hasan Pascha, der seinerseits Edirne über den Verlauf der Verhandlungen informierte und bei Çorlu auf weitere Befehle zu warten beschloss. Nach erneuten Gesprächen mit Delegierten der Gegenseite zog er sich dann aber doch bis Hafsa zurück, wo er am 20. August seine Mannschaften mit denen des Großwesirs vereinigte. Die Istanbuler rückten langsam nach. Eine Ratsversammlung im Zelte des Großwesirs beschloss, Sultan Mustafa ins Lager zu rufen, um die Moral der Truppe zu heben. Geheime Kontakte zwischen den beiderseitigen Truppen zeigten jedoch besonders unter den Janitscharen, dass keinerlei Bereitschaft vorhanden war, gegeneinander zu kämpften, wenn es nur noch um die Auswechslung der Person des Sultans ginge. In der Nacht feuerten die Truppen des Sultans als Signal ihre Gewehre ab und gingen zur Gegenseite über. Weiterer Widerstand war nun zwecklos. Sultan Mustafa gab seine Sache verloren. Er eilte nach Edirne, machte seiner Mutter Mitteilung und zog sich in seine Gemächer zurück. Am 23. August bestieg der neue Sultan Ahmed III. den Thron. Ein Teil der bisherigen Führung war geflohen und hielt sich versteckt, andere wurden in ihren Ämtern bestätigt. Den Wesir Çakırcı Hasan Pascha beorderte man zurück in sein *Arpalık*, den *Sandschak* Selanik.[62]

Wenig später, im November 1703, wurde ihm abermals das Kommando von Belgrad anvertraut, da er dort schon zuvor mit gutem Erfolg gewirkt hatte. So benennt der Autor der »Berliner Anonymen Chronik« den Grund für diese neuerliche Ernennung.[63] Schon bald konnte er seine überzeugende Amtsführung wieder beweisen. Im Januar 1704 kam ein neuer *Kadi* nach Belgrad, Tatar Abdurrahman Efendi, der, wie sich schnell zeigte, mit den Bewohnern der Stadt nicht auskommen konnte. Schon im März sah sich Hasan Pascha daher veranlasst, die Verhältnisse und dessen üble Handlungen ausführlich nach Istanbul zu berichten. Der Richter wurde abgesetzt und im Turm der Festung Semendire (Smederevo) eingekerkert; gleichzeitig wurde ein Nachfolger ernannt. Soweit stimmen die Berichte in den beiden biografischen Lexika von Uşakizade und Şeyhi überein. Uşakizade fährt dann aber fort, dass auch die Hinrichtung des *Kadis* beabsichtigt gewesen sei, doch mit Rücksicht auf die Würde der *Ulema* habe man einige Tage verstreichen las-

---

59 A.a.O.
60 Silahdar: Nusretname, Bd. 2, S. 175.
61 Silahdar: Nusretname, Bd. 2, S. 178.

62 Silahdar: Nusretname, Bd. 2, S. 191.
63 Anonim Osmanlı Tarihi, S. 269, osm. Text Fol. 286 r.

sen, und ihn dann zum *Bey* von Pancova (Pančevo) ernannt. Da er nun nicht mehr zu den *Ulema* zählte, konnte er nun ohne weitere Bedenken hingerichtet werden.[64] Man hatte im Osmanischen Reich stets Hemmungen, Männer der Religion wie andere staatliche Würdenträger oder sonstige Übeltäter hinzurichten. Den »Ausweg« über die Ernennung auf ein staatliches Amt hatte man schon bei der Hinrichtung des *Schejchülislam* Seyyid Feyzullah Efendi im vorangegangenen Jahr gewählt. Şeyhi, der Uşakizades Biografien zum größten Teil übernommen, in vielen Fällen aber auch modifiziert hat, spricht von einem milderen Urteil: der besagte *Kadi* habe die Erlaubnis erhalten, sich in der Stadt Filibe (Plovdiv) niederzulassen und sei dort sechs Jahre später gestorben.[65]

Bis kurz vor Jahresende 1704 versah der Wesir *Çakırcı* Hasan Pascha sein Amt in Belgrad, wurde dann aber nach Temeschwar versetzt, die andere bedeutende osmanische Festung an der Grenze zum Habsburgerreich.[66] Da jedoch am 10. Februar 1706 ein Stellentausch zwischen ihm, dem Befehlshaber von Belgrad und dem Gouverneur *(beglerbegi)* von Silistre (Silistra) an der unteren Donau befohlen wurde,[67] muss Hasan Pascha schon vor diesem Datum wieder von Temeschwar nach Belgrad zurückversetzt worden sein. Bereits im April heißt es, er könne auf seinem vorigen Posten Belgrad bleiben.[68] Demnach dürfte er erst gar nicht nach Silistre aufgebrochen sein. Bis in den Januar 1707 blieb er nachweisbar noch in Belgrad, hatte besonders mit finanziellen und organisatorischen Angelegenheiten der *Evlad-ı Fatihan* zu tun.

Nachdem er den Großbotschafter Wolfgang Graf zu Oettingen-Wallerstein im Jahre 1700 knapp verpasst hatte, wurde nun aber ein kaiserlicher Diplomat sein Gast in Belgrad. Es war dies der kaiserliche Hofkriegsrat Christoph Ignatius Edler Herr von Guarient und Rall, der als außerordentlicher Gesandter die Thronbesteigung Kaiser Josephs mitteilen und den Frieden von Karlowitz erneut bekräftigen sollte. Am 17. Mai war er bei Slankamen feierlich von einer osmanischen Abordnung[69] empfangen worden und am Tag darauf vor Belgrad eingetroffen. Am 26. Mai 1706 berichtete er dem Hofkriegsrat, noch aus Belgrad, wie er vom Pascha und seinem Hofstaat empfangen und aufgenommen worden war. Hasan Pascha hat sich ihm gegenüber demnach außerordentlich ehrenvoll, höflich und freundschaftlich erwiesen. Er sandte dem Gast sein eigenes Zelt für die letzte Übernachtung vor Belgrad, seine eigene »fregatta«, um über die angeschwollene Save zu setzen, und achtzehn »wohlmontierte« Pferde aus seinem Stall für ihn und sein Gefolge. Sein Fahnenträger und Vetter überbrachte Willkommensgrüße, Hofbedienstete trugen *Scherbet* (ein süßes, alkoholfreies Getränk) sowie Zuckerwerk und Früchte auf großen Schüsseln herbei. Diesem Beispiel folgten dann auch die wichtigsten Würdenträger der Stadt. Die Audienz wurde wegen starken Regens rücksichtsvoll in gegenseitiger Abspra-

---

64 Uşşâkizâde Târihi, Bd. 2, hg. v. Raşit Gündoğdu, Istanbul 2005, S. 769–770.
65 Şeyhi Mehmed Efendi: Vekayiü'l-Fudalâ, Bd. 2, Teil II-III, hg. v. Abdülkadir Özcan, Istanbul 1989, S. 317 (Şakaik-ı Nu'maniye ve Zeyilleri 4).
66 Silahdar: Nusretname, Bd. 2, S. 218; Raşid: Tarih, Bd. 3, S. 155.
67 Silahdar: Nusretname, Bd. 2, S. 227; Raşid: Tarih, Bd. 3, S. 185.

68 Silahdar: Nusretname, Bd. 2, S. 229.
69 Eine »Relation von dem, den 17. May 1706 ausser Slankement beschehenen Empfang des Hrn Hofkriegsraths und extraordinairen Gesandten, Edlen von Quarient v. Rall« auf der Münchner Bibliothek, die Joseph von Hammer-Purgstall erwähnt, Geschichte des Osmanischen Reichs, Pest 1831, Bd. 7, S. 120, Anmerkung, war in der BSB leider nicht auffindbar.

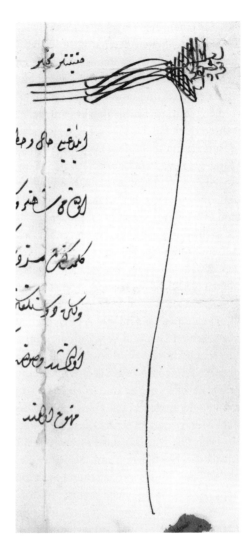

Pençe des Absenders (rechts):
»Der geringste der Diener
Hasan Pascha, ehemaliger
Befehlshaber von Belgrad.«

Das Siegel ist unvollständig,
teils verwischt und schwer
leserlich. Der Name »Hasan«
steht in der Mitte, den rest-
lichen Text konnte der Autor
bisher nicht rekonstruieren.

che um einen Tag verschoben. Der Pascha war bei des Gesandten Ankunft noch mit Amtsobliegenheiten beschäftigt und ließ sich entschuldigen. Guarient von Rall wurde derweil im *Divan*, dem Rat des Paschas, an dem der örtliche *Janitscharen-Ağa*, der *Chiaia* (sein Sachwalter), der *Defterdar* (Hofzahlmeister), der *Reis Efendi* und der *Divan Efendisi* (Kanzleichefs) und eine größere Gruppe Türken teilnahmen, höflichst unterhalten. Im Audienz-Zimmer wurde ihm ein mit rotem Samt überzogener, niederer Sessel angeboten, während der Pascha und seine Gefolgsleute sich auf brokatenen Polstern niederließen. Hasan Pascha stellte dem Gast dann sein äußerst wohlgestaltetes Söhnlein vor, dem jener später die gewiss erwarteten Geschenke überbringen ließ; das ist ein weiterer Hinweis auf Hasan Paschas Familie. Nachdem Guarient von Rall die Aufträge des Kaisers mitgeteilt und ein Schreiben des Hofkriegsratspräsidenten übergeben und vorgelesen worden war, kam es zum Austausch der Geschenke. Dabei bemerkte der Gast mit Genugtuung, dass vierzehn Ehrengewänder an ihn und sein Gefolge verteilt wurden, während es bei einer früheren Gesandtschaft nur neun gewesen waren. Nach dem Kaffee lud Hasan Pascha den Gesandten für den folgenden Tag zu einem vertraulichen Gespräch. Drei Stunden hielten die beiden Herren dann auch in des Paschas »Lusthaus oder Chiosch Conferenz«. Hasan Pascha wies manche Anschuldigung zurück, zeigte sich aber an der Sicherheit der Grenzen und an einem guten Einvernehmen sehr interessiert. Schließlich erklärte er den überraschten Guarient von Rall, um ihm seine besondere, wohlmeinende »Affection« zu zeigen, obschon er wohl etwas zu alt dafür sei, zu seinem »Sohn«. Im weiteren Gespräch über die Franzosen zeigte er sich als Freund der Habsburger und in der Frage der ungarischen Rebellen bot er an, mit eigenen Truppen den Kaiser zu unterstützen, was der Gesandte allerdings höflich ablehnte. Für den folgenden Tag lud Hasan Pascha den Gast zum Mittagessen an einen »Lustorth« ein, an dem ein kostbares Zelt aufgeschlagen worden war. Die Musiker des Paschas boten dort türkische, die des Gesandten europäische Musik dar. Nach dem Mahl suchte der Gesandte den Pascha noch einmal auf und erhielt ein schönes Pferd samt Sattel und Saumzeug zum Geschenk. Im vertraulichen Gespräch hatte der Pascha ihm auch manche Information über osmanische Interna anvertraut.

Am 10. Juli 1706 hielt der Gesandte seinen feierlichen Einzug in Konstantinopel.[70] Als er im frühen Dezember den Geleitbrief *(yol fermanı)* für die Heimreise[71] erhielt, war darin der persönliche Name des Beylerbeyi von Rumelien als Adressat genannt, der des Paschas von Belgrad, an den er ebenfalls gerichtet war, jedoch freigelassen worden. Grund war, dass im November *Çukırcı* Hasan Pascha von seinem Amt in Belgrad abberufen worden war.[72] Zwar sollte er bis zur Ankunft seines Nachfolgers an Ort und Stelle bleiben, doch konnte die Hohe Pforte nicht sicher sein, welcher von beiden beim neuerlichen Eintreffen des Gesandten in Belgrad zugegen sein würde. Schließlich waren beide anwesend, der Alte und der Neue. Als sich Guarient von Rall Belgrad näherte, wurde er von

70 BSB: Res 4° Eur. 413,45: Beschreibung deß Einzugs/ welchen der Kayserl. extraordinari Gesandte Herr von Guarient/den 10. Julij 1706 in Constantinopel auf das prächtigste gehalten; 3 Seiten.

71 BOA Istanbul: MÜD 115, S. 176, Nr. 731, wo der Gesandte mit vollem Namen, osmanisch gehört, genannt wird: »Kavalir Christoforos Inaciyus Iğvaryend ve Ral«.

72 BOA Istanbul: MÜD 115, S. 158, Nr. 654: Evail Şa'ban 1118/8. – 17. 11. 1706.

Hasan Paschas Leuten mit allen Ehren empfangen und in die Stadt geleitet. Wieder führten Hasan Pascha und der Gesandte Gespräche. Der Pascha gratulierte seinem Gast zum Erfolg seiner Mission, der wiederum drückte seine Freude aus, den Pascha noch einmal sehen und sprechen zu können. Beide kamen überein, ihre Freundschaft auch nach Hasan Paschas Abzug von der Grenze zu bewahren. Obwohl Guarient von Rall zügig zur Grenze weiterreisen wollte, veranlasste ihn der Pascha noch bis zum bevorstehenden Eintreffen seines Nachfolgers Ibrahim Pascha zu bleiben.[73] Hasan Pascha selbst zog seinem Nachfolger entgegen und bewirtete ihn und sein Gefolge unweit der Stadt. Den prächtigen Einzug des neuen Paschas konnte der Gesandte von einem Haus aus verfolgen, in das ihn Hasan Pascha eingeladen hatte.[74] Nach seiner Audienz bei Ibrahim Pascha, mit dem er Höflichkeiten tauschte, Grenzfragen erörterte und die Freundschaft der beiden Kaiserreiche feierte, reiste er unverzüglich zur Grenze.

Der Abberufungsbefehl war auf Grund eines allerhöchsten Handschreibens ergangen. Formal teilte es mit, dass der Wesir Ibrahim Pascha, der im Jahre 1700 als Großbotschafter nach Wien gezogen war, zum Befehlshaber von Belgrad ernannt worden sei. Ihm aber sei aus der Fülle sultanischer Gnade der *Sandschak* Selanik (Thessaloniki) als *Arpalık* gewährt worden, wohin er unverzüglich einen Vertreter *(mütesellim)* entsenden solle. Nach dem Eintreffen seines Nachfolgers habe er selbst mit seinen Dienstmannen *(kapı halkı)* aufzubrechen, den Dienst in Selanik anzutreten, die Einwohner der Provinz zu schützen und sich mit Sorgfalt und Eifer für deren Wohl einzusetzen. Der Ernennungsbefehl, den der Nachfolger erhielt,[75] betont, dass die Sicherung der an den Grenzen des Islam gelegenen Festung Belgrad, ihrer Umgebung und des Sandschaks, die Ordnung der Verhältnisse an den Grenzen und die Einhaltung der Bedingungen des Friedens zu den wichtigsten Angelegenheiten des Staates gehörten. Damit ging Hasan Paschas lange, wenn auch mehrfach unterbrochene Zeit als Befehlshaber von Belgrad zu Ende. Dass ihm dieses als derart gewichtig eingestufte Amt immer wieder anvertraut wurde, lässt erkennen, dass die osmanische Führung großes Vertrauen in ihn setzte. Selbst der Thronwechsel 1703 und die vorausgehenden Unruhen hatten es nicht erschüttern können.

Der Inhalt des Schreibens

Während Hasan Pascha in Belgrad auf seinen Nachfolger wartete und noch ehe er nach Selanik aufbrechen durfte, verfasste er das Schreiben, das sich heute im Stadtarchiv München befindet:

73 HHStA Wien: StAbt Türkei I 177, Konv. 1707, Fol. 60 – 61 (Guarient von Rall an den Hofkriegsrat, Belgrad 24. 1. 1707).

74 HHStA Wien: StAbt Türkei I 177, Konv. 1707, Fol. 78 – 81 (Guarient von Rall an den Hofkriegsrat, Belgrad 27. 1. 1707).

75 BOA Istanbul: MÜD 115, S. 158, Nr. 655: Evail Şa'ban 1118/ 8. – 17. 11. 1706.

ان شاءالله تعالى
حقيقتلو موّدتلو دوستم چاسار
با وقارك طوغانجى باشى سنه وصول باد

قروقول قيزرليهه فولق مايستر   ختمت عواقبه بالخير قبلنه   (١) حقيقتلو محبّتلو دوستم

(٢) ابلاغيله حال وحاطرلري سؤالندن صكره انهاء دوستانه مز بودر كه بنم محبتّلو موّدتلو بوندن اقدم سز دوستمز وساطتيله جانب دولت چاساريدن اهدا (؟) و ارسال

(٣) اولنان شاهنلر و مكتوب موّدتكزك ردّ جوابى ايله طرفمزدن مكتوب و (بر) رأس آت كوندريلوب وصولي خبريني و صحّت و سلامتلري مقرّ مكتوبكز

(٤) كلمدوكندن سز دوستمز ك بعض اوصافي محبّتلو الچي بك دوستمز ايله بو طرفده مزاكره اولنمغله اكر چه بلغراددن سلانيك طرفنه دخي عزيمتمز مقرّر

(٥) و لكن دوستلغكز بر وجهيله مسلوب الخاطر اولمق احتمالي اولميوب تجديد دوستلق ايچون بر دونلق صوف موصل ورقه ايله اهدا(؟) و ارسال

(٦) اولنمشد[ر و]صولنده مأمولدر كه بوندن بيله دخى بو دوستلري كوكلدن چيقارميوب قريب و بعيد مكتوب محبّتلريله بو دوستكزي برّ ايتمكزدن دروني

(٧) مهنون اولمقدر.

باقى والسلام على من اتبع الهادي

بمدينة
بلغراد
المحروسه
م

Der Text des Schreibens lautet übersetzt:

»Nachdem wir unserem aufrichtigen, lieben Freund, dem ›kayserliche[n] Folkmayster K-r-v-k-v-v-l‹ – er möge im Guten enden[76] – den der Freundschaft entsprechenden und der Liebe würdigen Freundesgruß dargeboten und nach seinem Wohlbefinden gefragt haben, ist die freundschaftliche Mitteilung folgende: Mein lieber, aufrichtiger [Freund] als Entgegnung auf Euer früheres freundschaftliches Schreiben und die durch Eure, unseres Freundes, vermittelte Übersendung von Falken durch den kaiserlichen Staat wurde von unserer Seite ein Pferd und ein Brief übersandt. Ein ihr sicheres und wohlbehaltenes Eintreffen bestätigender Brief von Euch ist [bei uns] nicht eingetroffen. Und wir haben [doch] hier mit unserem lieben Freund, dem Gesandten, über viele gute Eigenschaften von Euch, unserem Freund, gesprochen. Zwar ist unsere Abreise von Belgrad nach Saloniki festgesetzt worden, und obwohl es nicht möglich ist, dass Eure Freundschaft [wegen der Ferne] aus der Erinnerung schwindet, wurde doch [von uns] zur Erneuerung der Freundschaft ein Stück Woll-Musselins, ausreichend für ein Gewand, mit [diesem] Blatt [an Euch] abgesandt. Trifft [diese Sendung] ein, ist zu hoffen, dass Ihr auch weiterhin diesen Euren Freund nicht aus dem Herzen verbannt. Mit einem, kurzen oder langen, Freundschaftsbrief macht Ihr diesen Euren Freund durch Eure Zuwendung im Innersten hochzufrieden. Und übrigens Friede dem, der der rechten Leitung folgt.[77]

In der Stadt Belgrad, der Wohlbehüteten.«

Formal ist dies das Schreiben eines hohen osmanischen Würdenträgers an einen hochgestellten Empfänger im christlichen Ausland, versehen mit *Pençe*[78] und Siegel[79]. Allerdings gibt es Abweichungen von der Norm. Üblicherweise befindet sich das Siegel, wie etwa auf einem Schreiben des Serdars Yeğen Osman Pascha an den Kurfürsten Max Emanuel[80], links von der Pençe auf dem Rand und es folgt wiederum nach links noch der verschlungene Vermerk »*sahh* – es ist richtig«. Dieser Vermerk fehlt hier. Eine Begründung dafür habe ich noch nicht finden können.

Der Empfänger des Briefes

Dass die Anrede des Empfängers sich über die erste Zeile erhebt, ist zwar üblich, doch die Anrede an sich ist ungewöhnlich, da sie den deutschen Titel des Adressaten, wie er vom

76 Diese Floskel setzten die Osmanen bei christlichen Empfängern in der Regel hinter den Namen, parallel zu Eulogien wie »dauern möge sein Ruhm« bei muslimischen Würdenträgern. Der fromm und wohlmeinend gedachte Wunsch meint, der Empfänger möge im »wahren« Glauben, also dem Islam hinscheiden.

77 Diese Zeile beruht auf dem Koran (Sure XX,47) und findet sich am Ende vieler osmanischer Schreiben an Nichtmuslime.

78 Die Lesung folgt im oberen Teil der *Pençe* mit einem kleinen Vorbehalt Kraelitz-Greifenhorst, Friedrich: Studien zur osmanischen Urkundenlehre I, Die Handfeste (Pençe) der osmanischen Wesire, Wien 1923 – 1926, Nachdruck

Osnabrück 1972 (Mitteilungen zur Osmanischen Geschichte 2), S. 257 – 269.

79 Die osmanische Sphragistik harrt noch immer einer eingehenden wissenschaftlichen Bearbeitung.

80 Majer, Hans Georg: Ein Brief des Serdar Yeğen Osman Pascha an den Kurfürsten Max Emanuel von Bayern vom Jahre 1688 und seine Übersetzungen, in: Islamkundliche Abhandlungen aus dem Institut für Geschichte und Kultur des Nahen Orients an der Universität München. Hans Joachim Kissling zum 60. Geburtstag gewidmet von seinen Schülern, München 1974 (Beiträge zur Kenntnis Südosteuropas und des Nahen Orients 17), S. 130 – 145.

Schreiber aus österreichischem Munde gehört wurde, in die arabische Schrift überträgt: »*Kayzerlihe Folk Mayster*«, also kaiserlicher Falkenmeister. Das Wort davor muss dann wohl der Name des Mannes sein. Die Buchstaben sind recht gut lesbar »K-r-v-k-v-v-l« oder auch »F-r-u-f-v-u-l«. Weitere Kombinationen sind möglich, da das »K« auch als »F«, das »V« auch als »O« oder »U« gelesen werden kann und kurze Vokale in der arabischen Schrift gar nicht erscheinen. Der Name des Empfängers blieb also zunächst ein Rätsel. Auch die Anfrage im Haus-, Hof- und Staatsarchiv Wien führte zunächst nicht weiter, denn, wie mir Dr. Ernst Petritsch freundlicherweise mitteilte, sind »im einzigen Hofstaatsverzeichnis aus der fraglichen Zeit (1705) […] überhaupt keine Personen verzeichnet, die nur im entferntesten mit Jagdwesen zu tun haben, und in den Verzeichnissen des Oberstjägermeisteramts (OJäA) wird zu Beginn des 18. Jahrhunderts kein Falkenmeister angeführt. Die handschriftlichen Quellen lassen uns hier gänzlich im Stich«.[81] Eine Durchsicht des Hofstaatsverzeichnisses Kaiser Leopolds, das als Teil eines Projektes aus einer Vielzahl von handschriftlichen und gedruckten Quellen erarbeitet und vom Haus-, Hof- und Staatsarchiv ins Netz gestellt worden ist, erbrachte dann zwar Namen und Ränge mehrerer Falkenmeister, doch keiner der Namen zeigte auch nur die geringste Übereinstimmung mit dem Namen der osmanischen Anrede. Eine der Quellen war jedoch ein gedruckter Hofschematismus für das Jahr 1701 in der Landesbibliothek Coburg, der mir freundlicherweise zugänglich gemacht wurde.[82] Dort fand ich im Abschnitt »Kayserl. Obrist Hof-Falckenmeister-Ambt« einen Namen, der mir im Hofstaatsverzeichnis Kaiser Leopolds entgangen war, da dort die Funktion nur mit »Kämmerer, wirkl.« angegeben war. Nun aber las ich den Namen »Volkra« und begriff sofort, dass dies, mit Silbendrehung[83] der gesuchte Familienname der osmanischen Anrede war. Vokalisiert war »K-r-v-k-v-v-l«, also »Krokvol« zu lesen, mit Silbendrehung »Volkrok«, also »Volkra«, wiederum österreichisch gesprochen und osmanisch gehört. Allerdings hatte dieser Herr Georg Andre Volkra nur den Rang eines »Kayserl. Unter-Falckenmeisters«. Doch konnte er ja zwischen 1701 und 1706, dem Datum des Schreibens, noch aufgestiegen sein. Im Hofschematismus von 1702 hat er noch immer dieselbe Funktion, wird aber »Graf« genannt.[84] 1704 allerdings erscheint er dann als »Röm. Kayserl. Majest. Cammerer/ und Obrister Falckenmeister« [85], so auch 1705[86], »1706 biß 1708«[87] und »1709 biß 1710«[88]. Somit stimmt die Angabe seines Ranges als *Doğancıbaşı* in der Adresse des Briefes von *Çakırcı* Hasan Pascha mit dem »Obrister Falckenmeister« gut und korrekt überein.

81 Mitteilung vom 19. 7. 2013.

82 Landesbibliothek Coburg: Alm. 202, Kayserlicher Und Königlicher Wie auch Ertz- Hertzoglicher Und Dero Residentz-Stadt Wienn Staats- und Stands-Kalender/ auf das Jahr M.DCCI. Mit einem noch nie dergleichen gesehenen Schematismo geziert. Cum Privilegio Caesareo speciali, Wien 1701, S. 11 [= Hofschematismus 1701].

83 Die Metathese ist eine zwischen und in den Turksprachen geläufige Erscheinung, wie mir Helga Anetshofer, Wien/Chicago, in einem Gespräch erklärte. Allerdings kennen wir beide keinen weiteren ähnlichen Fall.

84 ÖNB: 393.866 A-B-C Kat., Hofschematismus 1702, S. 11.

85 ÖNB Signatur 393.866 A-B-C Kat., Hofschematismus 1704, S. 11.

86 Niedersächsische Landesbibliothek Hannover: G-A 4648, Hofschematismus 1705, S. 11.

87 Staat des Kayserl. Hoffs/ vom Jahr 1706. biß 1708. Ehedem/ unter dem Titl Kayserlichen und Königlichen/ wie auch Ertz- Hertzoglichen/ dan dero Residenz Stadt/ Wienn Staats- u. Stands- Kalender. Mit einem noch nie dergleichen gesehenen Schematismo heraus gegeben. Erster Theil. Cum Privilegio Caesareo. Wien, S. 10. [= Hofschematismus 1706–1708].

88 Hofschematismus 1709–1710, S. 12. Der Titel sonst wie Schematismus 1706–1708 nur: Anderter Teil.

Rückseite des Schreibens. Die Über-
setzung der Adresse lautet: »So Gott der
Allerhabene will, wird [der Brief] an
meinen aufrichtigen und wohlwollenden
Freund, den Oberfalkner des machtvollen
Kaisers gelangen.«

Georg Andre Volkra (auch Volckhra), »Graf von Haidenreichstein, Freyherr zu Stainaprun und edler Herr zu Mißingdorf« entstammte einer alten adeligen Familie in Ober- und Niederösterreich; er gehörte dem niederösterreichischen Zweig der Familie an. Sein Vater war Wolfgang Christoph Volkra auf Streitdorf (gest. 26. 2. 1638), die Mutter Elisabeth Christina (gest. 27. 7. 1652), Tochter des Otto von Zinzendorf auf Pottendorf und der Sofia von Puchheim. Er und seine Geschwister wurden im Jahre 1667 von Kaiser Leopold in den Freiherrenstand[89] und 1670 in den Grafenstand erhoben.[90] Geheiratet haben nur zwei Brüder und zwei der Schwestern, die dritte Schwester wurde Nonne. Über Georg Andre Volkras persönlichen Lebenslauf finden sich bei Zedler und Siebmacher nur die knappen Angaben, er sei »wirklicher Kämmerer und Kaiserlicher Oberstfalkenmeister gewesen und mit 86 Jahren am 6. April 1711 in Wien gestorben«.[91] Demnach müsste er 1625 geboren sein; er scheint ebenfalls unverheiratet oder kinderlos geblieben zu sein.[92] Da er seit 1683 in den Hofzahlamtsbüchern als Unterfalkenmeister erscheint, hat er dieses Amt mit 58 Jahren angetreten und war, als er 1704 Oberstfalkenmeister wurde, bereits 79 Jahre alt. Es könnte auf Georg Andres hohes Alter oder auch auf eine Abwesenheit vom Hofe hinweisen, dass Ferdinand Franz Xaveri Graf von der Wahl, in den Jahren 1706 – 1710 als »angesetzter Hoff-Obrister Falcken-Maister« bezeichnet wird, somit als Vertreter im Amt. Kämmerer war Georg Andre Volkra seit 1691. Von Volkras Leben vor seinem 58. Lebensjahr liegt noch manches im Dunkel. Eine schnelle Durchsicht von Briefen und Akten der Familie Volkra im Oberösterreichischen Landesarchiv in Linz[93] hat immerhin geholfen, wenigstens einige Aspekte zu erhellen.

Georg Andres Bruder Ott Ferdinand Gottlieb (gest. 18. 11. 1694) wurde Obersterblandfalkenmeister im Erzherzogtum Österreich unter der Enns, stieg auf zum Kämmerer und Vizepräsidenten der Hofkammer. Unter den zahlreichen Briefen, die er zwischen 1655 und 1661 aus London, Nürnberg und Wien an seinen Bruder Maximilian Adam nach Oxford, London, Amsterdam und Paris sandte,[94] voll von Ermahnungen zu Gottesfurcht, adeliger Tugend und fleißigem Studium, befinden sich zwei ganz außergewöhnliche Stücke. Sie kamen aus weiter Ferne. Er hatte sie in Smyrna (İzmir) geschrieben, also im Osmanischen Reich, wo er nach zwei überstandenen Seestürmen über Zante (Zakynthos) am 16. November 1656 eingetroffen war. Die recht kurzen Briefe wurden am 29. Novem-

89 Frank, Karl Friedrich von: Standeserhebungen und Gnadenakte für das Deutsche Reich und die Österreichischen Erblande bis 1806 sowie kaiserlich österreichische bis 1823 mit einigen Nachträgen zum »Altösterreichischen Adels-Lexikon«, Bd. 5, Schloss Senftenberg 1974, S. 168 f.

90 Nach Frank (wie Anm. 89) war es nur Ott Ferdinand Gottlieb, der in den Grafenstand erhoben wurde, doch zeigen Namensnennungen, etwa in den Hofzahlamtsbüchern, dass dies auch für die anderen, zumindest später, gegolten haben muss.

91 In den Kirchenbüchern Wiens, die bis auf jene von St. Augustin alle online eingesehen werden können (www.matricula-online.eu) war dieses Datum nicht zu verifizieren.

92 Über die Familie Volkra unterrichten knapp Johann Heinrich Zedlers Grosses vollständiges Universal-Lexikon

Aller Wissenschafften und Künste, welche bißhero durch menschlichen Verstand und Witz erfunden und verbessert worden, Bd. 50, Leipzig und Halle 1746, Spalte 402 – 406; Siebmacher, Johann: Großes und allgemeines Wappenbuch, Bd. 4: Der niederösterreichische landständische Adel, Zweiter Teil S-Z, Nürnberg 1918, S. 471 – 473; ders.: Bd. 4, 5. Abt.: Die Wappen des Adels in Oberösterreich, Nürnberg 1904, S. 544 – 548; über Georg Andre und seine Geschwister siehe Zedler (wie oben), Spalte 404 sowie Siebmacher, Niederösterreich, S. 472 – 473, und Oberösterreich, S. 548.

93 Oberösterreichisches Landesarchiv (OÖLA) Linz: Musealarchiv, Niederösterreich, Volkra, Schachteln 154 – 156.

94 OÖLA: Musealarchiv, Niederösterreich, Volkra, Schachtel 156: Niederösterreich Volkra.

ber 1656 und am 28. Februar 1657 abgefasst.[95] Er hielt sich also mindestens dreieinhalb Monate im Osmanischen Reich auf. Über seine weiteren Pläne schreibt er, er sei fast willens eine Reise nach Persien zu tun, sofern das aber nicht ginge, wolle er doch, so es Gott beliebe, nach Constantinopel, Jerusalem und »grand Cairo« reisen: »Wolte daß du mit mir werest du kontest große Ding sehen und erfahren«. Was er selbst gesehen und erfahren hat, teilt er konkret nicht mit, doch zeigt er sich von der orientalischen Welt beeindruckt und hat Lust auf mehr. Aus der kaiserlichen Freiherrnstandsbestätigung von 1679 ist Weiteres über diese »gefährliche doch lobwürdige« Reise zu erfahren, die er aus Antrieb seines »adelichen Gemüths« unternommen hat. Er war tatsächlich auch nach Jerusalem gekommen, war »Ritter des heiligsten Grab Christi« geworden und hatte darüber hinaus die »fürnehmsten Stätt und Ortt und Insuln des Türckischen Reichs« gesehen und habe dabei auch »sonderbahre erfahrenheit der Ottomanischen Regierung und Policey zu beförderung Unserer künftigen guten Dienste« erworben.[96] Ob er dabei auch nach Kairo gelangt ist? Im zweiten Brief schreibt er nur, er habe gottlob seine »reise und negotien« verrichten können und werde nun in wenigen Tagen nach Constantinopel reisen, sich dort nur wenig aufhalten und dann ginge es zurück nach Smyrna und von dort bei erster Gelegenheit nach Holland und er hoffe, den Bruder in kurzer Zeit wieder zu sehen. Smyrna war damals eine aufstrebende osmanische Handelsstadt, Endpunkt wichtiger Karawanenwege, mit einer bunten Bevölkerung, Konsulaten der seefahrenden Staaten und einem von Handelsschiffe belebten Hafen.[97] Welcher Art seine »negotien« dort und anderwärts waren, bleibt offen.

Auch Ott Ferdinand Gottliebs Sohn, Otto Christoph Gottlieb Volkra (1660 – 1734) – er wurde ebenfalls Obersterblandfalkenmeister im Erzherzogtum Österreich unter der Enns, dazu Kämmerer und Hofkammerrat –hatte mit den Osmanen zu tun: Im Jahre 1699 war er Mitglied der habsburgisch-osmanischen Grenzziehungskommission nach dem Frieden von Karlowitz.[98] Und bei ihm, dem Vizepräsidenten der Hofkammer, tagte am 7. September 1700 die Kommission, welche die Geschenke für die Mitglieder der osmanischen Botschaft des Jahres 1700 festlegte.[99]

Wie sein Bruder Ott Ferdinand Gottlieb schrieb auch Georg Andre Volkra seinem Bruder Max Adam häufig.[100] Zwischen den Jahren 1655 und 1677 scheint er sein Leben

95 OÖLA: Musealarchiv, Niederösterreich, Volkra, Schachtel 156, Fasz. 1655 – 1669, 29.11.1656 und 28.2.1657.
96 Österreichisches Staatsarchiv Wien, AVAFHKA, Adelsarchiv: Volkra, Freiherrnstandsbestätigung 1679.
97 Faroqhi, Suraiya: Izmir, in: Encyclopaedia of Islam. New Edition, Supplementband, Leiden 2003, S. 477 – 480.
98 Die wichtigste Rolle bei der Grenzziehung spielte Graf Marsigli. Siehe dazu Stoye, John: Marsigli's Europe. 1680 – 1730. The Life and Times of Luigi Ferdinando Marsigli, Soldier and Virtuoso, New Haven-London 1994, S. 164 – 215; Graf Volkra wird nicht erwähnt und auch nicht in Marsilis Berichten; vgl. Marsili, Luigi Ferdinando: Relazione dei confini della Croazia e della Transilvania a Sua Maestà Cesarea (1699 – 1701), 2 Bde., hg. v. Raffaella Gherardi, Modena 1986.

99 HHStA Wien: Türkei I, 175, Konv. 1700, Fol. 8r-13v (Protokoll vom 7.9.1700). Nachdem er Ungarischer Vice Cammer Präsident gewesen war, wurde er 1708 zum »Obristen Kuchelmeister« ernannt. Darüber hinaus wurde er für zahlreiche, auch diplomatische Aufgaben eingesetzt. So war er in London an den Verhandlungen über den österreichisch-englischen Defensivvertrages von 1716 beteiligt; vgl. dazu Braubach, Max: Prinz Eugen von Savoyen. Bd. 3: Zum Gipfel des Ruhms, München 1964, S. 273 f., 283, 453. Außerdem wird er als »gelehrter Herr und Mitglied der Sozietät der Wissenschaften in England« bezeichnet; vgl. Zedler (wie Anm. 92), Bd. 50, Spalte 405 – 406.
100 OÖLA: Musealarchiv, Niederösterreich, Volkra, Schachtel 156, Fasz. 1655 – 1677.

vorwiegend in Wien mit Abstechern nach Steinabrunn verbracht zu haben, denn die meisten dieser Briefe wurden in Wien, einige auch in Schloss Steinabrunn[101] abgefasst. Damit unterschied sich sein Lebensradius deutlich von dem seiner Brüder Ott Ferdinand Gottlieb und Maximilian Adams, der sich in diesen Jahren in Ulm, London, Oxford, Amsterdam und Paris, ab 1662 dann aber in Schloss Heidenreichstein[102] und in Wien aufhielt. Die anfängliche Harmonie zwischen den Brüdern trübte sich. Erste Spannungen betrafen die »Vogtbarkeit« über den »blödsinnigen«, also geistig behinderten Bruder Hans Stephan, die bisher von den älteren Brüdern ausgeübt worden war und die nun (1661) Maximilian Adam auch für sich forderte. Georg Andre stimmte dem zu, Ott Ferdinand Gottlieb dagegen nicht und stritt. Später ging es um das Erbe, um Geld, Darlehen, Forderungen, Sicherheitsleistungen, das Volkrasche Freihaus »auf der hohen Brucken an der Renngasse« in Wien sowie die ererbte Bildergalerie. Verträge wurden untereinander geschlossen, doch mehr noch wurde gestritten und in vielen Fällen wurde der Streit vor den Landmarschall und General Landt Obristen getragen. Der Beklagte war in der Regel Georg Andre Volkra.[103]

Von 1530 bis 1684 hatte die Familie das schon erwähnte Freihaus in Wien besessen (heute steht an seiner Stelle das wohl 1703 errichtete Palais Windischgrätz[104]), doch Erbteilung und Streit führten dazu, dass das Haus schließlich an die Familie seines Schwagers Johann Baptist Peymann, den Mann seiner verstorbenen Schwester Maximiliana Sophia (gest. 28. 12. 1674) kam. Wie und wo lebte dann ein Unter- und späterer Oberstfalkenmeister in Wien? Anders als manch andere Adelige, wie etwa sein Amtsvorgänger Graf Sinzendorf[105], besaß Georg Andres Volkra in Wien offenbar um 1700 kein eigenes Haus mehr. Zumindest hat er recht häufig die Wohnung gewechselt. Die Hofschematismen haben es festgehalten: 1701 logierte er »in der Klugerstrassen [richtig Krugerstrassen] in dem guldnen Löwen«, 1702 »auf der Widen im Gulden Lambl«, 1704/05 ebenfalls »auff der Wieden im gulden Lämbl«[106], 1706 bis 1708 »auf dem Neuen Marckt, im Draschkowitzischen Hauß«[107], einem »weitläufigen, fünfstöckigen Zinshaus«, und 1709 bis 1710 »bey den Franciscanern im Buquoyschen Hauß«.[108]

---

101 Siehe: Niederösterreich nördlich der Donau, bearb. v. Benesch, Evelin u.a., Wien 1990 (Dehio Handbuch: Die Kunstdenkmäler Österreichs), S. 1117–1118; Martinic, Georg Clam: Burgen und Schlösser in Österreich. Von Vorarlberg bis Burgenland. Wien 1998, S. 194; http://www.burgen-austria.com/archive.php?: Steinabrunn, 16. 9. 2014.

102 Ebda., S. 412–416; Martinic, Burgen und Schlösser, S. 136; http://www.burgen-austria.com/archive.php?: Heidenreichstein, 16. 8. 2014.

103 Gegen ihn gab es Forderungen aus der Erbteilung und er hatte Schulden bei seinen Brüdern gemacht. So stellte er seinem Bruder Max Adam für ein Darlehen von 1.500 Gulden im Januar 1663 eine Schuldverschreibung aus, mit all seinem Besitz, vor allem den Herrschaften Steinabrunn und Streitdorf, als Sicherheit. Diese Finanzangelegenheiten sind der Hauptinhalt des Bestandes »Volkra« im OÖLA; vgl. OÖLA: Musealarchiv, Niederösterreich, Volkra, Schachtel 155, Fasc. 1653–1708–1712, Wien 17. 1. 1663.

104 http://www.burgen-austria.com/palais.php?: Palais Windischgrätz (Renngasse), 10. 07. 2014.

105 Hofschematismus 1701, S. 11.

106 Dies ist wohl der Vorgängerbau des ehemaligen Hotels Goldenes Lamm, Wiedner Hauptstraße 7, das nach dem großen Brand auf der Wieden errichtet und später aufgestockt worden ist. (de.wikipedia.org/wiki/Wiedner_Hauptstraße# Nummer_7_Hotel_Goldenes_Lamm) 20. 08. 2014.

107 Siehe Kisch, Wilhelm: Die alten Straßen und Plätze Wien's und ihre historisch interessanten Häuser. Wien 1883, Nachdruck Wien 2000, Bd. 2, S. 185; Besitzerin war seit 1700 Maria Magdalena Gräfin von Traßkowitz.

108 Eine zweite »freye Behaußung« der Familie am Kornmarkt war schon früher an Ott Ferdinand Gottlieb gegangen (OÖLA Linz, Musealarchiv: Schachtel 155, Fasc. 1662–1663, Cession über das Volkra'sche Freihaus in Wien, undatiert).

Und dann war da noch die schon erwähnte Bildergalerie. Bilder zu sammeln, gehörte für viele Adelige im Barock zum Lebensstil, zur Repräsentation, da machte die Familie Volkra keine Ausnahme. Wie die ungleich größere Sammlung des venezianischen Feldmarschalls Graf von der Schulenburg[109] ist die Volkra'sche Galerie heute verschwunden, doch lässt sich ihr Umfang immerhin durch zwei erhaltene Verzeichnisse erahnen. Sie sind den Auseinandersetzungen um das Erbe zu verdanken. Jede der Auflistungen erfasst rund dreihundert Kunstwerke. Die jüngere wurde 1686 vom Hofkammermaler Folpert van Ouden-Allen angelegt, um die Volkra'sche Galerie zu schätzen. Sie ist inhaltlich mit der älteren nicht identisch und nennt auch nur einen Bruchteil der dort erwähnten Künstlernamen. Mehr zur Galerie demnächst an anderer Stelle. Die Bilder befanden sich sämtlich bei Georg Andre Volkra, der sie offenbar bis dahin hatte für sich sichern können.[110] Darf man daraus ein persönliches Verhältnis zur bildenden Kunst ablesen? War er auch selbst Kunstsammler oder erfreute er sich nur an der ererbten Sammlung?

Es bleiben weitere offene Fragen: Hat Georg Andre wie sein Bruder Max Adam und wohl auch sein Bruder Ott Ferdinand Gottlieb, studieren können? Wenn ja, wo? Was qualifizierte ihn außer der Familientradition zum Falkenmeisteramt? Hatte er über die Befassung mit den Finanzproblemen der Familie und seinem Besitz hinaus noch Funktionen, etwa beim Militär? War er wirklich so ortsfest, wie er bisher erscheint oder hat er vielleicht doch Reisen unternommen, etwa nach Belgrad? Die Rangerhöhungen durch Kaiser Leopold und die bedeutenden Titel und Ämter bei Hof und Staat belegen, dass die Familie Ansehen genoss. In Jacob Christoph Iselins Lexikon von 1727 wird sie sogar als »eine der ansehnlichsten Gräflichen familien Oesterreichs« bezeichnet.[111] Sie war vor allem auch mit dem »obristen Erb-Land-Falckenmeister-Amt in Österreich unter der Ennß« beliehen worden.[112] Falknerei, Diplomatie und Finanzverwaltung stechen als Tätigkeitsbereiche der Familienmitglieder hervor. Sie besaßen Schlösser und Güter, durch Erbteilung allerdings stark aufgeteilt. Details sind noch zu erforschen. Doch dass Kaiser Karl VI., als er Otto Christoph Gottlieb Volkra 1715 als Botschafter an den englischen Hof entsandte, ihm wegen der hohen Kosten einer solchen Ambassade ein großes Gut in Ungarn schenkte,[113] könnte ein Hinweis darauf sein, dass die Mitglieder der Familie inzwischen über keinen ganz bedeutenden Besitz mehr verfügten.

Der im Brief erwähnte kaiserliche Gesandte

Die dritte Person, der wir im Schreiben begegnen, ist der schon erwähnte kaiserliche Gesandte Christoph Ignatz Guarient von Rall, der im Mai und im Winter 1706 zu Gast bei Hasan Pascha in Belgrad gewesen war. Er stammte aus einer adligen Tiroler Familie und war von Kaiser Leopold 1697 als »Edler Herr von Guarient und Rall« in den Reichsritter-

109 Binion, Alice: La galleria scomparsa del maresciallo von der Schulenburg, Mailand 1990.
110 OÖLA Linz, Musealarchiv, Niederösterreich, Volkra, Schachtel 154, Fasc. 1682–1687, 1. Inventarium der Bilder in der Volckhraischen Gallerie; 2. Schatzung Über die bey […] Herrn Georg Andre graffen Volckhra sich befindliche mahlerey betreffent, 19. 10. 1686.

111 Staatliche Bibliothek Regensburg: 999/2Hist.pol. 5,20(4), Iselin, Jacob Christoph: Neu-vermehrtes Historisch- und Geographisches Allgemeines Lexicon, Bd. 4, Basel 1727, S. 793.
112 Zedler (wie Anm. 92), Bd. 50, Spalte 404.
113 Zedler (wie Anm. 92), Bd. 50, Spalte 405.

stand aufgenommen worden.[114] Später setzte sich vielfach die Schreibweise »Quarient von
Rall« fest, obwohl der Betroffene selbst, wie seine Berichte im Haus- Hof- und Staatsarchiv zeigen, sie nie benutzte.[115] Guarient von Rall war seit 1696 Mitglied des Hofkriegs-
rates, also des Gremiums, das für die Beziehungen zum Osmanischen Reich zuständig
war. In dieses Amt konnte er wertvolle Erfahrungen einbringen, da er, laut Siebmacher,
von 1678 bis 1682 das »Resident-Secretariat« in der osmanischen Hauptstadt versehen
hatte. Resident war seit 1680 sein Vetter mütterlicherseits, Christoph von Kunitz, ein
ständiger Warner vor der Aufrüstung der Osmanen, den man in Wien aber nicht ernst
genommen hatte. Im Sommer 1683 wurde Kunitz im Heer Kara Mustafa Paschas bis unter die Mauern Wiens mitgeführt. Es gelang ihm, Kontakte zu den Verteidigern und zur
Entsatzarmee herzustellen und Nachrichten zu vermitteln. Guarient von Rall, mit ihm im
osmanischen Lager, spielte dabei eine aktive Rolle; es soll ihm gelungen sein, vierzehn
Briefe aus dem osmanischer Lager heraus, teils dem heranziehenden Herzog von Lothringen, teils dem Kommandanten in Wien auszuhändigen.[116] Während der Entsatz-
schlacht bemühte er sich unter Einsatz von Worten und einer Uhr vergeblich um eine
Verstärkung der osmanischen Salva Guardia für den im Durcheinander der Schlacht töd-
lich gefährdeten Residenten und seine Leute. Schließlich ergriff Guarient von Rall die
Initiative und schlug sich mit dem Dolmetscher Lukas Michaelowitz, der später in kur-
fürstlich bayerische Dienste trat, und einigen Bedienten quer durch die Schlacht bis zu
den Alliierten durch, wo er allerdings zuerst von einer »polnischen Partey« und dann von
einer Einheit kursächsischer Truppen gestellt wurde und alle Mühe hatte, ungeschoren
davon zu kommen und Glauben zu finden. Am Ende aber erhielt er eine Schutztruppe
und eilte zu den Zelten des Residenten. Als sie »anlangten / funden sie dieselbigen mit
viel 100. Pohlacken umbzircket / so alles und jedes zur Beuthe machten / und auch schon
allbereit einige von seinen Leuthen nidergemachet hatten / indeme sie ihn und die seini-
gen wegen der Kleydung für Türcken angesehen / es ist aber hernach dessen Zelt gleich
von denen Piccolomischen verwachet worden«.[117]

    In der kaiserlichen Urkunde seiner Standeserhebung im Jahr 1697 werden Guarient
von Ralls »treue, emsige und ersprießliche« Dienste an der Ottomanischen Pforte und bei
der Belagerung Wiens ausdrücklich gewürdigt, gleichwie jene in »geheimer important
und gefahrlicher verschickung wiederum nacher Constantinopel« ım Jahre 1691.[118] Er war

---

114 Frank: Standeserhebungen (wie Anm. 89), Bd. 4, 1973,
S. 129.
115 Siebmacher (wie Anm. 92), Bd. 27: Die Wappen des
Adels in Oberösterreich, Neustadt/Aisch 1984 (Nachdruck
von Bd. 4, 5. Abt., Nürnberg 1904), S. 284 – 285 und Tafel 7b
(Wappen) unter dem Lemma »Quarient (recte Guarienti)«.
116 Siebmacher (wie Anm. 92), Bd. 27: Die Wappen des
Adels in Oberösterreich, Neustadt/Aisch 1984 (Nachdruck
von Bd. 4, 5. Abt., Nürnberg 1904), S. 285. In einem
konkreten Fall gelang es ihm, durch geschickte Täuschung
des Çavuş, der die Gruppe überwachte, in der Mütze eines
Boten versteckte Briefe des Herzogs dem Residenten
zuzuspielen und sie zusammen mit dessen Briefen und mit
Hilfe des Hospodars der Moldau – einem osmanischen

Vasallen! – durch den Boten weiter über die Donau sicher in
die Stadt gelangen zu lassen; vgl. dazu Teply, Karl: Die
Einführung des Kaffees in Wien. Georg Franz Koltschitzky,
Johannes Diodato, Isaak de Luca. Wien 1980 (Forschungen
und Beiträge zur Wiener Stadtgeschichte, Sonderreihe der
»Wiener Geschichtsblätter« 69), S. 30, nach Feigius, Johannes
Constantinus: Wunderbahrer Adlers-Schwung […], 2. Teil,
Wien 1694, S. 62 [richtig und ausführlicher S. 74 – 76].
117 Teply (wie Anm. 15), S. 40 f, nach Feigius: Wunderbahrer
Adlers-Schwung, S. 78 – 80.
118 Österreichisches StA Wien: AVAFHKA, Adelsarchiv,
Alter Ritterstand: Edler Herr von Guarient und Rall,
22. 6. 1697.

also noch während des Krieges erneut in die osmanische Hauptstadt beordert worden. Sein Einsatz klingt nach einer nachrichtendienstlichen Aktion, und so verwundert es nicht, ihn in einer Aufzählung kaiserlicher Spione wiederzufinden.[119] In einem Schreiben an Kaiser Leopold berichtete er ausführlich über die Reise und seine Erkundungen:[120] Er sei unter dem Namen eines englischen Bedienten an die Osmanische Pforte gesandt worden »umb mich des aldortigen Status und ganzen Zustand selbigen Reiches unter der Handt zu erkundigen«. Er reiste als Überbringer von Briefen des englischen Königs an den Sultan und Großwesir, gelangte sicher unter dem Schutz des Pascha von Belgrad über die osmanischen Poststationen *(menzil)* – die dem staatlichen Gebrauch vorbehalten waren – nach Adrianopel (Edirne), wo er im Palast des Großwesirs von dessen *Chiaia (Kethüda)*, den er einen »Erzfranzosen« nennt, und dem *Reis Efendi* (Außenminister) befragt und aufgefordert wurde, dem *Wesir* die Schreiben zu übergeben. Da er aber den Auftrag hatte, sie dem holländischen Botschafter zu überbringen, damit der sie übergebe, dieser aber nicht in Edirne war, weigerte er sich. Weitere Aufforderungen und Befragungen folgten. Schließlich entschied der Großwesir, er könne nach eigenem Belieben, also ohne staatlichen Schutz, in die Hauptstadt weiterreisen. Da Guarient von Rall dahinter gezielte Geschenke und Machenschaften des französischen Botschafters annahm, der ihn unterwegs ausrauben lassen wollte, um an die Briefe zu kommen, nahm er heimlich Kontakt mit dem holländischen Botschafter auf, der ihm einen Begleitschutz entgegensandte. So gelangte er am 16. Februar 1692 doch sicher an sein Ziel.

Hintergrund seines Aufenthalts waren die englischen und holländischen Bemühungen, einen Frieden zu vermitteln, die auf den Widerstand Frankreichs stießen. Die unter Wilhelm von Oranien vereinten Seestaaten wollten den Frieden, um dem Kaiser den Rücken freizumachen im gemeinsamen Kampf gegen Frankreichs Machtanspruch. Die osmanische Botschaft, die 1688 angereist war, um die Thronbesteigung Süleymans II. mitzuteilen und über einen Frieden zu verhandeln – Kurfürst Max Emanuel von Bayern hatte sie vor Belgrad empfangen – war nun durch den neuerlichen Thronwechsel unverrichteter Dinge vom Kaiser endlich entlassen worden und auf der Rückreise. Im Sommer 1691 hatten zudem die Osmanen bei Slankamen eine schwere Niederlage gegen den Markgrafen von Baden erlitten und den Großwesir verloren. So berichtet Guarient von Rall dann auch von geringer Friedensneigung der osmanischen Führung und vom starken Einfluss Frankreichs. Er geht sehr ausführlich und kritisch charakterisierend auf die Personen ein, die im diplomatischen Untergeflecht der osmanischen Hauptstadt eine bedeutende Rolle spielten, schildert detailliert ihre dem Kaiser freundlichen oder feindlichen Aktivitäten, ihre Intrigen, Ambitionen und gegenseitigen Rivalitäten. Es sind farbige, aber oft auch recht zweifelhafte Figuren, diese für alle Botschafter und Staaten so unentbehrlichen Sekretäre, Dolmetscher, Agenten und Zwischenträger, die er dem Kaiser eindringlich vorstellt. Nachdem Guarient von Rall früher schon als Legationssekretär in

119 Nagy, Levente: La frontiera, il buon governo e l'armonia mondiale. L. F. Marsili sulla frontiera della Transilvania, in: La politica, la scienza, le armi. Luigi Ferdinando Marsili e la costruzione della frontiera dell' Impero e dell'Europa, hg. v. Raffaella Gherardi, Bologna 2010, S. 189 f.

120 HHStA Wien: StAbt Türkei I 162, Konv. 1692, Fol. 78 – 99, Guarient von Rall an den Kaiser, 15. 5. 1692.

Moskau eingesetzt gewesen war, wurde er, wie es weiter in der Urkunde heißt, als »Unser Abgesandter« vom Kaiser zum Zaren nach Moskau gesandt.[121] Ein mutiger und erfahrener Mann also, ein Kenner fremdartiger und diplomatischer Verhältnisse und durch seine Funktion als Hofkriegsrat bestens über die aktuellen Beziehungen zum Osmanenreich informiert. Es verwundert daher nicht, dass 1706 die Gesandtschaft nach Konstantinopel ihm anvertraut wurde.

Dem Wesir *Çakırcı* Hasan Pascha war Guarient von Rall zweimal in Belgrad begegnet – bei der Reise in die osmanische Hauptstadt wie auch bei der Rückreise. Den »Kayserlichen Obrist Falckenmeister« Georg Andre Volkra dürfte er vom Wiener Hof her gekannt haben. Jedenfalls hat er sich mit Hasan Pascha in Anteil nehmender Weise über ihn unterhalten. Dies könnte sogar ein Anhaltspunkt dafür sein, dass sich alle drei Herren auch persönlich gekannt haben.

Überlegungen zur Beziehung zwischen Briefschreiber und Empfänger

Wann, wie und wo könnte es zu einem direkten Kontakt auch zwischen Hasan Pascha und dem Grafen Volkra gekommen sein? Die Gesandtschaft Guarient von Ralls wäre eine günstige Gelegenheit gewesen, die Falken nach Belgrad zu bringen und Hasan Paschas Schreiben könnte bei der Rückreise nach Wien mitgenommen worden sein. Doch es fehlen die Beweise. Eine persönliche Begegnung der beiden in diesem Zusammenhang ist nicht möglich, sind doch die Falken zusammen mit einem freundschaftlichen Brief des Grafen Volkra an den Pascha gelangt.[122] Der Graf war also nicht mit ihnen unterwegs; unabhängig davon gibt es bisher auch keinen Hinweis, dass er mit der Botschaft gereist wäre. Wenn sich die beiden Falkner also persönlich gekannt haben sollten, dann müssten sie sich schon früher begegnet sein und zwar auf osmanischem Territorium, da Hasan Paschas Lebenslauf keinerlei Hinweis auf eine Reise ins Habsburgerreich erkennen lässt. Der freundschaftliche Tenor des Briefes, der über die übliche osmanische Höflichkeit hinausgeht, könnte für eine solche persönliche Begegnung sprechen. Ob diese für Hasan Pascha selbst oder für den großherrlichen Hof bestimmt waren, bleibt offen. Trotz seiner Bezeichnung als *Çakırcı* war Hasan Pascha längst nicht mehr der Oberfalkner des Sultans, man hat in ihm aber weiterhin, wohl nicht ohne Grund, den Falkner gesehen und so blieb die Bezeichnung als Namensbestandteil an ihm haften. Bei der Unschärfe des muslimischen Namenssystems waren derartige Namenszusätze unerlässlich, um eine Person klar zu bestimmen. Wäre er auch in Belgrad noch selbst zur Beizjagd gegangen, könnten die Falken sehr wohl auch für ihn bestimmt gewesen sein. Offen bleibt, ob die Gegengabe, das osmanische Pferd[123], das gewiss dem hohen Wert der Falken entsprach, für den Ober-

121 Auch Siebmacher (wie Anm. 92), Oberösterreich, S. 285 erwähnt die Aktion.

122 Über Falken als Geschenke siehe: Reindl-Kiel, Hedda: Der Duft der Macht. Osmanen, islamische Tradition, muslimische Mächte und der Westen im Spiegel diplomatischer Geschenke, in: Wiener Zeitschrift für die Kunde des Morgenlandes 95, 2005, S. 216 – 218; zur Falknerei zuletzt:

Veinstein, Gilles: Falconry in the Ottoman Empire of the Mid-sixteenth Century, in: Faroqhi, Suraiya (Hg.): Animals and People in the Ottoman Empire, Istanbul 2010, S. 205 – 218.

123 Faroqhi, Suraiya: Horses owned by Ottoman officials and notables: means of transportation but also of pride and joy, in: Faroqhi (wie Anm. 128), S. 293 – 311.

falkenmeister persönlich oder doch eher für den kaiserlichen Marstall bestimmt war. Gewiss ihm zugedacht war hingegen das Stück Musselin, das Hasan Pascha ihm zusammen mit dem hier behandelten Schreiben überbringen ließ, zur Erneuerung der Freundschaft, wie es dort heißt. Auch das könnte auf eine frühere Bekanntschaft deuten. Klärung kann man nur von den langen Jahrzehnten der Biografie des Oberstfalkenmeisters erhoffen, die noch im Dunkel liegen.

Ob Graf Volkra auf das Schreiben Hasan Paschas geantwortet hat, bleibt ebenfalls im Verborgenen. Er starb hoch betagt fünf Jahre später im Jahre 1711. Hasan Pascha dagegen hatte noch eine bewegte Karriere im weiten Raum des Osmanischen Reiches vor sich. Es waren politisch und militärisch keineswegs ruhige Jahre. In Ungarn rebellierten die Anhänger Franz II. Rákóczi gegen die Herrschaft der Habsburger, was für Unruhe an der osmanischen Grenze sorgte. Der schwedische König Karl XII. suchte nach seiner Niederlage bei Poltawa Asyl bei den Osmanen (1709–1713), nicht gerade zu deren anhaltender Freude. Im Krieg gegen Russland, dem Rivalen im Norden, besiegten die Osmanen 1711 Peter den Großen am Pruth. Im Krieg gegen Venedig (1714–1718) konnte die Morea, um die Hasan Pascha einst gekämpft hatte, zurückgewonnen werden, aber als Habsburg in den Krieg eintrat (1716), verloren die Osmanen seinen alten Amtssitz Belgrad, im Frieden von Passarowitz ging auch das ihm vertraute Temeschwar verloren. Die bisher bekannten Quellen lassen nicht erkennen, dass Hasan Pascha direkt, etwa militärisch, in diese Ereignisse einbezogen war, doch unberührt geblieben ist er gewiss nicht. Ob er während der folgenden Jahre durch Aufenthalte in der Hauptstadt von der spätosmanischen Kulturblüte, der Tulpenzeit, berührt wurde, ist eine noch offene Frage. Seine nächste Station war zum zweiten Mal die des Kommandanten von Temeschwar.[124] Sein Hofpräfekt *(kethüda)* war zu dieser Zeit der spätere Siegelbewahrer Ali, der ihn in seinen Erinnerungen an Ca'fer Pascha beiläufig erwähnt.[125] Kurzzeitig kam er dort auch in Berührung mit einem weiteren, inzwischen ins Deutsche übersetzten, osmanischen Autor, dem Dolmetscher und Memoirenschreiber Osman Ağa.[126] Im Dezember 1709 wechselte er in gleicher Funktion von der Theiß in die Ägäis, nach Eğriboz[127] (Euböa). Schon im März 1710 ging es weiter an die Dardanellen, wo er als Befehlshaber der Festung Boğazhisarı[128] den Zugang zum Marmarameer und damit nach Istanbul zu sichern hatte. Danach erreichte er den Gipfel seiner Karriere als Gouverneur *(Beğlerbeği)* von Rumelien,[129] wurde höchster Würdenträger des Reiches nach dem Großwesir, doch bald darauf wurde er nach Eğriboz zurückversetzt.[130] Drei Jahre später, 1714, musste er von der Ägäis Richtung anatolische Küste weitereilen, als er nach Sakız (Chios) versetzt wurde.[131] Schon im April ging es weiter ins Kurdengebiet nach Şehrizor[132] und Ende September noch ein Stück weiter an den

124 Silâhdâr: Nusretnâme, Bd. 2, S. 245; Raşid: Tarih. Bd. 3, S. 250.

125 Der Löwe von Temeschwar. Erinnerungen an Ca'fer Pascha den Älteren, aufgezeichnet von seinem Siegelbewahrer Alî. Unter Mitarbeit von Karl Teply übersetzt, eingeleitet und erklärt von Richard F. Kreutel, Graz-Wien-Köln 1981 (Osmanische Geschichtsschreiber 10).

126 Der Gefangene der Giauren. Die abenteuerlichen Schicksale des Dolmetschers Osman Ağa aus Temeschwar, von ihm selbst erzählt. Übersetzt, eingeleitet und erklärt von Kreutel, Richard F. und Otto Spies, Graz-Wien-Köln 1962, S. 209. (Osmanische Geschichtsschreiber 4).

127 Silâhdâr: Nusretnâme, Bd. 2, S. 257.

128 Silâhdâr: Nusretnâme, Bd. 2, S. 262.

129 Silâhdâr: Nusretnâme, Bd. 2, S. 267.

130 Silâhdâr: Nusretnâme, Bd. 2, S. 278.

131 Silâhdâr: Nusretnâme, Bd. 2, S. 312.

132 Silâhdâr: Nusretnâme, Bd. 2, S. 317.

Persischen Golf nach Basra.[133] Mit seinen geringen Kräften hatte Hasan Pascha in Basra dem Schejch des arabischen Stammes Muntafik, Mâni'oğlu Magâmis, der die Bevölkerung unterdrückte, auspresste und die osmanische Herrschaft herausforderte, nichts entgegenzusetzen. Er selbst sah sich zu hohen Zahlungen an den Schejch gezwungen. Um sie aufzubringen bedrückte er die Bevölkerung nun ebenfalls. Klagen über die unerträgliche Situation erreichten den Großwesir, der Hasan Pascha im Januar 1716 seines Amtes enthob, ihn aus der Liste der Wesire streichen ließ und einen Kommissar zur Untersuchung all dessen nach Basra entsandte. Hasan Pascha sollte sich derweil in Kerkuk aufhalten und weiteren Befehl erwarten.[134] In der Folge aber wurde er in der Festung von Mosul gefangen gesetzt,[135] bald darauf aber rehabilitiert und sogar zum Befehlshaber von Mosul ernannt.[136] Dort kann er nur kurze Zeit geblieben sein, denn noch 1717 wurde er bereits von einem nächsten Kommando in Erzurum, im östlichen Anatolien abberufen und bekam, wohl als *Arpalık*, die *Sandschake* Balıkesir und Hüdavendigâr (Bursa) in Westanatolien zugewiesen.[137] Im Januar 1720 wurde ihm das *Sandschak* Niğbolu (Nikopolis) an der unteren Donau als *Arpalık* gewährt.[138] Mit der Auflage auch weiterhin dort zu leben, wurde er schließlich am 11. Januar 1720 in Pension geschickt.[139] Ende Januar wurde ihm jedoch wieder eine Großprovinz übertragen: Trabzon (Trapezunt) am Schwarzen Meer.[140] Das Amt dürfte er nicht angetreten haben, denn schon einen Monat später, Anfang März 1723, erhielt er den *Sandschak* Aynabahtı (Naupaktos, Lepanto) als *Arpalık*, allerdings mit der Auflage, dort das Kommando zu übernehmen.[141] Kaum zwei Monate später, am 30. April 1723 wurde in der Hauptstadt entschieden, ihm die *Sandschake* Eğriboz und Karlıili als *Arpalıks* zu übertragen,[142] doch dazu kam es nicht mehr. Schon am folgenden Tag, es war der 1. Mai 1723, traf aus Aynabahtı die Todesnachricht ein.[143] Er starb, wie es heißt, an der »Krankheit des Alters«, hochbetagt, ein ausgeglichener Wesir von hohem Verdienst und großer Würde.[144]

Hasan Pascha hat nicht allein gelebt. Guarient von Rall berichtet, wie schon erwähnt, von zwei Familienmitgliedern, die er in der Belgrader Umgebung des Pascha erlebt hat, von dessen Vetter, dem Fahnenträger, und dessen hübschen Söhnchen. Leider nennt er keine Namen. Ein Neffe namens Ahmed stand wie der Onkel in den Diensten des Staates und ist im »Register der Provinz-Ernennungen« fassbar. Darin wird er als Neffe des Wesirs Yürük Hasan Pascha ausdrücklich von anderen Ahmeds unterschieden. Ein weiterer Hinweis darauf, dass der Pascha ein bekannter Mann war. Dieser Neffe Ahmed bewährte sich offenbar im Feldzug gegen die Perser, war im Februar 1724 als Gouverneur (*mirmiran*) des diesen gerade (1723) abgewonnenen Eyalet Gence (Gandscha, Aserbaidschan)

133 Silâhdâr: Nusretnâme,. Bd. 2, S. 322.
134 Raşid: Tarih, Bd. 4, S. 179 – 180, 236 – 237.
135 Silâhdâr: Nusretnâme, Bd. 2, S. 341.
136 Silâhdâr: Nusretnâme, Bd. 2, S. 352.
137 Silâhdâr: Nusretnâme, Bd. 2, S. 357.
138 Silâhdâr: Nusretnâme, Bd. 2, S. 393.
139 Silâhdâr: Nusretnâme, Bd. 2, S. 410.

140 BOA Istanbul: K. K. Mükerrer 523: Sancak Tevcih Defteri (Register der Provinz-Ernennungen), veröffentlicht in: Başar, Fahameddin: Osmanlı Eyâlet Tevcihâtı (1717 – 1730), Ankara 1997, S. 127, 278.
141 Başar: Osmanlı Eyâlet Tevcihâtı, S. 64.
142 Başar: Osmanlı Eyâlet Tevcihâtı, S. 66.
143 Küçükçelebizade: Tarih, S. 34.
144 Ebda.

vorgesehen,[145] wurde dann aber im Januar 1725 zum Gouverneur von Diyarbekir in Südostanatolien ernannt.[146]

Der Brief Çakırcı Hasan Paschas an den Oberstfalkenmeister des Kaisers im Münchner Stadtarchiv ist mit einiger Wahrscheinlichkeit das einzige Schreiben von ihm, das sich im Original erhalten hat. Es ist kein politisches Staatsschreiben und stammt auch nicht aus militärischen Zusammenhängen. Es ist ein halbprivater Brief zwischen Falknerkollegen. Der eine war Falkner in der Jugend, der andere im Alter. Sie gehörten beide einer gehobenen Gesellschaftsschicht an, der eine durch Leistung und Aufstieg, der andere mehr durch Geburt und Gnadenerweis. Sie widerspiegeln damit die unterschiedlichen sozialen Systeme des Osmanischen und des Habsburger Reiches. Davon abgesehen hatten sie völlig unterschiedliche Naturen und Laufbahnen. Hasan Pascha eilte in der Doppelfunktion des Gouverneurs und Generals von Position zu Position durch das weite Osmanische Reich. Georg Andre Volkra scheint ein äußerlich wenig bewegtes Leben in Niederösterreich und Wien geführt zu haben. Ob sie in der Position des jeweils anderen hätten leben mögen und können? Und doch berührten sich ihre Lebenswege über die vielerlei Grenzlinien zwischen den beiden Reichen hinweg. Die aktive Seite war dabei Hasan Pascha, ein offenbar liebenswürdig entgegenkommender und höflicher Mann. Dank Christoph Ignatz von Guarient und Rall, den der Brief als dritten Mannes in die Runde führt, wird Hasan Pascha über das hinaus, was die osmanischen Quellen mitteilen, zur sozial handelnden, greifbaren Person. Als Diplomat verkörpert Guarient von Rall selbst den offenen Blick über die Grenze, und er beobachtet und schildert genau. Ein erweiterter Blickwinkel zeigt, dass auch zwei weitere Volkras die Berührung mit dem doch nicht ganz so fernen und fremden Nachbarn nicht gescheut haben. Einer von ihnen konnte sogar als ein bisher unbekannter Reisender ins Osmanische Reich erwiesen werden.

---

145 Başar: Osmanlı Eyâlet Tevcîhâtı, S. 155.
146 Başar: Osmanlı Eyâlet Tevcîhâtı, S. 164.

1

Ansicht von Benedictbaiern über Kochel.

2

Brigitte Huber

Dank einer großzügigen Spende schreitet die Digitalisierung der »Bildersammlung« voran

Wie im Oberbayerischen Archiv 136 ausführlich dargelegt[1], baute der Historische Verein von Oberbayern ab 1846 eine »Handzeichnungssammlung oberbayerischer Bau- und Kunstdenkmäler« auf, in der sich Lokalgeschichte und Topografie des Vereinsgebietes verbinden sollten. Im Lauf der 175-jährigen Vereinsgeschichte wuchs diese Grafische Sammlung des Vereins durch Ankäufe und vor allem durch Schenkungen der Mitglieder derart, dass sie heute ca. 6.900 Zeichnungen, Druckgrafiken und Fotografien zur Topografie, zu Ereignissen und zu Personen mit Bezug zum Vereinsgebiet umfasst.

Die »Bildersammlung« ist nach Formaten in vier Serien gegliedert, die jeweils nach inhaltlichen Gesichtspunkten (München, Topografie, Personen, Varia) geordnet sind. Die Blätter stammen aus dem 16. bis 19. Jahrhundert, wobei der Sammlungsschwerpunkt im 19. Jahrhundert liegt. Seit einiger Zeit wird für die bisher nur thematisch durch eine Kartei erschlossene Sammlung eine Datenbank aufgebaut, mit deren Hilfe in absehbarer Zeit alle Blätter am Computer im Lesesaal des Stadtarchivs bzw. langfristig online recherchiert werden können. Es versteht sich von selbst, dass darin auch ein Foto des jeweiligen Blattes/Fotos vorhanden sein muss. Waren die rund 2.000 Blätter des kleinen A-Formats (250 × 345 mm) im Jahr 2011 aus Vereinsmitteln digitalisiert worden, so konnte diese Maßnahme 2013 auch für sämtliche Blätter des größeren B-Formats (1.500 Blätter, 345 × 500 mm) durchgeführt werden. Ermöglicht wurde dies durch die großzügige Spende von 10.000 Euro der Rosner & Seidl-Stiftung München. Es sei deshalb an dieser Stelle Frau Ruth Rosner der herzliche Dank des Historischen Vereins von Oberbayern ausgesprochen!

Die von einer freiberuflichen Fotografin an den Geräten des Stadtarchivs München erstellten Digitalisate werden in nächster Zeit in die Datenbank eingespielt. Da eine Vorlage der Originale dann nur noch in Ausnahmefällen nötig sein wird, trägt die Digitalisierung maßgeblich zur Schonung des wertvollen Bestandes bei. Vor allem aber kann die bisher schlecht erschlossene Sammlung zeitgemäß präsentiert werden. Es soll allerdings an dieser Stelle nicht verschwiegen werden, dass noch ca. 1.600 Blätter und Fotos ihrer Digitalisierung harren und angesichts der begrenzten finanziellen Möglichkeiten des Historischen Vereins weitere Spenden dazu hoch willkommen wären! Es ist geplant, den Lesern des Oberbayerischen Archivs Einblicke in die Reichhaltigkeit der »Bildersammlung« zu geben. Den Anfang machen in diesem Jahr topografische Motive aus dem Vereinsgebiet.

---

1 Huber, Brigitte: Die »Bildersammlung«, in: OA 136, 2012, S. 145 – 166.

1

»Auf dem Wege von Andex
nach Leutstätten – Mein lieber
Freund Philolog Boese aus
Arnsberg in Westfalen machte
diese Tour in Begleitung mit.«
*Aquarell von Carl August
Lebschée, 1827; 315 × 228 mm*
StadtA München: HV-BS B 06-23a
Carl August Lebschee
(1800 – 1877), der die von
Wilhelm von Kobell betreute
Landschaftsklasse an der
Münchner Kunstakademie
besucht hatte, unternahm in
jungen Jahren zahlreiche
Wanderungen in Oberbayern;
besonders häufig hielt er sich
am Starnberger See und am
Ammersee auf. Das Motiv des
kolossalen Eichenstamms über-
nahm Lebschee in ein Blatt
seiner 1829 erschienenen
Litho-Serie »Sechs Landschaft-
Studien«.

2

»Ansicht von Benediktbaiern
über Kochel.«
*Lithografie von Simon
Warnberger, 1807; 290 × 375 mm*
StadtA München: HV-BS B 06-30
Simon Warnberger
(1769 – 1847), der zunächst als
Zeichner und Radierer ausge-
bildet worden war, widmete sich
ab 1800 zunehmend der Male-
rei. Offensichtlich befasste er
sich auch mit der Lithografie.
Das gezeigte Blatt gehört zu den
Inkunabeln dieser 1796 in
München von Alois Senefelder
erfundenen Technik.

3

Kreuzgang der ehemaligen
Abtei Berchtesgaden
*Aquarell von Ludwig Huber, 1873;
312 × 380 mm*
StadtA München: HV-BS B 06-34
Der an das Langhaus der Stiftskirche St. Peter und Johannes
der Täufer angrenzende spät-
romanische Kreuzgang entstand
zwischen 1190 und 1230. Besonders interessant sind die den
Innenhof säumenden drei- und
vierbogigen Arkaden mit ihren
äußerst vielfältig gestalteten
Säulen, Pfeilern und Kapitellen.

4

Denkmal an der Todesstätte
Kaiser Ludwigs des Bayern
  bei Fürstenfeldbruck
*Aquarell von Wintergerst, 1867;
220 × 355 mm*
StadtA München: HV-BS B 06-40
Seit 1808 erinnert die sogenann-
te »Kaisersäule« an den Tod
Kaiser Ludwigs des Bayern.
Dieser war hier am 11. Oktober
1347 in Puch bei Fürstenfeld-
bruck während einer Bären-
jagd (!) gestorben. Der Obelisk
aus Ettaler Marmor trägt ein
Medaillonbildnis von Ludwig
dem Bayern sowie lateinische
und deutsche Inschriften. Das
Denkmal wurde von Gerard
Führer, dem letzten Abt des
Klosters Fürstenfeld, initiiert
und 1795 beim Münchner Bild-
hauer Roman Anton Boos in
Auftrag gegeben. Aufgrund der
Zeitumstände (Säkularisation,
Napoleonische Kriege) ver-
zögerte sich die Aufstellung der
Säule jedoch bis 1808. Hatte das
Denkmal ursprünglich an der
tradierten Todesstätte auf dem
sog. Kaiseranger südlich von
Puch zur Aufstellung kommen
sollen, so wurde es auf
Ansuchen des Brucker Post-
halters Weiß schließlich nahe
der Straße München–Augsburg
errichtet.
Möglicherweise handelt es sich
bei dem Autor des Blattes um
Josef Wintergerst (1783 – 1867),
der als Mitglied des Lukas-
Bundes zum engsten Kreis der
Nazarener in Rom gehörte.

5

Freising – biedermeierlicher
Blick von Norden auf die Stadt
Aquarell eines unbekannten
Künstlers, um 1830; 232 × 348 mm
StadtA München: HV-BS B 06-65

6

Geisenfeld
Aquarell von Carl August
Lebschée nach einem Wand-
gemälde von Hans Donauer,
1867; 217 × 288 mm
StadtA München: HV-BS B 09-23

1866 beauftragte der Historische
Verein von Oberbayern Carl
August Lebschée damit, die
damals noch dem Maler Peter
Candid (um 1548–1628) zu-
geschriebenen Ansichten
bayerischer Städte, Märkte und
Burgen im Antiquarium der
Münchner Residenz in Aquarel-
len wiederzugeben. Auf einem
eigens konstruierten Gerüst
sitzend, skizzierte Lebschée die
Fresken, die von Hans Donauer
d. Ä. (um 1569 – 1644) stammen.
Obwohl ursprünglich nur die
oberbayerischen Orte kopiert
werden sollten, erweiterte der
Verein seinen Auftrag schließlich auf alle 102 dargestellten
Orte. 1870/71 musste Lebschée
seine Arbeit im Antiquarium
aus gesundheitlichen Gründen
beenden; sechs Ansichten
konnten dadurch nicht mehr
fertiggestellt werden. Lebschées
Aquarelle nach den Wandmale-
reien im Antiquarium sind keine
Kopien im eigentlichen Wort-
sinn. Der Künstler und sein
Auftraggeber waren sich bewusst, dass bei aller Treue zum
Original vorrangig etwas
»Malerisches« gewonnen werden sollte.

7

Klosterkirche Indersdorf –
Längsschnitt
Kupferstich von Joseph
und Johann Klauber, 1754;
305 × 466 mm
StadtA München: HV-BS B 07-16

Die Klosterkirche Indersdorf,
eine mittelalterliche dreischiffige
Pfeilerbasilika, wurde unter
Propst Gelasius Morhadt in den
Jahren 1754 bis 1758 im Ge-
schmack des Rokokos ausgestattet. Die Freskierung mit
Darstellungen aus dem Leben
des hl. Augustinus übernahmen
Matthäus Günther und sein
Mitarbeiter Georg Dieffenbrunner (1718 – 1785), die Stuckierung
führte Franz Xaver Feichtmayr
d. Ä. aus. Dieffenbrunner malte
u. a. die zwölf Felder der Mittel-
schiffhochwände.

3

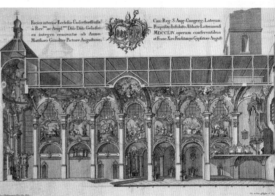

5

6

8

9

8

Kreuztor und Hardertor
in Ingolstadt
Aquarelle von Ludwig Huber,
1873
StadtA München: HV-BS B 07-26/25;
262 × 220 mm bzw. 290 × 220
Bereits in der Mitte des 13. Jahrhunderts wurde in Ingolstadt
ein fest umgrenztes Areal als
Stadtgebiet erschlossen und mit
Wall und Graben umgeben;
vier Stadttore vermittelten in die
verschiedenen Himmelsrichtun-
gen. Im Zuge der Stadterweite-
rung von 1360/1430 wurden in
den verlängerten Straßenachsen
neue Haupttore notwendig.
Im Westen entstand das Kreuztor (Grundsteinlegung 1385),
im Norden das Hardertor.
Während das Kreuztor bis heute
erhalten ist, wurde das Hardertor bereits im 17. Jahrhundert,
beim Ausbau der Stadt zur
Landesfestung, vermauert; sein
äußerer Torturm wurde abgebrochen. Hubers Ansicht des
Hardertors gibt somit keinen
authentischen Zustand wieder.

9

Fresko aus der Ulrichskapelle
von Schloss Königswiesen
bei Gauting
Aquarell von Ludwig Hubert,
1865; 325 × 475 mm
StadtA München: HV-BS B 07-47
Die Kirche St. Ulrich, ein ein-
schiffiger Bau um 1500, ist das
einzige Relikt des 1864 ab-
gebrochenen Jagdschlosses
Königswiesen. Erhalten sind
Fresken am Chorbogen
(Wappen der wittelsbachischen
Lehensherren von 1478, 1494,
1521 und 1570) sowie Darstellungen der späteren Hofmarks-
herren Hans und Kaspar Weiler
mit ihren Familien (16. Jahrhundert) und der Freiherren von
Pfetten (17./18. Jahrhundert).

10
Westlicher Flügel des
Kreuzgangs der Stiftskirche
Zu Unserer Lieben Frau
zu Laufen an der Salzach
Aquarell von Ludwig Hubert,
1873; 270 × 310 mm
StadtA München: HV-BS B 07-55
Die Pfarr- und Stiftskirche Zu
Unserer Lieben Frau zu Laufen
gilt als die älteste Hallenkirche
Süddeutschlands und einziger
aus dieser Zeit derart vollständig erhaltener Bau Oberbayerns.
An drei Seiten wird die Kirche
von einem im 15./16. Jahrhundert angelegten kreuzgang-
ähnlichen Bogengang umgeben,
in dem sich Mitglieder des
wohlhabenden Bürgertums
sowie des Adels Grabstätten
anlegen ließen.

11
Altarblatt der Nikolai-Kapelle
in Kloster Seeon
Öl auf Pergament, 1757/58;
305 × 209 mm
StadtA München: HV-BS B 08-35
Die in der zweiten Hälfte des
18. Jahrhunderts entstandene
Abtkapelle des Klosters wurde
von Joseph Hartmann
(1721 – 1789) mit Altarblättern
und wohl auch Wandfresken
sowie mit Stuck von Franz
Xaver Feichtmayr d. Ä. (zuge-
schrieben) ausgestattet.

12
»Die alte See-Gerichts-Säule zu
Seeshaupt am Starnberger See.«
Aquarell von Carl August
Lebschée, 1848; 278 × 228 mm
StadtA München: HV-BS B 08-37
Da der Historische Verein von
Oberbayern zu Dokumenta-
tionszwecken eine »Sammlung
von Oberbayerischen Bau- und
Kunstdenkmälern, insbesondere
von geschichtlich interessanten,
jetzt demolierten Gebäuden«
plante, trat man mit dem
Münchner Maler Carl August
Lebschée (1800 – 1877) in Kontakt. Er sollte die notwendigen
»Tuschzeichnungen« nach der
Natur oder nach älteren Vor-
lagen malen. Aus Geldmangel
wurde die Serie, zu der auch das
gezeigte Blatt gehört, bereits
1849 wieder eingestellt; es waren
nur 16 Blätter angekauft worden.

10

KLOSTER TEGERNSEE.

13

14

16

13
Kloster Tegernsee
Lithografie von Philipp Joseph
Kraus(s), 1818; 295 × 376 mm
StadtA München: HV-BS B 08-45
Auch dieses Blatt ist eine
Inkunabel der Lithografie. Der
Künstler Philipp Joseph Kraus
(1789 – 1864) arbeitete 1813/14
als Graveur am Steuerkataster-
amt in München sowie als
Zeichenlehrer am Kgl. Erzie-
hungs-Institut von Dr. Benedikt
Holland. Nach einem Aufent-
halt in Zürich kehrte er 1829
wieder nach München zurück.

14
Der Jacklturm in Traunstein
Aquarell von Anton Höchl, 1859;
242 × 240 mm
StadtA München: HV-BS B 08-52
Das auch »Unterer Turm«
genannte Bauwerk, ursprünglich
ein Wehrturm mit offenem
Gang, war Teil der spätmittel-
alterlichen Befestigung. Im Lauf
der Zeit erhielt der Turm allerdings ein spitzes Dach und
einen Glockenturm. 1787 tauch-
te erstmals der Name »Jacklturm« in einem Verzeichnis
aller städtischen Gebäude auf;
seine Herkunft ist bis heute
ungeklärt. Im Jahr 1851 wurde
der durch einen Brand schwer
beschädigte Turm abgebrochen.
Dank der Initiative des Förder-
vereins Alt-Traunstein gibt es
seit dem Jahr 2000 wieder einen
»Jacklturm«.
Der Münchner Ziegeleibesitzer
Anton Höchl (1820 – 1897),
Schüler des Architekturmalers
Michael Neher sowie des Thea-
termalers Simon Quaglio, malte
bevorzugt verschwundene
(Münchner) Ansichten. Seine
Werke waren deshalb von
großem Interesse für die Sammlung des Historischen Vereins.

15

Marktplatz in Wasserburg
mit Rathaus und Frauenkirche
Aquarell von Ludwig Hubert,
1869; 300 × 436 mm
StadtA München: HV-BS B 08-68
Das Blatt zeigt das gotische
Rathaus vor dem großen Stadt-
brand im Jahr 1874. Am 1. Mai
1874 brach im Obergeschoss des
kleinen Rathauses ein Feuer
aus, das nicht nur den ganzen
Rathaus-Komplex ergriff, sondern auch 29 Wohnhäuser
zerstörte. Das Unglück führte
zu einer großen Hilfsaktion in
ganz Bayern, bei der rund
33.000 Gulden Spendengelder
zusammenkamen.

16

»Der Churfürstliche
Markt Wolfratshausen«
Kolorierte Umrissradierung von
Simon Warnberger nach Johann
Georg von Dillis; 334 × 445 mm
StadtA München: HV-BS B 08-80

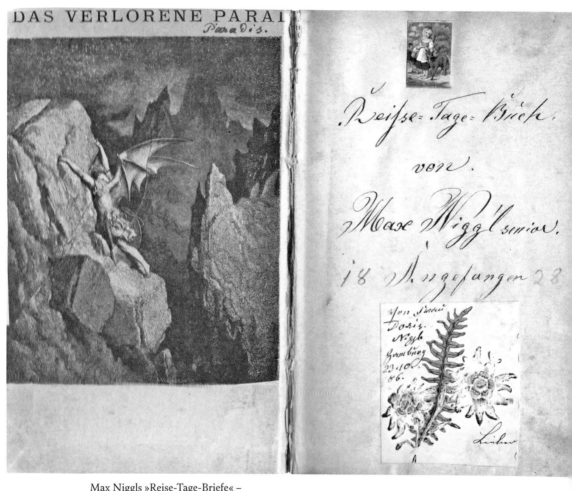

Max Niggls »Reise-Tage-Briefe« –
Titelblatt
Privatbesitz

Werner Binder

Die »Reise-Tage-Briefe« des Kammerdieners Max Niggl (1813 – 1889)

Wie viele historische Kleinodien und Kostbarkeiten standen auch die handgeschriebenen »Reise-Tage-Briefe« des Max Niggl, auf deren Grundlage im Wesentlichen dessen Reise-Biografie erstellt werden soll, jahrzehntelang weitgehend unbeachtet in privaten Bibliotheken. Von einer Generation zur anderen wurden sie innerhalb der Familie weitergereicht, bis sie mehr oder weniger zufällig wieder gelesen und ihr Inhalt für die bayerische Alltagsgeschichte als wertvoll und interessant erachtet wurden. Sie zeigen nicht nur die Reisewege detailliert auf und geben einen eindrucksvollen Einblick in die Schwierigkeiten und Fährnisse des Reisens im vorletzten Jahrhundert, sondern zeichnen auch ein manchmal amüsantes Bild vom Reisealltag eines Kammerdieners und Verwalters am bayerischen Hof.

Der Weg der »Reise-Tage-Briefe« bis zum heutigen Augenblick ist nur mehr schwer nachvollziehbar. Sehr wahrscheinlich wurden sie jedoch über die Nachkommen der zweiten Frau von Max Franz Niggl, Maria Anna, und deren Kinder weitergegeben und gelangten über deren Nachlass in den Besitz des Autors. Diese Vermutung wird durch das Testament des Max Niggl erhärtet, in dem er seine wohl bei ihm in München lebende Tochter Anna mehr oder weniger als Alleinerbin einsetzte, während seine Söhne in Absprache mit ihr lediglich Einrichtungsgegenstände beanspruchen konnten.[1]

Einleitung

Die Außenseite des vorderen Buchumschlags ziert ein aufgeklebtes Bild zum 88. Geburtstag Kaiser Wilhelms I. am 22. März 1886 mit dem Spruchband »Glaube, Kampf und Sieg«. Lose eingelegt waren zwei kleine Lithografien, die den Paradeplatz und das Zeughaus in Mannheim zeigen, sowie ein Zeitungsausschnitt des Wasserburger Anzeigers vom 16. Mai 1903 zum Tod Alois Westners, der den Unfalltod von Kurfürstin Maria Leopoldine mitverschuldet hat. Der Buchrücken hat über die Jahre schon sehr gelitten und ist zum Schutz offensichtlich bereits einmal mit Klebebändern stabilisiert worden. Im vorderen Umschlag befindet sich ein Bild aus dem Werk ›Das verlorene Paradis‹ von John Milton mit Illustrationen von Gustav Doré von 1880, das einen gestürzten Engel inmitten einer schroffen Felslandschaft darstellt, an die er sich klammert. Die Innenseite der ersten Buchseite zeigt die Darstellung einer wohl kranken Frau auf einem Holzstuhl mit Kissen und Decke vor einem offenen Fenster, auf dessen Sims ein aufgeschlagenes

---

1 Testament des Max Niggl. Alle im Folgenden genannten Dokumente zu Max Niggl befinden sich im Besitz des Autors.

Buch liegt. (Abb. S. 128) In die Innenseite des hinteren Buchumschlags ist eine »Illustrationsprobe aus ›Campes Robinson der Jüngere‹« eingeklebt, die den nackten Freitag in devoter Haltung vor Robinson inmitten einer tropischen Küstenlandschaft darstellt. Die Seiten 389 bis 392 enthalten ein als »Register« bezeichnetes Inhaltsverzeichnis der verschiedenen Reisen mit Seitenangaben. Doris Niggl aus Hamburg, deren Verwandtschaftsgrad unklar ist, beklebte die »Reise-Tage-Briefe« auf der ersten Seite offensichtlich am 23. Oktober 1886 mit einem Ex Libris in Form eines Edelweiß-Reliefbildes, wohl in Erinnerung an ihre bayerische Heimat, und mit einem Rotkäppchen-Motivbild und brachte möglicherweise weitere Korrekturen mit Bleistift an. Unklar bleibt jedoch, wer die weiteren aus Zeitungen oder Zeitschriften ausgeschnittenen Bilder und Karikaturen mit lateinischen Texten, die scheinbar keinen rechten Sinn ergeben, auf den Innenseiten des vorderen und hinteren braun und lila marmorierten Buchumschlags angebracht hat und welchen Zweck sie erfüllen sollen. Eine Zeitscheibe der verschiedenen Weltstädte in Korrelation zu München ist wohl im Zusammenhang mit den Reisen des Max Niggl zu sehen.

Die Memoiren sind in Kapitel eingeteilt, chronologisch strukturiert und in der für das 19. Jahrhundert typischen Kurrent-Schrift in der Regel sehr sauber und lesbar geschrieben, lediglich manche Endungen werden etwas verschliffen und manche Wörter abgekürzt. Groß- und Kleinschreibung weichen ebenso wie die übrige Rechtschreibung erheblich von den heutigen Regeln ab, von der Syntax und der Interpunktion ganz zu schweigen, die in den verwendeten Textstellen ganz vorsichtig verändert wurden, um die getroffenen Aussagen und Feststellungen verständlicher zu machen. Für außergewöhnliche Namen, Begriffe und Ortschaften verwendet Max Niggl zur leichteren Lesbarkeit teilweise auch die lateinische Schrift. Sprache und Stil sind manchmal österreichisch gefärbt und nicht elaboriert und demonstrieren trotz des Besuchs höherer Schulen in Landshut und noch nicht vereinheitlichter Sprachregelung die relativ geringe Bildung des Schreibers, die wohl mehr auf Lebenserfahrung begründet und vor allem durch die vielen Reisen und die Tätigkeit am Hof erweitert worden ist. Insgesamt ergibt sich jedoch ein sehr genauer und informativer Einblick in das Reiseleben eines Kammerdieners seiner Zeit mit all seinen Problemen und unerfreulichen Schwierigkeiten einerseits und erfreulichen Erlebnissen und Erfahrungen andererseits.

Die »Reise-Tage-Briefe« wurden von Max Niggl am 24. Januar 1880 als Memoiren begonnen und am 6. Februar 1885 abgeschlossen, sie reichen von 1828 bis ins Jahr 1884. Dass es sich um eine Retrospektive und um die Aufzeichnungen von Erinnerungen handelt, die wohl auf recht detaillierte und genaue Notizen während der Reisen zurückzuführen sind, ist auch aus den eingeschobenen Anmerkungen, Kommentaren und Hinweisen auf zeitlich spätere Ereignisse zu entnehmen. Daraus ergibt sich jedoch zwangsläufig das Problem der Authentizität der dargestellten Reiseerlebnisse. Möglicherweise haben sich nicht alle berichteten Ereignisse wirklich so zugetragen, wie Max Niggl sie wiedergibt, möglicherweise haben ihn seine Erinnerungen bei dem einen oder anderen Erlebnis getrogen und möglicherweise hat er manche anekdotischen Vorkommnisse frei erfunden, um seine Geschichte interessanter zu gestalten, wie er in der Vorrede selbst zugesteht. Sicher sind alle nachweisbaren historischen Fakten, alle erwähnten Personen, Orte und die Beschreibung der Reiserouten.

Ein Bild von einem Menschen nur über seine Reiseaufzeichnungen zu entwerfen, ist ein gewagtes Unterfangen, ist die Perspektive doch eine sehr subjektive, denn es fehlen objektivere Urteile, Wertungen, Beschreibungen und Schilderungen seines Wesens und Charakters von außerhalb. Trotz aller Unsicherheiten soll im Folgenden versucht werden, mithilfe der Aufzeichnungen, weiterer Recherchen und allgemeiner Informationen eine Annäherung an den Autor, an seine Reiseerlebnisse und an die Arbeit eines Kammerdieners zu erstellen. Verständlicherweise konnte zu diesem Zweck jedoch nicht jede Reise geschildert bzw. ausgewertet werden, sondern es mussten eine Auswahl getroffen und Kürzungen vorgenommen werden, denn viele Beschreibungen, Abläufe oder Reiserouten wiederholen sich.

Herkunft und Jugend

Max Niggl ist am 26. Oktober 1813 als siebtes und jüngstes Kind des Michael und der Margarethe Niggl, geborene Taferner, im damals bayerischen Salzburg geboren und wurde gleich am nächsten Tag um 13.00 Uhr im Dom auf den Namen »Maximilian Franz« vom Kooperator Martin Krieger römisch-katholisch getauft. Sein Taufpate war der Amtsdiener Jakob Franz Hustebeck.[2] Somit ist Max Niggl am Ende der großen Umgestaltung Europas durch Napoleon und durch die Beschlüsse des Wiener Kongresses aufgewachsen, von denen auch Bayern nachhaltig betroffen war; seine Geburt fällt in die Zeit nach der Katastrophe der Großen Armee Napoleons in Russland 1812 und der Völkerschlacht bei Leipzig vom 16./19. Oktober 1813. Befand sich Bayern in der Schlacht von Hohenlinden noch auf Seiten Österreichs, so wandte es sich jedoch nach der Niederlage Frankreich zu. Seit dem Reichsdeputationshauptschluss von 1803 mit der Säkularisierung und der Mediatisierung war das Territorialgebiet Bayern ständig gewachsen und hatte die säkularisierten Hochstifte Regensburg, Freising, Augsburg, Bamberg und Würzburg und Teile von Passau und Eichstätt übernommen. Nach dem Ende des Heiligen Römischen Reiches Deutscher Nation und der Abdankung Kaiser Franz I. war Bayern mit Max I. Joseph am 1. Januar 1806 zum Königreich erhoben worden. Der Pariser Vertrag von 1814 und der Münchner Vertrag vom 14. April 1816 hatte das Staatsgebiet Bayerns mit dem Fürstentum Aschaffenburg und dem Großherzogtum Würzburg (Franken und Schwaben) erneut erweitert, aber mit Vorarlberg, Tirol und dem Salzburger Gebiet östlich der Salzach an Österreich auch Verluste eingebracht.

Bis zur Grenzverschiebung war der Vater von Max Niggl Amtsdiener und bayerischer Zolleinnehmer an der Grenzstation Waizenkirchen, das danach zu Österreich gehörte. So erinnert sich Max Niggl 1835 im Zusammenhang mit einem Besuch bei seinem Bruder

---

2   Geburts- und Taufschein der Erzdiözese Salzburg vom
IX/2, fol. 667, Abschrift vom 20. 3. 1939.

in Obernzell bei Passau an eine frühere Wanderung mit ihm nach Engelhartszell: »Ich machte von da zu Schiff eine Reiße nach Linz, ging zu Fuß über Waizenkirchen, wo mein Vater frühere Jahre als k. Zolleinnehmer war; wie es noch zu Bayern gehörte.«[3] Danach scheint er Grenzbeamter in Obernzell bei Passau gewesen zu sein, wie Max Niggl anlässlich seiner Reise 1844 nach Wien berichtet: »In Obernzell, auch Hafnerzell genant war mein Vater Zollbedienster.«[4] In der Folgezeit übersiedelte die Familie nach Landshut,[5] jedenfalls kann Michael Niggl von 1823 bis 1831 als Besitzer des Hauses Neustadt Nr. 518[6] (Pfarrei St. Jodok) nachgewiesen werden, das er von dem Bader Joseph Eichinger gekauft hatte.[7] Max Niggl absolvierte hier mit besten Erfolgen die Lateinschule und das Gymnasium, wo er wegen seines »anhaltenden Fleißes« in der unteren Vorbereitungsklasse gelobt wurde.[8] Bereits in den ersten Zeilen seiner Memoiren schreibt Max Niggl, dass er 1828 seine erste Reise mit den Eltern von Landshut nach Altötting machte. Über seine Mutter Margarethe ist allerdings ebensowenig bekannt wie über seine Schwester Anna oder andere Geschwister, während er seinen Bruder Michael, einen Zollkontrolleur in Fischbach, und seinen bereits erwähnten Bruder Josef in Obernzell/Passau in seinen ersten Aufzeichnungen von 1828 nennt: »Im selben Jahr mußte ich von München nach Aibling, Fischbach am Inn [Fischbachau], besuchte da meinen Bruder Michael, der in Fischbach k. Zollcontroleur war, wir machten zusammen im Gebirge mehrere Ausflüge als nach Tyroll, wo wir uns den Tyroller Wein schmecken ließen. Wir gingen nach Kifersfelden zur Otto-Kapelle u. besuchten da die nahegelegenen Eißenhämmer. Dann besuchten wir auch Kloster Reischach u. gingen auch nach Schloß-Brannenburg, tranken im Bräustüberl gutes Bier. Wir gingen auf den Bitersberg [Petersberg bei Brannenburg], auf die Bieler eine kleine Wahlfahrt mit schönen künstlichen Kalfahrienberg, wo alljährlich am Hl. Magdalenenfest großer Wahlfahrtstag abgehalten wird. Von da gingen wir zur schwarzen Latie-Kapelle, die hoch am Berg steht, von da über Brannenburg nach Fliesbach [Flintsbach am Inn] u. kamen glücklich nach Fischbach zurück, hielt mich noch kurze Zeit bei meinem Bruder Michael auf, wo ich nach dem wieder nach München zurückreiste.«[9]

1831 wurde Vater Niggl nach München versetzt, weshalb er das Haus in Landshut an den Aufleger Alois Rab verkaufte, und mit der Familie umzog.[10] Der mittlerweile 18-jährige Max trat hier eine dreijährige Handelslehre an.[11] Der Widerstand seines Vaters verhinderte 1834 eine Kaufmannsreise nach Nauplia in Griechenland: »Im Jahre 1831 kam ich von Landshut, nach München, wo ich die Handlung erlernte bei Carles de May (Französische Handlung). Nach meiner Lehrezeit 1834 gingen die Geschäfte sehr flau. Endlich ging für mich ein Stern auf, ich solte mit einen Kaufman nach Nauplia in Contition! Mein Vater war dazu mal nicht dafür, u. so blieb ich wieder in München.«[12]

3   Briefe 1828–1841.
4   Reise-Tage-Briefe, 25. Juni 1844.
5   Vgl. Trauerrede Max Niggl.
6   Neben dem Gasthof zur »Goldenen Sonne« (Hausnr. 520); vgl. Herzog, Theo: Landshuter Häuserchronik, Neustadt/Aisch 1957, S. 217.
7   Vgl. Herzog (wie Anm. 6), S. 216.

8   Vgl. Trauerrede Max Niggl; vgl. Jhber. über die kgl. Studien-Anstalt Landshut: für das Schul-Jahr 1828/29, Landshut 1829, S. 21f.
9   Briefe 1828–1841.
10   Vgl. Herzog (wie Anm. 6), S. 216.
11   Vgl. Briefe 1828–1841.
12   Briefe 1828–1841.

Private Reisen 1834 bis 1839

Nach seiner Ausbildung unternahm Max Niggl zahlreiche Reisen, die – solange das Eisenbahnnetz noch nicht ausreichend ausgebaut war –, hauptsächlich mit Postkutschen bewerkstelligt wurden.[13] Eine der ersten Unternehmungen führte ihn 1837 über Landshut, Ergoldsbach und Eckmühl nach Regensburg und über Ponholz, Burglengenfeld, Hemau nach Neumarkt, von wo er von einem Erlebnis berichtet, das ein bezeichnendes Licht auf die Verhältnisse in manchen Unterkünften, Poststationen und Herbergen wirft: »[…] wo ich mit einen Juden in einen Zimmer schlief, da brach meine Bettlade zusammen, der Jude hatte eine Freude, wie ich in einer sonderbaren Stellung da lag, es brach auch den schadenfrohen Juden seine Bettlade zusammen u. wir sahen uns gegenüber an, bis eine Gestalt von einen Hausknecht uns befreite. Jetzt ging der Prozes erst an, der Gast-Wirth verlangt für die zwei Bettläden Entschädigung, der Jude hat sich zur Zahlung nicht herbeigelaßen, weil das dem Wirth seine Sache ist, die Bettläden in einen guten Stande zu erhalten. Ich erdrückte auch noch unter meiner Bettlade mein gläßernes Nachtgeschirr, das ich sogleich entfernte.«[14] Die Weiterreise brachte ihn nach Nürnberg und Fürth, wo er am 12. Juli seine erste Bahnfahrt auf der am 7. Dezember 1835 eröffneten bayerischen »Ludwigsbahn« machte, der ersten für den Personen- und Güterverkehr konzipierten, von der Dampflokomotive Adler gezogenen Bahn in Deutschland.[15] Erstaunlicherweise war Niggl von seiner ersten Reise mit der Eisenbahn nicht sonderlich beeindruckt, denn er berichtet darüber ebenso wenig wie von seinen Eindrücken auf späteren Fahrten.

Drei Tage später reiste er weiter über Erlangen, Bamberg, Haßfurt nach Schweinfurt, Bad Kissingen und Würzburg. Über Randersacker, Ochsenfurt, Uffenheim kam er am 27. Juli nach Ansbach und besuchte dort die Grotte, in der 1833 Kaspar Hauser erstochen worden war. In Weißenburg besichtigte er die Ansbachische Wülzburg aus dem 16. Jahrhundert und in Eichstätt die Willibaldsburg, die zu dieser Zeit als Militärlager genutzt wurde. Über Ingolstadt, Vohburg, Abensberg erreichte er schließlich Bad Abbach, wo ihn das Denkmal zu Ehren von Kurfürst Karl Theodor, der hier die Verbindungsstraße nach Kelheim hat ausbauen lassen, in Form zweier Löwen besonders beeindruckte, die er ironisch beschreibt: »Der linke Löwe sieht immer die Schrift an, u. liest immer so viele Jahre u. bringt die Schrift nicht zusammen. Der rechte Löwe sieht den Lauf der Donau von Morgens bis Abends zu, u. kan nicht herraus bringen, ob die Donau blau oder dunkel grün ist.«[16] (Abb. S. 129) In Regensburg erwähnte er vor allem den Dom, das Schloss der Fürsten von Thurn und Taxis mit der Familiengruft und die Reitschule[17]. Vom 27. bis

---

13 Von einem Eisenbahnnetz konnte zu dieser Zeit noch keine Rede sein, erst im Laufe der zweiten Hälfte des Jahrhunderts wurden einzelne Strecken zu einem regionalen und dann nationalem System miteinander verbunden. Vgl. Osterhammel, Jürgen: Das 19. Jahrhundert (1850 – 1880), in: Bundeszentrale für politische Bildung, Informationen zur politischen Bildung 315, Heft 2, Bonn 2012, S. 36 f. sowie Schivelbusch, Wolfgang: Geschichte der Eisenbahnreise. Zur Industrialisierung von Raum und Zeit im 19. Jahrhundert, Frankfurt am Main 2011⁵.

14 Briefe 1828 – 1841.
15 Vgl. Knipping, Andreas: Die große Geschichte der Eisenbahn in Deutschland. Die illustrierte Chronik, München 2013.
16 Reise-Tage-Briefe, 26. Juli 1837.
17 Ehem. Reitschule und Marstall Fürst Maximilian Karl am Emmeramsplatz in Regensburg; klassizistischer, zweigeschossiger Dreiflügelbau mit Walmdach und Reithalle, erbaut 1828 – 31 von Jean-Baptiste Métivier; vgl. Bauer, Karl: Regensburg, Regensburg 1980³, S. 185.

30. Juli hielt er sich im Schloss Jellenkofen bei Robert Freiherrn von Grainger[18] auf, mit dem er in der Folgezeit mehrere Ausflüge und Reisen unternahm. Wenig glaubhaft ist Niggls Beschreibung einer Episode, bei der er in Ettenkofen bei Hohenthann ausgerechnet von Zar Nikolaus I. aus einer misslichen Lage gerettet worden sein will; Max Niggl hatte sich beim Tanzen den Zorn der eifersüchtigen Bauernburschen zugezogen: »[...] schöne Bauern-Mädchen waren da, ich konte nicht wiederstehen mit einer einen Walzer zu tanzen. Das Mädchen ließ nicht nach u. ich mußte noch einmal tanzen, ihr Liebhaber hielt das für unrecht, jetzt hatte ich alle Bauernburschen in die Hitze gebracht, weil jede mit mir lieber tanzen wolte als wie mit ihren Buam, ich mußte den Tanzplatz verlaßen u. lief dem Schloß zu, da kam so eben auf der Reiße nach Tegernsee u. Baad-Kreuth Kaißer Nikolaus von Rusland, der mir aus der Klemme half.«[19]

Mit demselben Robert Grainger, dessen Söhne im bayerischen Heer dienten und mehrere Güter in Heiligenblut und Notzing besaßen, unternahm Max Niggl auch eine Reise an den Tegernsee nach Bad Kreuth: »Im Jahre 1838 im hoch Sommer unternahm ich eine Gebirgsreiße mit dem selben Engländer nach Tegernsee, logirten vis a vie der Post im sogenanten Fleckenstein Hotel, dieses Haus gehört jetzt zum Postgebäude. Von da fuhren wir durch Dorf Kreuth, u. beim Jägerhaus vorbei, wo die höchsten Herschaften im Sommer Caffe tranken nach der Tafel wan sie von Tegernsee aus spazieren fuhren.«[20]

Im gleichen Jahr (1838), am 26. September, lernte Niggl anlässlich eines Unfalls bei der Überquerung der Sempt bei Erding seine spätere Frau Magdalena Walburga Eisenhard, eine Zinngießermeisterstochter aus Eichstätt, kennen: »Mittags fuhr ich über den Fluß Sempt bei Erding, das Floß ging mit uns 4 Personen unter, u. ich war nahe am Ertrinken, nur ein Zufall konnte mich noch von Tode entreißen, der erste der von Waßer heraus kam, der warf mit eine Stange zu, die mir glücklich in die Hand fill, u. so zog man mich im bewustloßen Zustand ans Land, ich war gerade nicht am besten drann, man trug mich in das Schloß zu heiligen Blut, legte mich in das Bett, u. kam erst in einigen Minutten zur Besinnung, wie ich die Augen aufschlug, standt am Bett ein Fräulein, die das größte Mitleid hatte. Sie frug mich um mein Befinden u. überreichte mir eine Suppe u. verließ mich nicht, bis ich sagte, es sei mir jetzt wohl. Das Fräulein wurde meine erste Frau, u. lebte mit ihr glücklich«.[21]

Im Dienst der Kurfürstin Maria Leopoldine von Bayern

Möglicherweise durch Vermittlung des Freiherrn von Grainger bzw. dessen Frau trat Max Niggl am 1. Januar 1840 als Kammerdiener bzw. »Leib-Lakai« in die Dienste der 64-jährigen Kurfürstin Maria-Leopoldine von Bayern (1776 – 1848), die ihn als »gescheiten und

18 Reise-Tage-Briefe, 27. – 30. Juli 1837. Robert Freiherr von Grainger wurde 1861 zum Landwehr-Generalmajor und Landwehr-Kreiskommandant von Niederbayern ernannt; seine Frau war Hofdame der Prinzessin Adelgunde von Bayern. Vgl. Krauss-Meyl, Sylvia: Das »Enfant Terrible« des Königshauses. Maria Leopoldine, Bayerns letzte Kurfürstin, Regensburg 20133, S. 192. Zu Schloss Jellenkofen, um

1720/1730 in der früheren herzoglich bayerischen Hofmark in Ergoldsbach errichtet, vgl. Siegl, Helmut: Ergoldsbach im Goldbachtal, München 1984, S. 101.

19 Reise-Tage-Briefe, 27. – 30. Juli 1837; kaum glaubwürdiges Ereignis, das wohl frei erfunden ist.

20 Briefe 1828 – 1841 (Privatarchiv).

21 Reise-Tage-Briefe, 26. September 1838.

jungen Diener« erwähnte.[22] Maria Leopoldine war als drittes Kind von Erzherzog Ferdinand Karl von Österreich-Este (1754 – 1806) und der aus Modena stammenden Maria Beatrix von Modena-d'Este (1750 – 1829) am 10. Dezember 1776 in Mailand geboren worden und auch dort aufgewachsen. Am 15. Februar 1795 war die 18-Jährige in der Innsbrucker Hofburg im engsten Familien- und Verwandtenkreise mit dem 70-jährigen Kurfürsten Karl Theodor von Bayern (1724 – 1799) verheiratet worden, dessen Haus Pfalz-Sulzbach auszusterben drohte, falls sich nicht noch eine junge Gemahlin fand, die ihm den ersehnten Thronerben schenkte. Wenige Zeit nach der Hochzeit traten aber bereits die ersten Probleme in dieser Verbindung auf, die nicht gegensätzlicher hätte sein können. Als der Kurfürst 1799 in München verstarb, trug Maria Leopoldine Herzog Max Joseph von Pfalz-Zweibrücken die Nachfolge an, die er am 12. März 1799 mit dem bejubelten Einzug in München antrat. Nach dem Tod ihres Gemahls schockierte die Kurfürstin-Witwe die Öffentlichkeit mit weiteren zahlreichen skandalösen Liebschaften, einem hemmungslosen Lebensstil und einer Schwangerschaft, die ihr eine Verbannung nach Laibach einbrachte; dort brachte sie einen Sohn zur Welt, dessen Schicksal jedoch nicht bekannt ist.[23] 1804 schließlich heiratete sie in morganatischer Ehe den aus einer norditalienischen Adelsfamilie stammenden Ludwig Graf von Arco (1773 – 1854), mit dem sie drei Kinder bekam. Infolge ihres Geschäftssinns gelang es Maria Leopoldine mithilfe des bayerischen Finanzexperten Joseph von Utzschneider in der Folgezeit, Schloss Stepperg bei Neuburg zu erwerben und mit Immobilien-, Spekulations-, Anlage- und Börsengeschäften ihr Vermögen enorm zu vergrößern, was sie zusammen mit der vertraglich vereinbarten Apanage finanziell und wirtschaftlich absicherte; die Kurfürstin galt zeitweise als reichste Frau Bayerns, war aber sprichwörtlich sparsam und geizig.[24] (Abb. S. 129)

Max Niggl wird nach seiner Einstellung bei der Kurfürstin mit großer Sicherheit im Dienstbotentrakt der Maxburg gewohnt haben, musste er doch zur Erledigung seiner Aufgaben schnell verfügbar sein. Bereits im Frühjahr 1840 reiste er mit ihr und dem Kammerfräulein »Anna Lefebure«[25], die sich zu diesem Zeitpunkt bereits mehr als 40 Jahre im Dienst bei der Kurfürstin befand, über Haidhausen, Ramersdorf, Perlach, Putzbrunn, Pframmering, Schlag und Glonn nach Zinneberg, dem Stammschloss der Arco-Zinneberger[26], und am 27. Juli über Unterbruck, Pfaffenhofen, Börnbach nach Neuburg zum Schloss Stepperg[27]. Noch am 20. Oktober fuhr er mit der Kurfürstin zum königlichen Schloss am Tegernsee: »[…] der Empfang war groß, nämlich die Königin empfing die Churfürstin am Stiegenhaus, dan kammen die höchsten Herschaften, die gerade zur Zeit

---

22 Zur Biografie der Kurfürstin siehe Krauss-Meyl (wie Anm. 18); das Zitat siehe ebenda, S. 357.

23 Münchner Gerüchte brachten ihren unehelichen Sohn mit Kaspar Hauser in Verbindung; vgl. Robl, Werner, Kaspar Hauser im Schloss Wanghausen, Kurfürstin-Witwe Maria Leopoldine und die Hochfinanz, Teil 2, Berching 2014 (http://robl.de/hauser/hauser2), 01. 03. 2014.

24 Vgl. Reise-Tage-Briefe, 19. Juli 1843.

25 Die Hof- und Staats-Handbücher des Königreichs Bayern von 1841 und 1847 erwähnen eine »Dlle A. le Feubre« als Kammerdienerin der Kurfürstin Maria Leopoldine; vgl. Hof- und Staats-Handbuch des Königreichs Bayern 1847, S.

112 sowie 1841, S. 99; in der Folge wird die Schreibweise Max Niggls beibehalten.

26 Die Kürfürstin erwarb das Schloss 1827 von den Fuggern und schenkte es 1833 ihrem Sohn Maximilian aus der Linie Arco-Zinneberg bei seiner Eheschließung mit Leopoldine, Gräfin von Waldburg-Zeil; vgl. dazu Huber, Hans: Die Geschichte von Schloss Zinneberg (http://schloss-zinneberg. de/schlossgeschichte), 19. 09. 2013.

27 Seit dem Mittelalter Lehen der Pappenheimer und Wittelsbacher erwarb die Kurfürstin das Schloss 1800; vgl. Zu Sayn-Wittgenstein, Franz: Schlösser in Bayern, München 1975, S. 236 – 237.

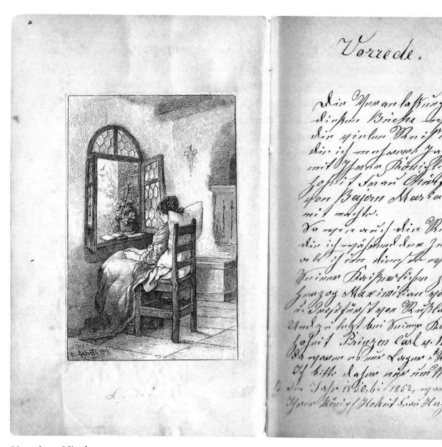

Vorrede zu Niggls
»Reise-Tage-Briefen«
Privatbesitz

»Ansicht des Monuments
bey Abach an der Donau.«
Kolorierte Radierung; 130 × 162 mm
StadtA München: HV-BS A 11-01
1835 führte eine private Reise Niggl
nach Bad Abbach.

Marie Leopoldine von
Österreich-Este (1776 – 1848),
Kurfürstin von Bayern
Radierung; 154 × 106 mm
StadtA München: HV-BS A 14-22

in Tegernsee auf Besuch waren, die Frau Herzogin von Leichtenberg, ihr Sohn Max Herzog von Leichtenberg u. Großfürst von Rußland mit seiner Gemahlin, Großfürstin von Rußland mit Kinder, u. mehrere hohe Herschaften.«[28] Aufgrund starker Schneefälle wurde es ein relativ kurzer Aufenthalt und auf der Rückfahrt wäre die Kutsche beinahe in den Tegernsee gerutscht, weil sich die Kurfürstin bei der Abfahrt geweigert hatte, vierspännig zu fahren: »[...] wir fuhren von Tegernsee ab kammen nach Quirin der Wagen kam außer Kleiße u. fing zum Rutschen an, brallte an die Steinpfeiller an, so dass wir bald im See herumschwammen [...].«[29] Auf der Weiterfahrt nach Salzburg besuchte die Kurfürstin am 25. Oktober in Steinhöring eine Messe und wurde scheinbar etwas unstandesgemäß behandelt: »[...] die Kirche war voll Bauern, jeder behauptete seinen Platz im Bethstuhl, ein jeder Bauer sagte zu ihr: ›Rucken Sie ein wenig‹, so dass sie am Ende an der anderen Seite hinausgedruckt wurde. Es wurde ihr zu arg u. sie sagte: ›Es Bauern Limmeln, ihr Groben‹, u. die Predigt war ihr zu lang u. wir gingen aus der Kirche u. fuhren ab [...].«[30] Über Salzburg fuhr man zu den Schlössern Anif, Hellabrunn und Rif, dann nach Gut Kaltenhausen[31], das die Kurfürstin zu einem Brauereibetrieb hatte ausbauen lassen, und nach Hallein, von dem Max Niggl nicht den besten Eindruck mitnahm: »[...] das Städtchen Hallein, schmutzig u. lauter Salzpfannen Arbeiter sieht man, darunter viele Hallein-Fexen[32] u. Arme in der Maße nach [...].«[33] Während ihnen auf der Hinreise ein Gewitter schwer zu schaffen gemacht hatte, bereiteten auf der Rückreise nach Zinneberg die Pferde Schwierigkeiten: »[...] am Waginger Berg hätten wir bald das Unglück umgeworfen zu werden, da die Pferde den Wagen nicht mehr über den Berg ziehen wolten, machten sie kehrum, u. der Wagen stund verkehrt am Berge, die Pferde kamen vom Wagen u. der Postknecht mußte von einen Bauern andere Pferde entlöhnen, um wieder weiter reißen zu können.«[34]

Das Reisen war zu dieser Zeit keineswegs bequem. Als Diener saß Max Niggl in der Regel beim Kutscher auf dem Kutschbock und war damit der Witterung voll ausgesetzt, wie auf einer der Rückreisen von Salzburg: »[...] Nach dem Wetter fuhren wir nach Schloß Zinneberg, wo uns das Wetter noch einmal überraschte und ich wurde bis auf die Haut durchnäßt. Beim Aussteigen von Wagen sagte die Hoheit: ›Das Wetter hat nicht viel gemacht, du bist gerade abgefrischt worden‹. Jedes Mal nach dem Wetter bekam sie wieder Curage, während dem Gewitter war sie wie ein gutes Lam.«[35] Decken und Planen boten da oftmals nur geringen Schutz und verständlicherweise suchte man bei Unwetter eine Unterkunft oder ein Gasthaus auf: »[...] nach dem wir die Pferde wechselten, fuhren wir von Salzburg ab, über Lifering, Schönnram, Waßerburg, Steinhöring, u. Bruck bei Grafing, wo uns ein sehr starkes Gewitter überraschte, ich muste bei einen Wirtshaus

28 Reise-Tage-Briefe, 20. Oktober 1840; gemeint sind Auguste Amalie, Herzogin von Leuchtenberg, Maximilian von Leuchtenberg, Herzog von Leuchtenberg und Großfürst von Russland sowie Großfürstin Maria Nikolajewna Romanowa.

29 Reise-Tage-Briefe, 24. Oktober 1840.

30 Reise-Tage-Briefe, 25. Oktober 1840.

31 Von der Kurfürstin Maria-Leopoldine 1815 gekauft. Vgl. Kaufmann, Sepp: Das Hofbräu Kaltenhausen, in: Das

Halleiner Heimatbuch. »Heimat Österreich«, Folge 16 – 20, Hallein 1954.

32 Fexen = Narren; siehe Riepl, Reinhard: Wörterbuch zur Familien- und Heimatforschung in Bayern und Österreich, Waldkraiburg 2009³, S. 135.

33 Briefe 1828 – 1841.

34 Reise-Tage-Briefe, 30. Oktober 1840.

35 Briefe 1828 – 1841.

anhalten, die Hoheit stieg aus ihrem Wagen, u. setzte sich an den sogenanten Ofen Tisch u. unterhilt sich mit dem Wirth, da sie die Wetter sehr fürchtete.«[36]

Schon bald genoss Max Niggl eine gewisse Vertrauensposition, sodass er immer wieder auch als Kurier oder Quartiermacher eingesetzt wurde: »Am 10. Dezember sendete mich die Frau Churfürstin Königl. Hoheit als Curir nach Augsburg zu die 3 Mohren Gasthof, um für Hw. Grafen Arco Louis Wohnung zu bestellen, so wie auf ein Nachtessen für den selben. Graf Arco kamm von der Jagt Abends nach Augsburg frug, wer alles schon bestellt hat, so hieß es, die Königl. Hoheit Frau Churfürstin sendete Hr. Niggl von München, um hier alles zu bestellen […] Am 11. Dez. muste ich wieder nach München zurück, überbrachte einen Brief an die Hoheit.«[37]

1841 begleitete Max Niggl die Kurfürstin und Graf Louis von Arco nach Holland und Belgien. Die Reisegesellschaft fuhr am 17. August zunächst mit der Eisenbahn von München über Augsburg nach dem bayerischen Neu-Ulm und am 18. August mit der mitgeführten Kutsche über Geislingen nach Schwieberdingen; die Kurfürstin mied die Hauptstadt Stuttgart wegen Heiratsstreitigkeiten mit dem württembergischen Kronprinz Wilhelm, der 1808 die Tochter von König Max I., Karolin, zwar geheiratet, die Ehe 1815 jedoch wieder annulliert hatte.[38] Die Weiterfahrt ging über Vaihingen, Illingen, Knittlingen, Bruchsal und Schwetzingen nach Mannheim, wo man mehrere Tage im Pfälzerhof blieb und Max Niggl Zeit fand, das großherzogliche Schloss, die Jesuitenkirche und das Zollhaus zu besichtigen. Mit dem Dampfschiff »Leopold« fuhr man am 23. August den Rhein abwärts und offensichtlich hatte Max Niggl relativ wenig zu tun, weil er nahezu jeden Ort, den sie passierten, beschrieb, so das Bingener Loch mit dem Mauseturm, den Loreley-Felsen, St. Goar oder das Schloss Stolzenfels, bis sie schließlich in Köln anlandeten, wo sie zwei Tage im Russischen Hof logierten. Über Köln weiß Max Niggl nur wenig zu sagen, vielmehr verweist er auf Reiseführer. Die Weiterreise mit einem Lohnkutscher gestaltete sich sehr beengt, weil man zu viert im Wageninneren saß und weil offensichtlich Gespräche über die Faulheit der Dienstboten geführt wurden, die dem Kammerdiener eher unangenehm waren. So nutzte Niggl bis Jülich jeden Anstieg, um die Kutsche zu verlassen, nebenher zu gehen und frische Luft zu schnappen: »Wir fuhren alle in denselben Wagen, die Churfürstin, Obersthofmeister Graf Louis von Arco, Kammerfrau Fräulein Lefebure, ich als Kammerdiener, der Diener von Graf Arco saß beim Kutscher, der Wagen von oben bis unten voll gebackt, das die 2 Pferde zu thun hatten, uns fort zu schlepen. Es war für mich nicht ganz erfreulich in Wagen zu sitzen. Es wurden imer Worte gewechselt, als wie die Hoheit bemerkte, das die Arbeiter öfters ausruhen von ihrer Arbeit u. aßen ihr Brod. Der alte Graf bemerkte, wer arbeit, muß auch eßen! […] ich sprang bei jeden Berge aus dem Wagen, um Luft zu bekommen, Hr. Graf folge mir jedes mal nach.«[39] Hinter Aachen passierte die Reisegruppe die holländische und belgische Grenze und versuchte sich – orts- und sprachunkundig – beim Bürgermeister eines kleinen Ortes Hilfe zu holen, der jedoch weder Deutsch noch Französisch sprach, ihnen aber

---

36 Briefe 1828 – 1841.

37 Reise-Tage-Briefe, 10. bzw. 11. Dezember 1840.

38 Sie wurde am 10. 11. 1816 die Gemahlin Kaiser Franz I. von Österreich; vgl. Österreichische Akademie der Wissenschaften (Hg.): Karoline Auguste, in: Österreichisches Biographisches Lexikon 1815 – 1950, III. Band, Graz 1965, S. 245.

39 Reise-Tage-Briefe, 26. August 1841.

einen Führer mitgab, der sie seinerseits aber noch mehr in die Irre führte: »Er führte uns mit unßern Reißewagen durch einen angeschwollen Bach, wo dan die Pferde im Waßer stehen blieben u. waren nicht zum fortbringen, denn es war ein heißer Tag, absteigen konten wir nicht, musten also warten, bis die Pferde wieder gingen, nun da wurde freilich viel gelärmt im Wagen von Seite der Hoheit.«[40] Erst ein ortskundiger Landmann wies den richtigen Weg zum Ziel, dem Schloss Argenteau[41] an der Maaß, das dem gleichnamigen Grafen gehörte. Zuvor mussten die Reisenden allerdings zu Fuß über die Felder mar- schieren und einen Bach überqueren: »[…] ich nahm einige große Steine, warf sie in das Waßer, um einiger Maßen hinüberzusteigen, war freilich sehr beschwerlich für die Dam- men, jedoch kammen wir etwas durchnäst hindurch, nur die Frl. Lefebure rutschte von die Steiner ab und fill in das Waßer.«[42] So kamen sie zur Verwunderung der Herrschaften völlig verschmutzt an der rückwärtigen Seite des Schlosses an: »Keiner von uns wollte zuerst in das Schloß hineingehen, da wir für dießes Schloß zu viel schmutzig aussahen, da kam endlich der Hr. Graf Argando [Argenteau] u. frug die Hoheit, welchen Weg sie machte, da wir von rückwerz zum Schloße kammen, da uns die Herschaften von Schloß unten am Fuße des Berges an der Maaß erwardeten. Jetzt kam unßer Irrtum auf!«[43] Max Niggl war vor allem von der Versorgung im Schloss sehr angetan: »[…] Morgens bekam- men wir Cafe ohne Milch u. Zucker, Pumpernickel mit gesalzenen Butter, Mittags war das Eßen sehr gut, Eier gab es nicht, Schnaps u. Butterbrod Abends. Das Bett lauter Flau- men, aber im Zimmer kein Spiegel.«[44] Nach mehreren Ausflügen in die Umgebung fuhr die Reisegesellschaft am 30. August wieder nach Aachen zurück, wo Niggl besonders der Dom mit der Grabkapelle und dem Kaiserstuhl auffiel: »Ich setzte mich auch in dem Stuhl und es wurde mir denselben Augenblick auch ganz kaiserlich, aber ohne Krone.«[45] Nach ein paar Tagen fuhr man mit der Eisenbahn nach Köln und dann weiter mit dem Dampf- schiff »Kronprinz von Preußen« über Bonn, Koblenz nach Mainz, von da wieder mit der Eisenbahn nach Frankfurt und mit der Kutsche denselben Weg über Mannheim und Stuttgart zurück. Aufgrund der mondhellen Nacht wagte man die nächtliche Weiterfahrt über Ulm und Memmingen zum Schloss Zeil[46] in der Nähe des Bodensees, wo Max Niggl ein Jugendporträt der Kurfürstin entdeckte: »In dießem Schloß sah ich ein Bild Porträt von der Frau Churfürstin, wie Sie 17 Jahr alt war. Sie war sehr schön u. ihre schwarzen Haar u. schwarzen Augen, das machte sie so ganz majestätisch, aber ihre schwarzen Haar behilt sie bis zu ihren Tod.«[47] Über Memmingen, Mindelheim, Dürkheim, Schloss Matt- sies, Augsburg, Schloss Steggberg kam man am Abend des 23. September schließlich wie- der in München an.

Im Jahr 1842 brachen die Kurfürstin, begleitet von Kammerdiener Niggl und dem Kammerfräulein Lefebure, erst am 14. Juli auf, um zur Kur zu fahren. Wieder ging es mit

40   Reise-Tage-Briefe, 26. August 1841.
41   Schloss in der niederländischen Provinz Limburg, Stammhaus der gleichnamigen gräflichen Familie; der Graf war früher Nuntius in München und zu dieser Zeit Erzbischof von Lüttich.
42   Reise-Tage-Briefe, 26. August 1841.
43   Reise-Tage-Briefe, 26. August 1841.
44   Reise-Tage-Briefe, 26. August 1841.

45   Reise-Tage-Briefe, 1. September 1841.
46   Vierflügeliges Renaissance-Schloss von Truchsess Froben von Waldburg-Zeil errichtet; vgl. Rudolf, Hans Ulrich (Hg.) / Büchele, Berthold / Rückgauer, Ursula: Stätten der Herrschaft und Macht. Burgen und Schlösser im Landkreis Ravensburg, Ostfildern 2013, S. 308 – 313.
47   Reise-Tage-Briefe, 15. September 1841.

der Eisenbahn nach Augsburg, dann über Plochingen, Schwetzingen nach Mannheim, von dort mit dem Dampfschiff nach Koblenz und schließlich zum Zielort Bad Ems, wo sie im Herzoglichen Naussauischen Kurhaus logierte. Während die Maria Leopoldine Ausflüge, Bälle und Feste genoss, wurden ihre Bediensteten offensichtlich recht kurz gehalten: »Am 19. July handelte die Hoheit mit dem Gasthofbesitzer ab, wegen Frühstück und Mittageßen u. für Abends: Frühstück Cafe, der zusammen geschittet wurde, mit 1 Brod 18gr, Mittageßen Suppe, Braten u. Salat, jedesmal kleine Portion 1 pf. 45gr, Abends kleine Portion Schlegelbraten 18gr, da sind wir aber nicht fett geworden.«[48] So ist es kein Wunder, dass Niggl sich selbst versorgte: »Ich besuchte immer eine kleine Gastwirthschaft, wo man Fleischwurst u. rohen Schinken bekam u. ein gutes Bier u. Äpfelwein. Ich brachte auch unßer Kammerfrau Fleischwurst u. Bier u. so mehrere Delicatesen, um ihren Apetit zu stillen. In Bade Ems ist alles sehr theuer u. sehr wenig von allem.«[49] In seinem Amt als Kammerdiener scheint Max Niggl nur wenig in Anspruch genommen worden zu sein. Er vertrieb sich die Freizeit u.a. mit Wanderungen: »Am 27. July machte ich einen Ausflug in das nahegelegene Gebirg[50], am ersten Berg kam ich zur Mooßhütte, oben wachte die Naussauische Flage, dan kam ich zum Mooskopf, ich brauchte 2 Stunden bis zum Gipfel, die Aussicht war schön u. lohnend.«[51] Auch Badevergnügen genoss er: »Am 28. July ging ich Morgen 4 Uhr mit unßern Hußaren zum Baden in der Lahn, gegen den Städtchen Tausenauen [Dausenau], wir legten unser Kleider am Rande des Flußes, wie wir uns ankleiden wollten, waren unßere Kleider verschwunden, jetzt was anfangen? Zum Glück kam ein Landmann auf der Straße, den wir frugen, ob ihm nicht jeman begegnete, der Kleider trug? Im Walde sah er ein Mädchen, die viele Kleider trug, aber wir konten nicht aus dem Waßer, der Landman gab den Husaren eine Hose, der dem Mädchen nachlief, natürlich bekam das Mädchen ihre Hiebe.«[52] Auf der Rückreise nach München von 19. bis 23. August musste Max Niggl noch nachts um 12 Uhr von der Poststation in Stuttgart die Pferde zum Wechseln holen, weil sich die Kurfürstin weigerte, in die Stadt zu fahren. Ab Augsburg nahm man wieder die Eisenbahn und kam am Morgen in München an.

Bereits am nächsten Morgen (24. August 1842) fuhr dieselbe Reisegruppe über Schloss Zinneberg, Steinhöring und Wasserburg nach Salzburg und erlebte dort die Enthüllung des Mozart-Denkmals, das über den Resten eines römischen Kastells aufgestellt wurde. Das Ereignis führte zu einer derartigen Überbelegung der Salzburger Gasthäuser, dass Max Niggl in einem Saal auf der Bühne übernachten musste: »[...] endlich frug ich Herrn Gastgeber, wo ich mein Zimmer habe? Er ging mit mir auf das Musik-Orgester, ließ mir Strohsack mit Wolldeke hintragen u. sagte zu mir: ›Sonst habe ich kein Platz mehr‹. Im Sal waren Bettstellen angebracht u. Spanische Wände dazwischen, aber ich durfte kein Aug aufmachen, um das Lager zu übersehen. Nun ich war sehr miede u. schlief wie Schiffs-Razn.«[53] Die Weiterfahrt am folgenden Tag wurde erst um ½ 3 Uhr in Lambach zum Mittagessen unterbrochen. Wegen des Fasttags bekam die Kurfürstin »[...] eingerirte Eier, es war gerade Freitag; ich solte auch Eier eßen, ich bekam eine frisch gesottene Zunge, die ich zum Theil aß, u. die Hälfte mit nahm, und einen ganzen Pfiff-Wein, respt.:

---

48 Reise-Tage-Briefe, 19. Juli 1842.
49 Reise-Tage-Briefe, 19. Juli 1842.
50 Westerwald.
51 Reise-Tage-Briefe, 27. Juli 1842.
52 Reise-Tage-Briefe, 28. Juli 1842.
53 Reise-Tage-Briefe, 24. August 1842.

großen Seitel Österreichischen [...].«[54] Auf der Weiterfahrt wurde Niggl von der Kurfürstin gerügt, als er die restliche Zunge aß: »Wie wir am Kalfarien Berg vorbei fuhren, aß ich die Hälfte Zunge, den die Eierspeiß hilt nicht lange an. Die Zunge roch stark im Wagen hinein, so das die Hoheit rief: ›Niggl hast du einen Schinken, der so gut gerochen hat, heute ist aber Freitag wohlgemerkt!‹«[55] In Linz wurde der Reisewagen auf ein eigenes Schiff verladen, weil er auf dem Dampfschiff »Zum Erzherzog Carl« keinen Platz hatte. Kammerdiener Niggl musste sich um den Transport kümmern, denn er bezahlte »20 fl., dan für 1 Kajite 2 Billets 18 fl. 2 Kajite für mich 6 fl. bis Wien«.[56] Donauabwärts kam man an Mauthausen und Melk vorbei, wo das Schiff eine so starke Schräglage erhielt, dass das Mittagsgedeck vom Tisch fiel. Zwischen Krems und Tulln lief das Schiff auf eine Sandbank auf und konnte erst nach einer Stunde wieder flott gemacht werden. Schließlich kam man in Wien-Nußdorf an und fuhr in das Palais des Herzogs von Modena[57] in der Herrengasse. Erneut hatte Max Niggl scheinbar sehr viel freie Zeit, denn er unternahm mehrere Spazier- und Rundgänge in der Stadt. Er besuchte den Stephansdom, die »Karochus-Kirche« [Rochuskirche], den Tändelmarkt und besah den »[...] Stockameißen an der Ecke der Körntnerstraße [Kärntnerstraße] [...]. An dießen Eißenstock, der eigentlich von Holz war früher, den jeder Handwerker, der fremd nach Wien kam, schlug einen Eißen-Nagel in den Holzstock, der jetzt ganz von Eißen wurde.«[58] Am 4. September reisten Kurfürstin und Gefolge wieder ab und erlebten in Purgertsdorf [Purkertsdorf] den Brand der Poststation, hatten in Perschling eine Auseinandersetzung mit einem Hausknecht, der bayerische Münzen nicht akzeptieren wollte, und in Melk einen Streit mit einem Schmied über die Reparaturkosten einer kurz vorher gebrochenen Kutschfeder, begegneten dem Erzherzog Karl auf seinem Weg nach Stein und erreichten schließlich am 7. September wieder Salzburg bzw. Kaltenhausen. Zum wiederholten Male erwähnt Max Niggl die Volkssage über die Namensgebung der Salzburger: »Und die Salzburger heist man Stierwascher, den sie wolten einen Stier, der schwarze Fleck hatte, weiß waschen, ober der Brücke soll noch nach Volkssage mehrere Zentner Seife liegen, daher komt der große Schaum geschwommen auf der Salzach.«[59] Über Wasserburg kam man nach Steinhöring: »Da gab es Mittag bei den Arbeitsleute sogenante Knoden, große Knedel, da verlangte die Hoheit auch einen solchen Knoden. Eine Helfte nahm die Hoheit u. die andere Helfte solte die Fr. Lefebure eßen, die aber protestirte u. aß nicht davon. Da sagte die Hoheit: ›Du thust, als wann du die Hoheit währst‹. Ich aß mit der Frau Posthalterin abgetriebene Knödel u. Rehbraten, das schmeckte beßer.«[60] Über Schloss Zinneberg erreichte man am 11. September 1842 wieder München.

Während einer weiteren Reise nach Wien im Jahr 1843 kam es zu einer seltsamen nächtlichen Begebenheit im alten Jagdschloss des Erzherzogs Maximilian in Puchheim. Nach der Zuweisung seines Zimmers und einem kleinen Erkundungsrundgang in be-

---

54 Reise-Tage-Briefe, 25. August 1842.

55 Reise-Tage-Briefe, 25. August 1842.

56 Reise-Tage-Briefe, 25. August 1842.

57 Ein im 17. Jahrhundert ausgebautes Adelshaus, das 1811 von Maria Beatrix von Este, der letzten Tochter des Herzogs von Modena, gekauft und klassizistisch umgebaut wurde; 1819 übernahm es Erzherzog Franz von Modena, der es bis

1842 vermietete und dann an den Staat verkaufte; vgl. Perger, Richard: Das Palais Modena in der Herrengasse zu Wien, Wien 1997.

58 Reise-Tage-Briefe, 29. August 1842.

59 Reise-Tage-Briefe, 9. September 1842.

60 Reise-Tage-Briefe, 10. September 1842.

nachbarte Räume begab sich Niggl zu Bett, konnte jedoch wegen eines ungewöhnlich heftigen Gewitters nicht einschlafen, als mitten in der Nacht ein Kettenrasseln und ein Gepolter losging, das ihn an Gespenster glauben ließ. Erst der Kastellan klärte die Sache am nächsten Morgen auf: »Die Jäger brachten einen jungen Fuchs mit, sperten ihn in ein Offenschier (Offenloch) mit der Kette, durch den Wind ging die Offenthier auf u. der Fuchs lief im Schloß herum, es war ein Versehen von den Jägern, die von Hr. Erzherzog Max ihren Verweiß empfingen!«[61]

Alle folgenden Reisen nach Salzburg, Kaltenhausen und Wien verliefen auf nahezu den gleichen Routen und in ähnlicher Weise, nicht so allerdings die Reise am 21. Juni 1844, die über Garching, Freising, Moosburg, Landshut nach Regensburg ging. In Freising kam es zu einer Verwechslung der Poststation, die gerade umgebaut und deshalb nicht erkannt wurde, mit einem nahegelegenen Gasthaus: »Vis a vis stund an einen Wirthshaus die Kellnerin am Thor und sagte uns: ›Sie sind schon am rechten Platz, Madam. Steigen Sie nur aus!‹ Die Hoheit nahm die Einladung an u. wir gingen über die Stiege hinauf u. in die angewießen Zimmer, die zwar reindlich aussahen, aber ganz einfach, die Betten roth und blau überzogen.«[62] Wegen der allzu zahlreichen Gäste war der Wirt nicht in der Lage, das bestellte Abendessen zu komplettieren, sodass Max Niggl und das Kammerfräulein Lefebure selbst die Kartoffeln schälen und den Salat anrichten mussten: »Wie die Kartofel gesotten waren, brachte der Wirth den Hafen mit den Kartofeln über die Stiege herauf und leerte sie auf einen Tisch um, u. sagte zu mir u. zum Fräulein Lefebure: ›Abschellen kann ich es nicht, das müßen schon Sie thun, denn ich habe heute viele Leute, meistens Militär u. habe nicht Zeit, Eßig u. Öl haben sie so selbst, u. anmachen können sie den Salat auch!«[63] Die Kurfürstin war mit dem frugalen Essen und der Unterbringung dennoch ausgesprochen zufrieden, rügte aber den Verwalter des kurfürstlichen Brauhauses, weil er den abendlichen Termin zum Rapport nicht eingehalten hatte. In Regensburg bestiegen sie das Dampfschiff »Königin Therese« und fuhren donauabwärts bis nach Wien. Wiederum scheint Max Niggl viel freie Zeit bekommen zu haben, weil er nahezu jeden Tag bis zum Abreisetag am 13. Juli Spaziergänge machte und die Petruskirche, den Prater, das Kosmorama Sattlers, den Sperl-Saal[64], den Volksgarten oder die Wasser-Glacis[65] besichtigte.

Auf einer Reise im Jahr 1844 nach Mannheim wundert sich Max Niggl, der als Kammerdiener der Kurfürstin bessere Unterkünfte gewohnt war, über eine ungewöhnliche Einrichtung in schwäbischen Häusern: »Kammen auf ein echtes schwäbisches Dorf nach Post Schwiberdingen. Wir bekammen Abends schwäbische Späzle, mit kalten Braten, u. Kartofel-Salat, dan ich blau überzogene Betten, nur ist zu erwähnen, wie oft in einen Hause eine komische Einrichtung ist, der Abort ging zum Fenster hinaus, mittels eines Rohres.«[66] Die Rückreise gestaltete sich aufgrund eines heftigen Unwetters ausgesprochen schwierig, da der Neckar bei Esslingen über die Ufer getreten war und ganze Streckenabschnitte unpassierbar gemacht hatte: »Durch Eßlingen durch fuhren wir bis über

61 Reise-Tage-Briefe, 23. Juni 1843.
62 Reise-Tage-Briefe, 21. Juni 1844.
63 Reise-Tage-Briefe, 21. Juni 1844.
64 Tanzlokal in der Wiener Vorstadt Leopoldstadt.
65 Erholungsgebiet vor dem Carolinentor.
66 Reise-Tage-Briefe, 12. August 1844.

die Achsen im Waßer. – Es trat der Nekar aus und überschwemte die ganze Gegend. Von den Weinbergen herab stürzte das Waßer, brachte Erde u. Holz herab. Wir musten unßern Wagen auf einen Higel hinauf fahren, um von Waßer nicht mitgenohmen zu werden. Wir hilten da in dießer Waßernoth eine Stunde aus, bis sich das Waßer verlief, dan ließen wir den Wagen langsam rückwärz über den Hiegel hinab u. fuhren langsam den großen Berg hinauf. Aber das Waßer floß noch immer stark von den Weinbergen herab. Der Wagen war außen, wie inwendig durchnäst, der Hoheit war nur Sorge, ob in den Sitzkasten nicht Waßer eingedrungen ist. Ich muste mit dem Wagen zur Probe auf u. ab fahren, um zu sehen, ob nicht an der Straße etwas beschädigt ist. Das Sitzkästchen behilt sie bei ihr im Fall mir etwas geschah, da sie ihr Geld bei sich hatte. Endlich stieg sie in den Wagen und wir fuhren nach Göppingen.«[67]

Auch Fahrten mit der Eisenbahn verliefen nicht immer reibungslos. Manche Strecken waren zwar für die Zeit erstaunlich gut ausgebaut, doch gab es immer wieder nahezu unüberwindbare Hindernisse. So durchfuhren die Reisenden auf einer Fahrt nach Belgien im Jahr 1845 im Rheinland mit der Eisenbahn mehrere Tunnels, mussten aber nach Aachen in ihren Waggons von einer Spezialvorrichtung über einen Berg gezogen werden: »[...] kammen zu einen hohen Berg, da wurde die Lokomodife abgelaßen von den Wägen, und wurde ein Drathseil befestigt u. oben am Berg war die Maschine, die uns hinaufzog. Oben angekommen wurde das Seil abgemacht u. eine zweite Lokomotife erwardete uns. Wie wir am Fuße des Berges ankammen, fuhren wir sogleich ab.«[68] Erwähnenswert erschien Max Niggl die Verpflegung im Schloss des Kardinals von Lüttich: »Am 5. Sept. ging es zuerst zum Frühstück, das in einen schwarzen Cafe ohne Zuker u. Milch bestant, das war für uns etwas Neues, das uns nie vorkam, Butter, rohen Schinken u. Käße gab es auch! Der Cafe wurde uns in einen Blechbecher verabreicht u. zwar auf eine einfache Art, die Haus oder Küchenmagd kam mit einer großen Blechkanne mit Cafe gefiehlt, goß einen jeden in sein Blech Cafe hinein. Der geschmierte Pumpernickel wurde in lange Schnieden serviert, die Fräulein Lefebure machte darüber große Augen, den der Cafe war ihr zu bitter! Das Mittagseßen war sehr gut! Das Geflügel wurde nicht gespart. Bier war trübe u. säuerlich. Das Bier wird bei vielen am Herd gesotten, kühl, u. neu, wann es getrunken wird, schmeckt es gut. Das Bestek, so wie Teller und Gläßer muß man selbst am Brunnen reinigen, das war immer so eine famose Reiberei.«[69]

Bei Reisen mit der Kutsche waren immer wieder Reparaturen notwendig, so etwa auf der Fahrt nach Mannheim im Jahr 1846, als sich bei Augsburg Radachsen festfraßen: »Am 6. August fuhren wir von der Maxburg aus mit der Eißenbahn nach Augsburg, das erste Maleur war, wie wir in Augsburg ankammen, wolten wir unßere Reißewagen von der Bahn herrabnehmen; durch das Rittlen auf den Eißenbahn Wagen, schmidete sich die Scheibe an die Achse, u. so das der Schmid kommen muste, um das Rad herrunter zu schlagen, die Hoheit machte einen großen Lärm [...] Von da (Geißlingen) kammen wir nach Denkenthal, da wurde uns das Rad aufs neue heiß, u. schmiedete sich zusammen.

67 Reise-Tage-Briefe, 23. August 1844.   **69** Reise-Tage-Briefe, 5. September 1845.
68 Reise-Tage-Briefe, 3. September 1845.

AIBLING.

Verlag v Max Ravizza in München.

Bad Aibling
Stahlstich von Obermüllner,
um 1860; 178 × 145 mm
StadtA München: HV-BS A 06-07

Ich muste alles abpacken, um den Wagen eine Schleiffe[70] einzulegen, u. so nach Ulm zu fahren u. kam Nachts 10 Uhr da an.«[71]

Auf der Rückreise von Wien, ebenfalls 1846, gab es dazu noch Ärger mit der Posthalterin an der Station in Peiß, weil die Kurfürstin ihre eigene Verpflegung mitgebracht und die Posthalterin damit um ihren Verdienst gebracht hatte: »Am 20. Mai fuhren wir von Brannenburg ab über Aibling (Abb. S. 137), wo wir beim Duschel Bräu Mittag machten. Wir aßen ein gutes Wiltpräth, das der Hoheit recht gut bekam, u. befahl, ich soll von der Frau Posthalterin einen Tigel entlöhnen, um das übergeblibene Wiltpräth mit zu nehmen. Und wie wir nach der Post Peiß kammen, wo wir auch übernachteten, muste ich den Tigel mit dem Inhalt in die Küche tragen, die Frau Posthalterin hat nur die Suppe mit gesottenen Kartofeln herzurichten. Die Posthalterin sagte zu mir: ›Das sind schöne Gäste, die das Fleisch selbst mitbringen‹. Die Rechnung am folgenden Tag lautete so, als wann wir das beste Abendeßen genoßen hätten. Da machte die Hoheit große Augen, wie sie die Rechnung sah: ›Die Kartofel sind aber theuer bei Ihnen‹. Die Frau Posthalterin bemerkte, hätte die Hoheit einen Braten bestelt, wären die Feldhühner nicht so theuer! – Die Posthalterin bemerkte noch auch, das es viel ist, das wir das Bier von Kaltenhaußen nicht auch bei uns haben.«[72] Seine Verpflegung mitzubringen, war zwar nicht unüblich, wurde allerdings in den Herbergen nicht gerne gesehen.

Im April 1847 begleitete Max Niggl die Kurfürstin Maria Leopoldine nach Italien. Die Reise (über Kufstein, Innsbruck, den Brenner, Sterzing, Brixen, Bozen und Trient) scheint relativ problemlos verlaufen zu sein, auch wenn in Rovereto die Riemen der Kutsche durchschnitten und gestohlen wurden. Bei Mantua erlebte die Reisegruppe ein kleineres Erdbeben, das aber immerhin eine Kaserne zerstörte. Am 17. April erreichte man mit Modena, der Heimat der Kurfürstin, das Reiseziel. Ein überraschender Wintereinbruch machte der Kurfürstin und ihrer Entourage zu schaffen: »Am 19. Aperil wurde es in Modena kalt, es fiel sogar etwas Schnee, die jungen Italiener tanzten u. sprangen im Schnee, da sie früher nie einen sahen […] sie konten die Kälte nicht lange aushalten. Sie haben keine Fenster in ihre Häuser und in Oel getränkte Papier sind ihre Fenster u. kein Ofen. Bei der Hoheit in ihren Schreib Zimmer machten sie einen kleinen Ofen zum Fenster u. das Rohr ließen sie zum Fenster hinausgehen, die ganze Wärme ging zum Fenster hinaus, die Hoheit schimpfte den Baumeister einen Eßel.«[73] Doch schon bald wurde es wieder wärmer und Max Niggl besuchte u.a. ein Theater: »[…] das neu Hoftheater, wo ich ein Billet erhilt, aber ich ging nicht oft in das Hoftheater, da 14 Tag immer ein und dasselbe Stück gespielt wurde, es wurde gerade die Longobarthen [Langobarden] gespielt, u. jedesmal spielten sie bis 1 oder 2 Uhr Morgens, es geht aber erst Abens 9 Uhr an, den Abends fing man erst zu leben an, wegen der großen Hitze, um 6 Uhr ist der Corßo bis 8 Uhr, dan ist Thee u. um 9 Uhr geht das Theater an.«[74] Vom 30. April bis zum 16. Mai hielt sich die Kurfürstin in Reggio bei der herzoglichen Verwandtschaft auf und reiste dann über Canossa, Parma, Mantua zurück nach Trient, wo die Etsch die Poststraße überschwemmt

---

70 Schleife oder Schloapfa = Bretter- oder Balkengestell zum Transport von schweren Gegenständen, wohl ähnlich einem Kufengestell; vgl. Riepl (wie Anm. 32), S. 365.
71 Reise-Tage-Briefe, 6. August 1846.
72 Reise-Tage-Briefe, 20. Mai 1846.
73 Reise-Tage-Briefe, 7. April 1847.
74 Reise-Tage-Briefe, 18. April 1847.

hatte: »[…] wir musten durch den Strom fahren, und lief das Waßer beinahe im Wagen hinein, es kam uns ein geladener Fracht Wagen entgegen, keines wollte ausweichen. Der Wagen war mit 4 Ochsen bespant, 2 Ochsen rißen sich ab u. der Strom rieß die 2 Ochsen mit fort, u. wir kammen glücklich aus dem Waßer, das war oft der Fall, das unßer Leben am Spiele war.«[75] Endlich kam die Reisegesellschaft am 21. Mai wieder glücklich in München an.

Noch im selben Jahr (1847) unternahm Max Niggl mit der Kurfürstin im August und September eine Reise nach Brüssel, Paris und Ostende. Wieder fuhr man nach Augsburg mit der Eisenbahn, die hier endete, dann über Ulm, Stuttgart nach Bruchsal mit der Kutsche, von hier über Heidelberg nach Mannheim mit der Eisenbahn und bis Bonn mit dem Schiff. Die Bahn brachte die Reisenden anschließend über Köln und Aachen nach Lüttich, schließlich ging es mit einem Lohnkutscher nach Brüssel, wo die Gruppe lange Zeit keine Unterkunft fanden. Schließlich stieg die Kurfürstin auf Anraten des Kutschers inkognito in einem Hotel mit eher zweifelhaftem Ruf ab: »[…] ich brachte die Koffer u. mehrere Hutschachteln in das Zimmer. Wie wir fertig waren, frug mich einer von die 2 Hotelbesitzer, wer die Dame ist, ich habe den Auftrag bekommen von der Hoheit, wan mich wer fragt, ich soll nur sagen, das es die Madame La Conteße Arco sei. Da sie in Ausland nie wießen laßen wollte, das sie die Churfürstin von Bayern ist.«[76] Offensichtlich war Maria Leopoldine jedoch bereits am belgischen Königshof angemeldet, denn ein Hofmarschall war schon auf der Suche nach ihr: »Wie er hörte, das die Dame in dießen Hotel wohnt, so fuhr er schnell in die Resitenz, den es war der Hofmarschall des Königs v. Belgien […] in einer Stunde kam ein 6 Späniger Hof Wagen, u. die Königin stieg aus den Wagen […].«[77] Dieser Umstand wertete den Ruf des Hotels natürlich erheblich auf. Auch in Brüssel nützte Max Niggl seine Freizeit zur Besichtigung der Sehenswürdigkeiten, bevor die Gesellschaft am 1. September mit der Eisenbahn nach Paris weiterreiste, das sie nach elfstündiger Fahrt erreichte. Bei der Zollkontrolle am Bahnhof erhielt Niggl einen der kurfürstlichen Koffer nicht, weil er dafür keinen Schlüssel vorweisen konnte: »Ich blieb am Bahnhof zurück, bis ich das Gebäck von der Eisenbahn in Empfang nehmen konnte, nur einen Koffer nahmen die Beamten in Beschlag, da ich keinen Schlüßel dazu hatte, der Beamte war darüber sehr ungehalten, u. wolte mir den Koffer nicht herausgeben!«[78] Erst ein königliches Schreiben konnte das Problem lösen; der Zollbeamte erhielt einen Rüffel. In Paris war Max Niggl nicht nur von der Pracht des Louvre und der königlichen Gebäude beeindruckt, sondern auch von der Stadt an sich und ihrer Umgebung. Trotz Zahnschmerzen geriet er ins Schwärmen: »Die sogenanten Tillerien ist ein Gebäude nicht allein sehr groß, sondern auch in der Bauart großartig, u. der daranstoßende Louver, samt den große Park. Um die Tillerin u. Louver zieht sich ein schön vergoltetes hohes Eißengitter. Nach der Tafel, fuhren wir mit der ganzen Hof nach Ste. Clud [Saint Cloud], schönes Lust Schloß. Der Weg ging durch den schönen Triumpfbogen, durch die schönen Eliseischen-Felder, Champ Eliße […] Das Schloß ist ein wares Feenschloß, das Stiegenhaus ist schon wie in einen Salon, mit Bilder u. prachtvolle Gegenstände bestelt. Die

---

75 Reise nach Italien 1847.
76 Reise-Tage-Briefe, 30. August 1847.

77 Reise-Tage-Briefe, 30. August 1847.
78 Reise-Tage-Briefe, 1. September 1847.

Hofküche nimt die Hälfte des Schloßhofes ein, ist mit Glastafeln gedeckt, 12 bis 15 Köche sprangen in der Küche herum, u. so viel Conditor, der Hofstall und Reittschule u. Remißen alles großartig u. schön [...] Man kann nicht alles so beschreiben, es ist unmöglich, welche Pracht da zu schauen ist in dem Schloß, man hat es selbst sehen müßen.«[79] Seine Ausflüge in die Stadt wurden jedoch wegen der Erkrankung der Kammerfrau Anna Lefebure und der Weigerung der Kurfürstin, eine fremde Zofe zu akzeptieren, zunehmend kürzer: »Ich muste die Locken richten u. bei ihrer Toilette behilflich sein [...] Da kam einmal der König früher als die Hoheit mit ihrer Toilette fertig wurde. Ich rolte gerade ihre Loken auf u. [machte] ihr Kleid. ›Ja‹, sagte der König, der sehr gut und schön Deutsch sprach, ›da haben Madame eine schöne Kammerjungfrau‹. ›Der ist schon gut abgerichtet‹, sagte die Hoheit.«[80] Zur Abreise nach Brüssel (am 10. September per Eisenbahn) wurden die Kurfürstin und ihre Dienerschaft noch reichlich versorgt: »Den letzten Tag wie wir von Paris abreisten, brachte man der Hoheit in einen großen Korb, voll Eßwaren, Wein, Brod, Schinken und mehrere Sorten Fleisch. Die Hoheit nahm eine Botelle roth Wein, u. ich auch, wo ich eine bis München mit brachte u. die leere Flasche zum Andenken auch behilt.«[81] Drei Tage später reisten sie nach Ostende weiter und stiegen im Kaiserlichen Hof ab. Hier beobachtete Max Niggl, wie die bessere Gesellschaft promenierte und Wattfahrten unternahm: »[...] ich sah auch, wie die kleinen Wägen bis in das Meer hineinfuhren, die Herrn wie die Dammen fahren in dießen Wägen, stiegen dan in Waßer aus u. gingen Arm in Arm mit ihren Badekleidern spazieren [...] bis die Fluth eintrief, da fahren Sie in dießen Wägen zum Land.«[82] Die anschließend geplante Überfahrt nach London, die Niggl im Auftrag der Kurfürstin bereits gebucht und bezahlt hatte, scheiterte am Wetter: »Ich bestelle 2 Plätze in der Ersten Kapine u. für meiner wenigkeit 1 Platz am Verdeck. [...] In der Nacht kamm ein fürchterliches Wetter, das man das Meer bis in die Stadt braußen u. saußen hörte. Ich stund Morgens 4 Uhr von Bette auf, mein erster Gang war zum Meer hinaus, o welcher Graus. Die großen Dampf- u. Segelschiffe, die vor Anker lagen, warf sie so durch einander, das sie sich Thurm hoch auf einanderschieben. Ich ging sogleich zu Hauße u. wie die Hoheit angezogen war, so frug sie mich sogleich, wie es aussieht mit der Seereiße. Ich machte meinen Rapport, über den Vorfall! Da sich die Hoheit sogleich erklärte, das, wann der Sturm nicht aufhört, sie nicht abreist mit dem Schiff! [...] Die Hoheit sagte: ›Das Waßer hat keine Balken, ich will nicht herrum schwimmen wie die Enten am Waßer‹.«[83] Das schlechte Wetter hielt weiter an und bewog die Kurfürstin, am 15. September mit der Eisenbahn über Lüttich, Aachen nach Köln und dann mit dem Dampfschiff bis nach Mannheim zu reisen. Bei einem Zwischenstopp in Mainz mussten sich die Kurfürstin und ihr Kammerdiener ein Zimmer teilen: »[...] bekammen nur 1 Zimmer, die Hoheit aß ihre Suppe auf ihren Schoße, da alles voll war im Zimmer von die Koffer, ich muste gleich neben der Hoheit ihr Zimmer schlafen, nur eine Spanische Wand war dazwischen.«[84] Auch die Weiterreise erwies sich wegen eines Manövers als sehr schwierig. Da alle Schiffe zum Truppentransport gebraucht wurden, musste die Reisegesellschaft von 5 Uhr morgens bis nachmittags um 3 Uhr auf dem Rheindamm

79 Reise-Tage-Briefe, 1. September 1847.

80 Reise-Tage-Briefe, 7. September 1847.

81 Reise-Tage-Briefe, 10. September 1847.

82 Reise-Tage-Briefe, 13. September 1847.

83 Reise-Tage-Briefe, 14. September 1847.

84 Reise-Tage-Briefe, 18. September 1847.

warten. Die Einladung zur Tafel durch die Kronprinzessin von Bayern[85] schlug die Kurfürstin aus, um das nächstmögliche Schiff ja nicht zu verpassen. Unterwegs erinnert sich Max Niggl dann an eine Tante in Darmstadt: »In Darmstadt hatte ich Verwandte nämlich eine Tante, meines Vaters Schwester, die nach Darmstadt geheirathet hat, ihr Mann ist Kapellmeister im Darmstädtischen Hof.«[86] Über Heidelberg, Stuttgart, Donauwörth und Augsburg kehrten sie schließlich am 28. September nach München zurück.

Das Jahr 1848 sollte aufgrund der Revolutionen in Berlin, Wien und München – die Max Niggl wie andere politische oder militärische Ereignisse nicht erwähnt –, nicht nur politische Umwälzungen, sondern infolge des tödlichen Unfalls der Kurfürstin auch eine einschneidende Veränderung im Leben des Kammerdieners bringen. Unterdrückung, Unfreiheit, fehlende politische Mitbestimmung des Bürgertums, materielle und soziale Not breiter Bevölkerungsschichten und die Verarmung vieler Handwerker und kleiner Geschäftsleute hatten nach der Februarrevolution von 1848 in Paris einen Monat später auch in Deutschland und Österreich die Situation mit Massendemonstrationen und Straßen- bzw. Barrikadenkämpfen und zahlreichen Toten eskalieren lassen. Auch in München kam es zu anhaltenden Unruhen, die sich vor allem an der Erhebung der angeblichen Tänzerin Lola Montez, einer Geliebten König Ludwigs I. (1786 – 1868), zur »Gräfin Marie von Landsfeld« entzündeten. Der Unmut der Bevölkerung erhielt rasch politische Dimensionen und führte schließlich am 6. März 1848 zur Abdankung des Königs zugunsten seines Sohnes Maximilian (1811 – 1864).[87]

Vor diesem Hintergrund war die Kurfürstin am 23. Juni mit ihrer Kammerfrau Lefebure und Max Niggl aufgebrochen, um nach Wien und später nach Galizien zu ihrem Bruder Erzherzog Ferdinand d'Este zu reisen. Während der Fahrt hatte sie – so berichtet Max Niggl – eine ungewöhnliche Unruhe ergriffen, die die begleitenden Diener nicht recht verstanden. So rügte sie z. B. eine Posthalterin, weil sie nicht gleich zwei Pferde zur Verfügung hatte: »Wir kammen vor 11 Uhr nach Post Steinhöring, die Hoheit schrie von Wagen herraus zur Posthalterin: ›Kann ich was zu eßen haben, aber schnell, ich kann mich nicht lang aufhalten heut‹ […] Nach dem Eßen sagte die Hoheit: ›Niggl, mach, laß gleich einspannen, ich muß machen, das ich fortkomm‹.«[88] In Wasserburg fuhren sie wegen des steilen Achatz-Berges dreispännig weiter. Als ihnen der mit Salz beladene zweispännige Wagen des erst 19-jährigen Ökonomen Alois Westner, der sich auf einer Fahrt von Reichenhall nach Pfaffenhofen-Ingolstadt befand, entgegenkam, bestand die Kurfürstin trotz der Warnungen Max Niggls auf der Weiterfahrt am Rande der Straße: »Wir fuhren über die Inn-Brück den Berg hinauf. Da sah ich von der Ferne einen dicken Rauch, der Postillion glaubte, das der Rauch von den Bierkeller kommen kann, aber es war Staub. Ich sprang von Bock ab u. lief zum Wagenschlag, um der Hoheit zu sagen, es könnte für uns eine Gefahr entstehen […] aber die Hoheit sagte: ›Fahr nur mehr rechts am Berg hin‹. Bis wir hinkammen, geschah schon die unglückliche Katastrofe […] Die Fuhr-Pferde kon-

---

85 Prinzessin Marie von Preußen (1825 – 1889) hatte 1842 den bayerischen Thronfolger Maximilian Joseph, den späteren König Max II., geheiratet; vgl. Schad, Martha: Bayerns Königinnen, München 2008, S. 175 – 286.
86 Reise-Tage-Briefe, 24. September 1847.

87 Vgl. Kraus, Andreas: Geschichte Bayerns. Von den Anfängen bis zur Gegenwart, München 1988², S. 486 – 492.
88 Reise-Tage-Briefe, 23. Juni 1848; in übler Nachrede wurde diese Eile in den Gazetten später als Flucht ausgelegt.

ten den schweren Wagen nicht erhalten, da weder ein Radschuh, noch gepremst war, u. so kam es, das die Pferde übereinander fillen, u. der Wagen kam zum Umsturz, das die Räder oben waren.«[89] Niggl war unmittelbar davor abgesprungen, sonst wäre er wohl erdrückt worden. Ein Zeuge des Unfalls, der 19-jährige Dettlknecht Stephan Stüberl aus Roitham, bestätigte in seiner Vernehmung am 8. Juli 1848 durch Freiherrn von Harold, Landrichter beim Königlichen Landgericht Trostberg, im Wesentlichen den von Niggl geschilderten Unfallhergang: »Am Freitag, den 23ten. ver. Monats Nachmittags zwischen 1 und 2 Uhr fuhr ich nach Wasserburg, und zwar unmittelbar vor dem Fuhrknecht Alois Westner. Als wir an den sogenannten Achaziberg kamen und ich mich zufällig umschaute, bemerkte ich, daß Westner die Wagensperre zutrieb, jedoch auf einmal der Wagen in Schnellgang kam, weßhalb auch Westner vorlief und die Pferde bei dem Zaum ergriff; diese wurden jedoch laufend, und da auch Westner niederfiel, so liefen die Pferde im schnellsten Laufe bergabwärts, so daß ich nur zu thun hatte, um noch auf die Seite zu kommen [...].«[90]

Offensichtlich gab es noch mehr Augenzeugen des Unfalls, denn »obwohl dieß ein kurzer Moment war, so war die Catastrophe doch mehrseitig bemerkt, und es eilten schnell Maurer, welche bei der Kirchhofmauer von St. Achaz beschäftigt waren, Arbeiter aus den nahen Hopfengärten, dann Leute von dem gleich oberhalb der Unglücksstätte gelegenen Keller herbei, um Hilfe zu leisten«.[91] So gelang es den Helfern nach einiger Zeit, die voll bepackte Kutsche wieder aufzustellen und die Kopfverletzungen der Kammerfrau in einem nahegelegenen Badhaus zu versorgen: »Man konnte nicht zum Wagen kommen, da die Pferde aufeinander lagen, der Postillion lag unter den Pferden, zwei Gensdarmen kammen so eben auf der Straße, die mir halfen, den Wagen aufzuheben, das war eine Arbeit, wie einer nachließ, so fiell der Wagen auf uns und die Füße währen gebrochen [...] die Fräulein Lefebure kam so von rückwärtz aus dem Wagen gefallen u. wurde von zwei Mannern, die gerade am Hauße arbeiteten, in das Haus getragen, und wie ich in den Wagen stieg, lag die Hoheit mit dem Gesichte ganz rückwertz im Wagen, den Arm ganz verdreht, der Hut eingedrückt, u. athmete kurz. Ich sagte zur Hoheit, ob wir Sie nicht aus den Wagen heben sollen. Sie sah mich an u. sagte mit gebrochenen Worten: ›Laß mich Athmen hollen!‹ Ich nahm sie in meine Arme, u. die zwei Gensdarmen halfen mir, die Hoheit aus dem Wagen heben, u. trugen sie in das Badhaus. Wie wir an den Stufen des Hauses ankammen, betrachtete ich die Hoheit und sah, das Sie zum Verscheiden anfing. Bis wir Sie in das Zimmer auf ein hölzernes Kanape legten, war Ihre Königliche Hoheit die Frau Churfürstin schon tod.«[92] Ein auf Veranlassung von Maria Leopoldines Sohn Louis Graf von Arco-Stepperg erstellter Untersuchungsbericht ergab eine Quetschung der inneren Organe, insbesondere der Lunge (Schleimschlag).[93]

89   Reise-Tage-Briefe, 23. Juni 1848.
90   StaatsA München: AR Fasz. 1144, Nr. 9, Vernehmungsprotokoll des Kgl. Landgerichts Trostberg, zitiert nach Rieger, Siegfried: Das Ableben der höchstseligen Frau Churfürstin Marie Leopoldine zu Wasserburg 1848, in: Land um den Ebersberger Forst, Beiträge zur Geschichte und Kultur (Jhb. des HV Ebersberg 1), 1998, S. 35–49.
91   Wochenblatt für das Landgericht Wasserburg 27, 2.7.1848, zitiert nach: Rieger (wie Anm. 90), S. 37.

92   Reise-Tage-Briefe, 23. Juni 1848; in der Journaille wurde behauptet, sie sei von der Geldschatulle erschlagen worden.
93   Vgl. Protokoll über die Untersuchung des Leichnams der Churfürstin Witwe Marie Leopoldine von Bayern, Wasserburg am Inn, 25. Juni 1848, durch Dr. Foerg, Professor an der anatomischen Anstalt in München, Dr. Kosock, kgl. Gerichtsarzt, Dr. Herold, Prakt. Arzt und Garnisonsarzt, zitiert nach Krauss-Meyl (wie Anm. 18), S. 429.

Der Leichnam der Kurfürstin wurde nach Wasserburg gebracht und im Rathaus aufgebahrt: »Den Zug eröffnete die ganze Schuljugend, festlich gekleidet, hierauf die Landwehrmusik, einen Trauermarsch spielend, mit einer Abtheilung des Landwehr-Bataillons und der Fahne, sodann die Chormusik, die gesammte Geistlichkeit, der Sarg, von 6 Männern getragen, die Klagefrauen, die Honoratioren der k. und städtischen Behörden, das Garnisons-Detachement, die andere Abtheilung des Landwehr-Bataillons, woran sich eine bedeutende Volksmenge reihte. Nachdem sich der Zug ruhig über die Brükke bewegt hatte und es bereits zu dunkeln anfing, wurde er in der Brükkengasse von den zu beiden Seiten aufgestellten Flambeauxträgern[94] empfangen, und so gelangte man nun zum Rathhause, dessen herrlicher Saal passend schwarz dekorirt und mit einem würdigen Paradebette eingerichtet worden war.«[95] (Abb. S. 144) Max Niggl berichtet jedoch auch von einem eher blamablen Vorfall, der wohlweislich in keiner Nachricht erschien: »[…] da daß Gerist schnell gemacht wurde u. nicht fest genug, u. durch das hin und hergehen schwankte der Sarg, u. die Hoheit fill von dem Paradebett herab. Der Posten fill aber auch zugleich von dem Geriste herab, wir hoben die Hoheit wieder auf ihr Ruhebett u. alles war wieder in seiner Ordnung.«[96] Aufgrund des ernsten Anlasses und seiner persönlichen Betroffenheit ist es unwahrscheinlich, dass Niggl dieses kuriose Vorkommnis, über das keine andere Quelle berichtet, erfunden hat. Drei Tage später wurde die Kurfürstin über München nach Stepperg überführt und in der Gruft der Familie Arco auf dem Antoniberg beigesetzt. Der Unfallverursacher Westner trug eine Fußverletzung davon und war bis zu seinem Lebensende 1903 gehbehindert.[97] An der sehr detaillierten Schilderung des Unfallverlaufs erkennt man, dass Max Niggl von dem Ereignis sehr getroffen war und sich große Vorwürfe gemacht zu haben scheint, obwohl ihn nach seiner Darstellung keinerlei Schuld traf. »Der dieße Reisebeschreibung durchblättert u. liest, wir[d] beurtheilen könen, das ich meine Schuldigkeit in jeder Hinsicht geleistet habe.«[98]

Im Dienst der Familie von Leuchtenberg

Welch einschneidendes Erlebnis der Tod der von ihm sehr verehrten Kurfürstin Maria Leopoldine von Bayern, mit der ihn fast ein freundschaftliches Verhältnis verbunden hatte, für Max Niggl war, erkennt man vor allem am veränderten Schreibstil der »Reise-Tage-Briefe«; ihr Inhalt wird in den Folgejahren immer sachlicher und privater und nimmt an Emotionalität ab. Nachdem Niggl ein Jahr lang ohne Anstellung war, kam er 1850 in den Dienst von Auguste Amalie von Leuchtenberg (1788 – 1851)[99]. Sie war die Tochter Maximilian Josephs (1756 – 1825), Oberst des Regiments Zweibrücken im Dienste Frankreichs (später König Max I. Joseph von Bayern) und der Prinzessin Auguste Wilhelmine Maria von Hessen-Darmstadt (1765 – 1796), hatte 1806 Eugène de Beauharnais (1781 – 1824), den Adoptivsohn Napoleons, geheiratet, war aber seit 1824 Witwe.

---

94   Flambeauxträger = Fackelträger.
95   Wasserburger Anzeiger 92, zur 50. Jahreserinnerung, vom 14. 8. 1898, zitiert nach Rieger (wie Anm. 90), S. 39.
96   Reise-Tage-Briefe, 23. Juni 1848.
97   Vgl. Wasserburger Anzeiger 55, 16. Mai 1903.

98   Reise-Tage-Briefe, 23. Juni 1848.
99   Vgl. Schroll, Armin, Prinzessin Auguste Amalie von Bayern (1788 – 1851). Eine Biographie aus napoleonischer Zeit, München 2010².

Aufbahrung der Kurfürstin
Maria Leopoldine im
Wasserburger Rathaus
Aquarell, 1848; 535 × 435 mm
Museum Wasserburg: 996b

Auf Anordnung von Auguste Amalies Sohn, des Herzogs Maximilian von Leuchtenberg (1817 – 1852) und Großfürsten von Russland[100], musste Max Niggl am 4. September 1850 mit dessen Schwester Théodelinde (1814 – 1857) nach Salzburg reisen, um ihre Tante, die Kaiserinmutter Karoline von Österreich, zu besuchen. Wieder einmal musste Max Niggl dabei die Aufgaben einer Kammerfrau übernehmen, weil die eigentliche Zofe dem Wein zu sehr zugesprochen hatte: »Abends trank die Kammerfrau ihren Wein, den sie im Petruskeller mitnahm. Der Wein wirkte und das Fräulein konnte sich nicht mehr halten vor Schlaf. Inzwischen kam die Prinzes von der Kaißerin von Thee zurück, und da die Kammerfrau nicht mehr dienstfehig war, so muste ich zum 2ten mal Kammerjungfrau-dienst machen. Da ich meinen Dienst ordentlich machte, die Frau Prinzesin frug mich, ob ich schon einmal dießes Geschäft bedrieben habe, sie meinte, da ich so eine Fertigkeit habe.«[101]

Das Dienstverhältnis währte nur kurz, denn schon am 13. Mai 1851 verschied die Herzogin an einer »Gesichtsroße«[102]. Wegen seines Fleißes, der Sorgfalt und Verlässlichkeit in der Erledigung seiner Dienstgeschäfte, der vielseitigen Verwendungsmöglichkeiten innerhalb seines Aufgabenbereichs und seines »empfehlenswerten Charakters« wurde Max Niggl vom Oberhofmeister der verstorbenen Fürstin, Baron Oskar Zoller (1809 – 1866), zur Aufnahme in die Dienste ihres schon erwähnten Sohnes Maximilian vorgeschlagen.[103] An einer geplanten Reise des Herzogs nach Ägypten konnte Niggl aufgrund der Erkrankung seiner Frau Magdalena – er war seit 1846 verheiratet – nicht teilnehmen.[104]

Der Tod Maximilians von Leuchtenberg am 20. Oktober 1852 in St. Petersburg machte die lange und beschwerliche Reise Max Niggls im Winter 1852 nach Russland notwendig, weil der Nachlass des verstorbenen Herzogs geregelt werden musste. In Begleitung einer Kommission, bestehend aus dem Hofmarschall Köhler, Generaldirektor von Roux und dem Italiener Bufferini, reiste er am 18. November mit der Eisenbahn von München über Nürnberg und Bamberg nach Hof und am nächsten Tag über Leipzig nach Berlin, wo sich Max Niggl in einem bayerischen Bierhaus über die Preise wunderte: »Samstag den 20. Nov. hilten wir uns in Berlin auf, besuchte ein Bairisches Bierhaus, wo es bairische halbe Kringel gab, so gar war die Kellnerin mit einer Ringelhaube u. Mieder bekleitet, aber sie sprach den Preußischen Dialect; die Halbe kostet 3 Silbergroschen und ein Butterpemchen 1 Silbergroschen.«[105] In Stettin, wohin Niggl mit der auf die Eisenbahn verladenen Kutsche vorausgefahren war, wurde die Gruppe – Niggl hatte die Herrn der Kommission nachts am Bahnhof abzuholen – von angetrunkenen Passanten angepöbelt und verprügelt: »[…] um 1 Uhr gingen wir mitsammen von Bahnhof nach der Stadt, auf dem Wege kammen zwei Brüder Danziger, die etwas angetrunken waren. Herr von Roux

---

100 Maximilian war der zweite Sohn von Eugène de Beauharnais und seiner Ehefrau Prinzessin Auguste Amalia von Bayern. Er hatte 1839 in St. Petersburg Großfürstin Maria Nikolajewna Romanowa, die älteste Tochter des russischen Zaren Nikolaus I., geheiratet und den erblichen Titel »Prinz Romanowsky« erhalten. Aus seiner Ehe gingen sieben Kinder hervor. Vgl. Diener Richard: Maximilian Eugène Josephe Napoleon de Beauharnais …, in: Sammelblatt des HV Eichstätt 100, 2008, S. 7 – 47.

101 Reise-Tage-Briefe, 6. September 1850.
102 Reise-Tage-Briefe, 13. Mai 1851. Nach anderen Quellen starb die Herzogin an Lungenentzündung und einem Schlaganfall; vgl. Schroll (wie Anm. 99), S. 198.
103 Vgl. Beschäftigungsnachweis und Empfehlungsschreiben für Max Niggl 1851 (Privatbesitz).
104 Zu den privaten Verhältnissen Niggls siehe S. 151 ff.
105 Reise-Tage-Briefe, 20. November 1852.

wollte sie zurecht weißen, sie verstunden nicht viel Spas u. schlugen Herrn von Roux über den Rücken; war gut, das er einen Pelz anhatte. Wir kammen zu unseren Gasthof, sonst würde es noch einmal Hiebe abgesetzt haben.«[106] Da die Eisenbahn nur bis Dirschau ausgebaut war, mussten die Herren mit einer Fähre über die Treibeis führende Weichsel setzen. Über Königsberg und Tilsit kam die Reisegesellschaft nach Riga, wo sie einen wegkundigen Lotsen nahm: »Wir hatten unßern Wagen auf einen Schlitten gebunden, den der Schnee war überaus tief u. die Kälte war sehr empfindlich. Nachts hatten wir heller wegen den Nordlicht, bei Tag war starker Nebel u. unfreindlich. Wir hatten bei Tag 4 Pferde und bei Nacht 6 Pferde an unßern Schlitten gespant, um bei Nacht schneller durch die Waldungen vorwärtz zu kommen, da man doch nicht trauen durfte wegen die Wölfe. Große wilde Vögel flogen neben uns heran u. hatten ein wildes Geschrei, wir hörten verschiedne Thierstimmen, es war sehr unheimlich bei Nacht, den wir fuhren oft 20 bis 25 Werste[107], bis wir ein Dorf sahen, und die sind im Winter unbewohnt, wegen den Wölfen, die oft Scharenweiße in den Wäldern herum haußen.«[108] Die Verpflegung wurde auf ein Minimum reduziert, auch weil das Essen für süddeutsche Mägen nicht geeignet war: »Ihr Schaffleisch in der Sauce ist nicht zum genießen so wie auch ihr Suppe, die gelb vor Fette u. sehr dick gemacht ist; da ist uns das Eßen vergangen. Die dienstbaren Geister sahen schon unreindlich aus. Und so kam es, das wir nichts Warmes mehr bekommen konten. Wein u. Schinken hatten wir bei uns, aber man sehnt sich bei dießer Kälte nach etwas Warmen. Thee ist sehr wenig zu bekommen, da die Post-Expeditor nur für sich wenig erhalten.«[109] Dazu kamen gewisse Transporteigenheiten und zunehmende winterliche Schwierigkeiten: »[…] die Poststattionen sind kaiserlich u. die Pferde gehören die Edelleute, die alle 8 Tage eine gewiße Anzahl Pferde zur Post stellen musten. Der Posttillion muß immer stehen am Bock, sitzen darf er nicht, da er beständig die Pferde antreiben muß, wann das nicht geschieht, kommen die Pferde aus ihren Lauf; und es mußte immer in grösten Carriere gehen. Es wurde immer kälter, u. der Schnee war 3 bis 4 Schuh hoch.«[110] So war die Reisegesellschaft mehr als froh, als sie am 26. November ihr Ziel in St. Petersburg erreichte. In der Folgezeit gibt es immer wieder Einträge im Reisetagebuch, wonach Max Niggl das Haus wegen der großen Kälte von minus 20 bis 25 Grad Celsius nicht verließ: »Am 27. Nov. blieb ich zu Hause, es war mir zu Kalt. […] Am 29. Nov. ging ich nicht aus dem Palais, wegen großer Kälte.«[111] Im Übrigen scheint Niggl trotz seiner Aufgaben als Bediensteter auch auf dieser Reise relativ viel freie Zeit gehabt zu haben, denn er beschreibt neben Sehenswürdigkeiten der Stadt auch seine Einkäufe: »Ich kaufte russisches Leder, für Halb- u. Reitstifel, auch für Dammen braune Halb-Stifel, feines Leder, dan kaufte ich für mein Sohn Josef eine Kosaken Mütze, mit Säbel, u. Russische-Soldaten […] Ich kaufte mir eine Uhrkette mit rothen Stein, Glaube, Hofnung, u. Liebe; die kostet eine Rubel! Ich kaufte auch mehre Bilder, die Caßanische Madona, mit Gold, u. Edelsteinen geschmückt […] von da ging ich mit Herrn Wiegand zum Laußenmarkt, auf Deutsch Tändelmarkt. Der ist famos, in seiner Art. Ich kaufte ein Bild, auf Cederholz

---

106 Reise-Tage-Briefe, 21. November 1852.
107 1 Werst = 1.066,78 m.
108 Reise-Tage-Briefe, 25. November 1852.
109 Reise-Tage-Briefe, 25. November 1852.

110 Reise-Tage-Briefe, 25. November 1852; 1 Schuh = 1 Fuß = ca. 30 cm, je nach Gegend ein Zentimeter mehr oder weniger; vgl. Riepl (wie Anm. 32), S. 464.
111 Reise-Tage-Briefe, 27. bzw. 29. November 1852.

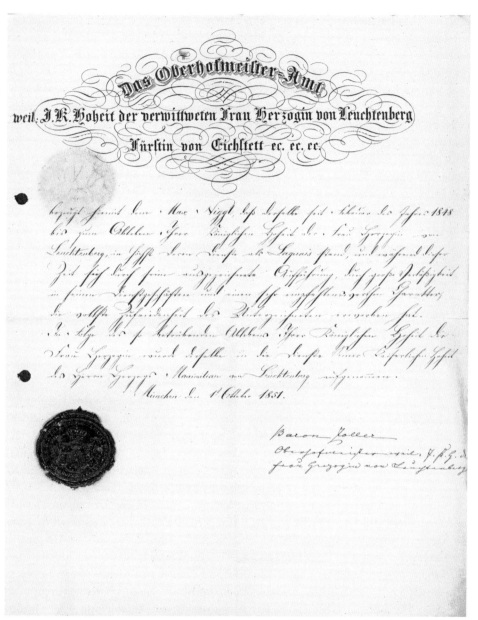

Arbeitszeugnis für Max Niggl, 1851
Privatbesitz

Das Zeugnis enthält eine Datierung des Arbeitsverhältnisses, die weder mit den Angaben in Niggls Erinnerungen noch mit den biografischen Daten in der noch erhaltenen Trauerrede auf Niggl übereinstimmt; beide berichten von einem Arbeitsbeginn im Hause Leuchtenberg erst im Jahr 1850. Möglicherweise hat Niggl das vorliegende Dokument aus heute nicht mehr bekannten Gründen vordatieren lassen.

gemalt, es sind viele Heiligen darauf, alte Malerei, Alterthum.«[112] Auch machte er Bekanntschaften: »[…] von da ging ich mit Alexins in ein Türkisches Cafehaus, tranken schwarzen Cafe u. Klühwein.«[113] Die Schlafgewohnheiten der Russen sagten Niggl weniger zu: »Nur das deutsche Bett ging mir ab, da in Russland die Federbetten nicht Sitte sind, nur ein Kanape mit einer Wolldecke u. Roßhaar-Polster. Ich nahm meinen Pelz u. legte den selben über mich.«[114] Vieles kommt ihm sehr ungewöhnlich und deshalb erwähnenswert vor: »[…] und kamm auf den großen Schweine Markt, da sah ich die geputzten Schweine aufgerichtet, wie bei uns in München das Holz gemeßen wird. Sie waren sehr stark gefroren. […] Wie ich nach Hauße gehen wollte, sah ich eine Karawane von Grönländer mit Frauen, die mit einen Schlitten mit 5 Seehunde bespant waren u. Seehundfelle verhandelten. Sie waren auch mit den Fellen bekleidet, häßliche Gesichter mit stumpfen Naßen u. kleine Figuren.«[115] Der Besuch in der Eremitage muss ihn, gemessen am Umfang der Beschreibung, regelrecht überwältigt haben, denn er beschreibt staunend zahlreiche Gegenstände, insbesondere die Pfauenuhr: »Eine Uhr sieht man einen alten Baumstam vorstellend, von Silber, die Blätter von Silber u. vergoldet, unter den Blättern ist ein Schwam, wo die Uhr verborgen ist, auf den Schwämerling dreht sich ein Heuschreck herrum, der die Zeiger bedeudet, auch sieht man die Ziefer unter den Schwämerling, am Baume links steht ein Han von Gold, der krät, u. rechts von Baum steht ein Uhu, der die Augen wendet, als Perpentikel, über den Uhu hängen viele Goldene Glöcklein, die theils zum Schlagwerk gehören. Oben auf dem Baumstamm sitzt ein Pfaumändchen, wann die Uhr schlägt, so bewegt er seine Fliegel auf und nieder; um dem Baum herrum ist alles mit Moos belegt, mit verschiedene Insekten, u. alles von Silber u. vergoldet und fein gearbeitet.«[116] Daneben beschreibt er die Münzsammlung und verschiedene Gemälde und bewundert den Brillantschmuck. Immer wieder erwähnt er abendliche Lokal- oder Kneipenbesuche: »Abends ging (ich) in eine Theekneipe, trank einige Gläßer Thee u. kaufte Trambuca, u. zuletzt ein Stagan Wodgi [Stakan Wodka] dazu.… Abends lag eine Einladung auf meinen Tisch, zu Herrn Daßtiy, Wagenbauer in Petersburg, zu Thee u. Russischen Zwiback, mit Madera, u. zuletzt tranken wir Champanier, u. waren sehr fröhlich.«[117] An Heiligdreikönig erlebte er das russische Weihnachtsfest in der Kirche von Kasan[118] und bewunderte den Gesang russischer Chorsänger: »Am 6. Jänner feierten wir in unßerer Kirche Heiligendreikönig u. die Rusische Kirche hilt ihr Weihnachtsfest. Ich ging in die Kasanische Kirche, in ihren Haupt-Gottes Dienst. Wie war alles so prachtvoll in dießer Kirche, hundert u hundert Lichter branten, die Ornate von Archimandrits Ignatji u. von die Pope war wunderschön, dan ging ich in das Kloster Sergins[119] wo die Kirche auch schön ist. Der höchste Geistliche ist der Archimandrit, dan kommen die Pope. In den

---

112 Reise-Tage-Briefe, 30. November 1852.
113 Reise-Tage-Briefe, 7. Januar 1853.
114 Reise-Tage-Briefe, 26. Dezember 1852.
115 Reise-Tage-Briefe, 22. Dezember 1852. Gemeint sind wohl Lappländer bzw. Sami aus Nordskandinavien und Schlittenhunde.
116 Reise-Tage-Briefe, 29. Dezember 1852. Die Pfauenuhr ist ein um 1780 von James Cox gefertigter Automat, den Katharina die Große erwarb.

117 Reise-Tage-Briefe, 1. Januar 1853; Stakan = Glas.
118 Die Kathedrale von Kasan wurde im Auftrag Zar Pauls I. von Andrei Worochinin von 1801 bis 1811 nach dem Vorbild des Petersdoms in Rom errichtet und steht am Newski-Prospect; vgl. Galli, Max / Luthardt, Ernst-Otto: Sankt Petersburg, Würzburg 1996, S. 36.
119 Gemeint ist evtl. das Kloster des hl. Sergius in Strelka.

Kirchen herscht eine große Reindlichkeit, die Patriachen u. Abe waren auch beim Großen Gottes-Dienst. Ihre reiche Caßanische Madona ist nur zu großen Feste sichtbar. Mit einen großen Schmuke glänzt die Madona […].«[120]

Am 12. Januar 1853 galt es, die Rückreise anzutreten. Wieder wurde die Kutsche auf einen Schlitten verladen und die Fahrt auch in der Nacht fortgesetzt. Viele Flüsse waren glücklicherweise noch zugefroren und konnten deshalb relativ problemlos überquert werden: »Wir kammen öfters in der Nacht zu den großen Flüßen, die noch fest zugefroren waren, da musten wir zu Fuß über das Eiß gehen, der Schlitten muste auf den Eiß langsam nach fahren. Einmal gab das Eiß ein wenig nach u. machte einen starken Krach, es war der Fluß Nogat.«[121] Weiter im Westen sah dies allerdings schon anders aus: »Über die Weichsel musten wir mit Pferde u. Wagen auf das Schiff, zum Übergehen auf dem Eiße war es nicht mehr sicher, so musten wir auf dem Schiffe überfahren; die Eißschollen kammen so groß, das sie das Schiff immer aufhilten u. die Überfahrt sehr beschwerten.«[122] Unterwegs entstand ein Streit mit dem Postillion: »Er grief mich am Hals an u. ich wolte mein langes Meßer aus der Tasche ziehen. Er hilt mich fest, zum Glück kam unßer Courir nach, der den Kerl von Schlitten herabzog, sonst hätte es übel ausfallen können.«[123] Der Posthalter an der nächsten Station, ein ehemaliger deutscher Soldat, der nach den napoleonischen Kriegen im Lande geblieben war, ließ den Übeltäter mit 25 Stockhieben bestrafen. Am 16. Januar erreichten die Reisenden Königsberg und ab Braunsberg nahmen sie die Eisenbahn bis Berlin, was bei Max Niggl zu einem Seufzer der Erleichterung führte: »O wie war ich so froh, das wir wieder von den Rußen loß wurden […]. Abends nach 6 nächtliche Reiße legte ich mich ganz sanft in ein deutsches Bett, wo ich die ganze Zeit in Petersburg nur ein Kanape für mein Lager hatt.«[124]

Die Reise hatte Niggl optisch stark verändert: »Es erkante mich meine Frau, so wie mein Sohn Josef nicht gleich im ersten Augenblik, ich war vollbart u. mit meinen russischen Pelz echt russisch.«[125]

Im Dienst des Prinzen Carl Theodor von Bayern

Am 1. April 1853 trat Max Niggl seinen Dienst bei Prinz Carl Theodor Maximilian August von Bayern (1795–1875) an, dem jüngsten Sohn des bayerischen Königs Max I. Joseph, der in (morganatischer) erster Ehe mit Marie-Anne-Sophie Petin (1796–1838), Gräfin von Bayrstorff, verheiratet gewesen war.[126] Der Prinz, der ein Gut am Tegernsee besaß, war seit 1850 Höchstkommandierender des mobilen Armeekorps im Norden Bayerns. Dienstliche Reisen führten Niggl deshalb bis 1867 immer wieder wochenweise zur Hofhaltung des Prinzen an den Tegernsee: »[…] während dießer Zeit gab es viel zu schafen, S. K. H. Prinz Carl gab viele Tafeln von 30 bis 36 Persohnen.«[127] Andere Feste übertrafen die Hofhaltung des Prinzen am Tegernsee aber bei Weitem. So war die Zahl der eingela-

---

120 Reise-Tage-Briefe, 6. Januar 1853.
121 Reise-Tage-Briefe, 13.–15. Januar 1853.
122 Reise-Tage-Briefe, 16. Januar 1853.
123 Reise-Tage-Briefe, 13. Januar 1853.
124 Reise-Tage-Briefe, 17. Januar 1853.

125 Reise-Tage-Briefe, 20. Januar 1853.
126 Heigel, Karl Theodor von: Karl Theodor, Prinz von Baiern, in: ADB 15 (1882), S. 258–260.
127 Reise-Tage-Briefe, 1. Juli – 14. September 1855.

denen Gäste in Nürnberg und Bamberg 1857 doppelt so groß, was den Haushofmeister, von dem Max Niggl an sich keine besonders gute Meinung hatte, in große Bedrängnis und Verwirrung brachte: »In Bamberg angekommen, kam von München 6 große Körbe mit Proviant an die Hofhaltung des Prinzen Carl in Bamberg an, die Sendung enthilt 3 Körbe mit Lachs-Vorelle, 1 Korb mit Kalbsschlegel, Schinken, etc. etc. etc. 1 Korb mit Tafelbrod. u. ein Korb mit diversen Sachen. Der Koch konnte alles nicht mehr brauchen, da er daßselbe, schon in Empfang genohmen hat von Hotelbesitzer des Deutschenhaußes, u. so gab es mehrere Verirrungen seite des Hr. Haushofmeister.«[128] Zudem ist diese letzte Phase von Niggls Reise- und Dienstzeit aber auch deutlich geprägt von Aufenthalten in Militärlagern, wie er in der Vorrede selbst anmerkt: »Und zu letzt bei Seiner Königlichen Hoheit Prinzen Carl v. Bayern, da waren es nur Lager-Reisen.«[129]

Eine dieser »Lager-Reisen« scheint erwähnenswert, sie ging während des preußisch-österreichischen Krieges[130] am 25. August 1866 nach Donauwörth. Prinz Carl Theodor von Bayern, bereits seit 1841 bzw. 1846 Feldmarschall und Generalinspekteur der bayerischen Armee, war am 21. Mai 1866 der Oberbefehl über die süddeutschen Truppen des Deutschen Bundes übertragen worden. »Schon die Zusammensetzung aus so verschiedenartigen Elementen hemmte jede einheitliche Leitung.«[131] Eine Vereinigung mit den österreichischen Truppen war insgeheim wohl nicht erwünscht und der Zusammenschluss mit dem Hannoveraner Corps scheiterte an der Kapitulation König Georgs V. Trotz zahlenmäßiger Unterlegenheit hatte am 3. Juli 1866 die preußische Armee unter Moltke bei Königgrätz gegen Österreich gesiegt und Friedensverhandlungen in Nikolsburg aufgenommen, wodurch die süddeutschen Truppen unter Carl Theodor jegliche Rückendeckung verloren hatten und ihre Stellung an der Main-Linie auch durch mehrere verlorene Gefechte bei Kissingen, Hammelburg und Würzburg unhaltbar geworden war. Völlig unsinnig erscheint in dieser Situation die Aufforderung des bayerischen Außenministers von der Pfordten an den Prinzen Carl zum Angriff, der auch folgerichtig scheiterte. Der Prinz legte daraufhin das Oberkommando nieder und zog seine Truppen, um sie nicht unnötig weiter zu gefährden, bis zur Donau-Linie zurück. In dieser Situation war Max Niggl ins Hauptquartier des Prinzen nach Donauwörth beordert worden: »Wie wir da ankammen, wimmerte [wimmelte] die ganze Stadt voll Militär, fast nicht zum durch kommen Soldaten, gesunde u. kranke Pferde, die auf der Straße ihr Lager hatten.«[132]

Nach diesem glücklosen militärischen Unternehmen zog sich Prinz Carl im November 1866 ins Privatleben zurück: »Da hielt Prinz Carl v. Bayern das Abschieds u. letzte Tafel, da nahm er Abschied von Bayerischen Militär, er legte seine Garge nieder als Feld-

---

128 Reise-Tage-Briefe, 14. September 1857.

129 Reise-Tage-Briefe, Vorrede.

130 Die militärische Auseinandersetzung zwischen den beiden Staaten war durch den Antrag Bismarcks auf Bundesreform zur kleindeutschen Lösung entstanden, worauf Österreich den Deutschen Bund zur Entscheidung über den strittigen Status von Schleswig-Holstein aufrief, was einen Bruch des Gasteiner Vertrages bedeutete und die Besetzung Holsteins durch Preußen nach sich zog. Die Rolle Bayerns, das sich am 14. Juni 1866 in den entstehenden Kriegshand-

lungen gemeinsam mit Sachsen, Hannover, Württemberg und Kur-Hessen Österreich angeschlossen hatte, war ausgesprochen fatal und in der Politik von der Pfordtens, des leitenden Ministers in Bayern, widersprüchlich und ziellos, da Bayern für einen Krieg weder militärisch noch politisch ausreichend vorbereitet war und von der Pfordten offensichtlich den Krieg von vornherein als verloren bzw. lediglich als eine Frage der Ehre betrachtete.

131 Heigel (wie Anm. 126), S. 258.

132 Reise-Tage-Briefe, 25. August 1866.

marschall, u. von dießer Zeit an hat er sich nach Tegernsee zurückgezogen u. lebte als Privat Mann.«[133] Beim Abschiedsessen in Donauwörth berichtet Max Niggl noch von einem eigenartigen Vorfall, der trotz des ernsten Umstandes für eine gewisse Erheiterung sorgte: »In der letzten Tafel zu Donauwörth kam noch ein Intermezo vor. Ein Offizian warf den Lager-Comiser die volle Blatte mit Rindfleisch u. Garnirung auf den Rücken. Ein Ritter aber von der traurigen Gestalt war so frei, nahm ein Meßer u. rasirt den Comiser seinen Rücken. Der Prinz machte große Augen u. sagte: ›Das ist ein Münchner‹.«[134]

Niggls Beschreibungen seiner Reisen nehmen in der Folgezeit stark an Ausführlichkeit ab, häufig beschränken sie sich nur noch auf die Nennung der Zielorte und der Aufenthaltsdauer, es gibt kaum noch Aussagen zu seinen Arbeiten als Bediensteter.

Durch eine rheumatische Erkrankung offensichtlich beeinträchtigt, scheint er ab 1867 vorwiegend Dienst im königlichen Kabinett geleistet zu haben: »Am 1. Februar verließ ich Tegernsee, reiste nach München, wo ich auch für immer den Dienst in Tegernsee aufgab […] Am 18. August kam ich auf das Cabinets-Sekretariat S. K. H. Prinz Carl. Da ging es auch hin und da gar streng her, den der Cabinets-Chef war ein eigener Paternoster!«[135]

1874 wurde Max Niggl zum Hausverwalter im Palais Bayrstorff in München[136] ernannt, das sich zu diesem Zeitpunkt im Besitz von Caroline Sophie Gräfin von Bayrstorff (1817–1889) befand, der ältesten Tochter aus Carls erster Ehe. Diese Aufgabe befreite den mittlerweile 61-jährigen wohl weitgehend von weiteren Dienstreisen und ermöglichte ihm andererseits auch ein finanziell gesichertes Leben: »[…] machte ich bis zum 5. July keine Parthien, da ich von S. K. H. Prinz Carl v. Bayern als Hausverwalter, in das Bayerstorfer-Palais kamm.«[137]

1875 sollte Niggl auch diesen Dienstherrn durch einen tödlichen Unfall verlieren: »Am 16. August ritt Seine Königliche Hoheit Prinz Carl von Bayern nach Egern, u. im Retour Wege fiehl sein Pferd, u. der Prinz stürzte u. brach sich das Genik, u. war so fort verschieden. Er erreichte ein hohes Alter von 80 Jahr 1 Monat u. 9 Tage.«[138] Bald danach beendete Niggl, wie man einem Nachruf auf ihn entnehmen kann, seine Berufslaufbahn: »Durch die vielen Reisen körperlich geschwächt, fand er in dieser Zeit Verwendung im kgl. Kabinet und wurde im Jahr 1874 von Sr. Kgl. Hoheit dem Prinzen Carl von Bayern zu höchst dessen Haus-Verwalter ernannt, welche Stelle er bis zum Tod des Prinzen im August 1875 inne hatte, wo er auch pensioniert wurde.«[139]

Niggls Familie und letzte Jahre

Max Niggl hatte – wie erwähnt – seine Frau Magdalena Walburga Eisenhard zwar bereits 1838 kennengelernt, die Eheschließung fand allerdings erst knapp acht Jahre später am 17. Februar 1846 statt. Um die für eine Heirat notwendige materielle Grundlage nachweisen

133 Reise-Tage-Briefe, 25. August 1866; gemeint ist wohl die Garde-Uniform.
134 Reise-Tage-Briefe, 25. August 1866; ein Offizian(t) ist ein untergebener Beamter bzw. eine Ordonanz; der Lager-Kommissar war für Verpflegung und Transport der Truppen verantwortlich; vgl. Riepl (wie Anm. 32), S. 294.
135 Reise-Tage-Briefe, 18. August 1867.

136 Das Bayrstorff-Almeida-Palais an der Brienner Straße, München, wurde 1824 als Wohnsitz für Carls erste Ehefrau errichtet (heute Schweizer Konsulat).
137 Reise-Tage-Briefe, 5. Juli 1874.
138 Reise-Tage-Briefe, 16. August 1875.
139 Trauerrede Max Niggl.

zu können und die Kurfürstin unter Druck zu setzen, die ihren Kammerdiener nicht heiraten lassen wollte, erwarb Niggl am 10. Dezember 1845 in Neuburg an der Donau eine Krämerei: »[…] da ich durch Vermittlung meines Herrn Onkels Winter, Inspector der Herzoglich Leichtenbergischen Güter in Eichstädt, eine Krämerei kaufte […] Diese Reiße [nach Neuburg] geschah nur, um die Hoheit dahin zu bringen, das ich mich verehlichen konnte, da die Hoheit von Heiraten nie etwas davon wißen wollte; ich kamm aber nicht dazu die Krämmerei auszuüben, da mich die Hoheit nicht aus Ihren Diensten ließ u. zu letzt kamm es doch, das ich mich verehlichen konte am 17. Feb. 1846.«[140] Bald darauf wurde der Sohn Josef geboren, von dem Max Niggl jedoch erstmals nach der Rückkehr aus St. Petersburg berichtet: »Am 16. März 1853 reiste ich kurz nach meiner Ankunft von der Petersburger-Reiße mit meinen Sohn Josef mit der Eißenbahn nach Neuburg […] Wir wohnten beim Schwager F. Eißenhard, wo ihm sein Hund, während wir mit einander sprachen, alle Nudel von der Schüßel fraß u. wir das Nachsehen hatten.«[141] Mehrmals erzählt Niggl in der Folgezeit von Familienausflügen an den Tegernsee und in die Berge: »Am 22. July [1853] machte ich mit meiner Frau Magdalena einen Ausflug nach Bad Kreuth, u. gingen nach der Holsteiner-Alpe (Abb. S. 154), ich nahm für meine Frau einen Eßel, da sie den Berg nicht steigen konnte. Da der Eßel anfing stitzig zu werden, so muste ich den selben den Berg hinauf treiben. Der kleine Pepi lief daneben her.«[142] Wenige Wochen danach erkrankte seine Frau und verstarb am 14. Dezember: »Meine Frau Magdalena war von 19. August bis 14. Dezember immer krank! wo sie dan am 14. Dez. Morgens um 9 Uhr in den Herrn Gottseelig Verschied.«[143] Eine Tochter war bereits 3 Jahre vorher verstorben: »Leider sollte diese Ehe nur von kurzer Dauer sein, denn schon im Jahre 1853 folgte die Gattin ihrem vor 3 Jahren vorausgegangenen Töchterlein ins Grabe nach.«[144]

Nach einer angemessenen Trauerzeit heiratete Max Niggl am 13. Februar 1855 die 20 Jahre jüngere Maria Anna Conrad, Tochter des Nadlermeisters Johann Baptist Conrad und der Therese, geb. Braun, aus Weilheim.[145] Trauzeugen waren der Schneidermeister Jakob Niggl und der Nadlermeister Gustav Gailhofer, beide aus München. Wo Max Niggl seine Frau kennengelernt hat, ist nicht zu eruieren. Er erwähnt sie erstmals im Zusammenhang mit einem dienstlichen Aufenthalt am Tegernsee vom 1. Juli bis 14. September 1855 bei Prinz Carl Theodor von Bayern: »Während dießer Zeit besuchte mich meine Frau Anna mit meinen Sohn Josef.«[146] Aus der Ehe mit Maria Anna entstanden die Kinder Johann (der später Goldarbeiter wurde), Max (Feinmechaniker) und Anna Anastasia (geb. 14. 12. 1867, gest. 16. 03. 1946; Köchin).[147] Spätestens zwei Jahre vor der Geburt der Tochter hat die Familie eine Wohnung in der Gabelsbergerstraße 1 in München bezogen;

---

140 Reise-Tage-Briefe, 10. Dezember 1845. Nach Auskunft des StaatsA Augsburg vom 5. März 2014 befinden sich in den Unterlagen des Bezirksamts Neuburg weder in den Ansässigmachungs- und Verehelichungsakten noch in den Gewerbekonzessionen (BA Neuburg 7991) und auch nicht in den Briefprotokollen des Landgerichts Neuburg von 1845/46 Hinweise auf einen Immobilienerwerb von Niggl.

141 Reise-Tage-Briefe, 16. März 1853.

142 Reise-Tage-Briefe, 22. Juli 1853; stitzig = österr. für stutzig, unwillig, bockig; vgl. www.ostarrichi.org.

143 Reise-Tage-Briefe, 14. Dezember 1853.

144 Trauerrede 1889.

145 Vgl. Trauregister der katholischen Pfarrkirche St. Ludwig in München, Jahrgang 1955, S. 250 (Abschrift des Erzbischöflichen Stadtkommissariats München, 20. März 1937, Matrikelamt; vgl. Heiratsanzeige im Münchner Tages-Anzeiger, altes Fremdenblatt 1855, S. 308.

146 Reise-Tage-Briefe, 14. September 1855.

147 Vgl. Todesanzeige Max Niggl.

das Adressbuch von München 1865 weist einen »Hoflakai Max Niggl« in dieser Straße aus.[148] Auch in dieser Lebensphase unternahm Niggl häufig private Ausflüge und Erkundungen. Eine dieser Wanderungen mit Freunden führte 1856 bei der Überfahrt über den Tegernsee, bei der er seinen Regenschirm aus dem Wasser fischen musste, zu einer rheumatischen Erkrankung seines Armes, die ihn für 25 Tage ins Lazarett brachte und ihm immer wieder Probleme bereitete: »[...] während der Fahrt fiel mein Regendach in das Waßer, ich hob es herraus, u. zog mir eine Verkältung bei, in den Arm, bekam eine Geschwuls, muste 25 Tage in das Lazareth. Der Arm war lamm, ging langsam die Heilung vor sich.«[149] (Abb. S. 154) Auch Bäder sollten Linderung bringen: »Am 12. Juni nahm ich ein Moorbad mit 28 % Wärme, um meine Schmerzen wieder zu verlieren, wusch ich mich das ich wieder weiß wurde.«[150]

Mehrmals besuchte Niggl mit seiner Familie auch seine Geburtsstadt Salzburg: »Von da ging es schnurgrad in den famoßen St. Petri-Wein Keller, nun da haben wir uns so zimlich wohl sein laßen, da war ja der Himmel voller Jubell u. Gloria –! Nachmittags fuhren wir mit einen Zeißelwagen nach Hellabrun! [...] Abends besuchten wir den Petruskeller noch einmal zur guten Letze, u. der Stoff mundete gut, wir aßen auch Würstchen mit Grenn. Dann gingen wir heiter u. wohlgemuth den Gasthof zu, da wir Nachts 12 Uhr mit den Zug abfahren musten. Tranken wir noch ein baar Flaschen Erlauer, das gelangt hat. Um ? 12 Uhr Nacht kam der Haußel von Hotel u. schrie: ›Meine Herrn, wanns austrunken habt, Zeit ist es zum Abfahren. Es ist ein zimmlicher Weg zur Eißenbahn‹.«[151] Manchmal verband er seine Dienstreisen auch mit Familienausflügen: »Am 19. Mai reiste ich mit meinen Sohn Josef u. seiner Frau mit der Eißenbahn am Pfingst Sontag nach Rosenheim u. Brannenburg. Wir gingen zur Biber Kapelle und zum Brannenburger Bierkeller, und nach dem fuhren wir mit der Eißenbahn über Rosenheim nach Grafin [Grafing] u. kammen Abends in München an, tranken noch in Augsburgerhof unßer Nachtbier [...] Am 30. Juni reiste ich mit meinen Sohn Josef u. mit seiner Frau, so wie mit Walch nebst Gemahlin, nach Ingolstadt u. besuchten Vetter Gernbauer, wir besuchten die Festungs-Werke, nahmen beim Merl Wirth ein Gabelfrühstück ein, dan kamm das große Dampfschiff, dan besuchten wir die Pfarrkirche, stiegen auf den Thurm in der Unter Kirche, der sogenante Pfeifnerthurm, dan gingen wir in den Schwabenbräukeller, tranken einige Töpfe Bier, u. einen kopfartigen weißen Rettig, wo wir beinahe verdufteten, von da gingen wir durch die Franzelmichelgaße zum Schmalzbuckelgäßchen, zum Klostergnadenthal, wo wir sogenante Nonnenfirzel kauften. Von da gingen wir zu Eißenbahn, wo es gegenseitig Rettig-Trennen [Rettich-Tränen] absitzte, es ging München zu.«[152]

Ganz ausführlich schildert Max Niggl seine Reise zur Weltausstellung in Wien 1873, wohin er gemeinsam mit seinem Sohn am 3. August nach zwölfstündiger Eisenbahn-Fahrt gelangte. Gleich beim ersten Spaziergang machte er eine ungewöhnliche Entdeckung: »dan sahen wir die reitzende Velozipisten-Spazierfahr v. Fräuleins, die sogenan-

148 Adreßbuch für München 1865, S. 298.
149 Reise-Tage-Briefe, 1. Juli 1856.
150 Reise-Tage-Briefe, 12. Juni 1871.
151 Reise-Tage-Briefe, 25. Juli 1869; Zeiserlwagen = kleiner

leichter Pferdewagen (österr.); vgl. Riepl (wie Anm. 32), S. 451;
Gren = Kren, Meerrettich; vgl. ebenda, S. 238; Hausel = Hausknecht, Hausdiener; vgl. ebenda, S. 183.
152 Reise-Tage-Briefe, 19. Mai bzw. 30. Juni 1872.

»Holnsteinalpe«
Lithografie von Eberhard Emminger, um 1840; 138 × 180 mm
StadtA München: HV-BS A 07-65

Blick auf Egern
Aquarell, undatiert; 142 × 90 mm
StadtA München: HV-BS 06-75

ten Praterfreuden«.[153] Der enorme Eindruck, den die Ausstellung bei ihm hinterließ, zeigt sich in der überschwänglichen Schilderung der zahllosen Sehenswürdigkeiten: »Wir gingen abermals in die Ausstellung, sahen den großen Brillant, der eine Million zweimal hunderttausent Gulden werth war, der Kasten wurde Nacht in die Tiefe versenkt. In der mitte des Diadem sitzt ein Collibri, sein Schweif ist von kleinen Brillanten gemacht. Wir bestiegen auch die oberste Gallerie, wo die goldene Krone angemacht ist. Von da gingen wir zum Langenbachs Concert u. zum Rusischen-Pavillon u. zum Persischen, das Volk nannte den Glasscherm Pavillon. Oben am Dache saß ein vergoldeter Löwe, mit der Sonne. Dan sahen wir die hohe Brasilianische Palme, den Indischen Tempel und das Schiffs-Admiralitätts-Gebäude, mit verschieden Schiffen. Wir hörten auch das Nebelhorn […] da war ein Stuhl, wann man sich darauf setzte, fing der Stuhl von hinten zu musizieren an, einen schönen Walzer, u. von vorne spielte es eine Polka, war schön«.[154] Anscheinend war er zusammen mit seinem Sohn und »in der Gesellschaft der Frau Baß Walch«[155] auch tags darauf ständig auf den Beinen, weshalb er schließlich entsprechend müde in einem Gasthaus einkehrte, wo ihm ein Missgeschick passierte: »Von da fuhren wir in die Stadt in den Estahazi-Keller, wir waren von der Sonne ganz geblendet, den es ist eine große Finsterniß in dem Keller. Ich war müde u. wollte mich setzen, kamm anstatt auf den Stuhl u. setzte mich auf einen weichen Gegenstand u. das war eine Frauensperson: ›Bitt schön‹, u. ich wurde weggeschoben u. ich befand mich am Boden. Während mein Sohn ein Glaß Wein brachte u. ich glaubte, ich hab das Glas, u. es fill zu Boden.«[156] Da ihm Essen offensichtlich stets wichtig war, beschrieb Niggl trotz des zeitlichen Abstandes in seinen »Reise-Tage-Briefen« die konsumierten Speisen in einer unglaublichen Detailliertheit: »Zum Mittageßen Lungenkrapfel, Rindfleisch mit Süß-Krauth […] von da ab tranken wir Lisingerbier, und machten bei der goldenen Rose Mittag, aßen Backhendel mit Kopfsalat […]; »dan gingen wir zur goldenen Rose zum Mittags-Eßen, es gab Scheberl Suppe Backhendel, mit Esigbonnen […] tranken in der Restauration noch ein Wiener Krügel voll Bier aus.«[157]

Mit Ausnahme einer Reise 1878 nach Salzburg wurden Niggls Fahrten immer kürzer, schließlich beschränken sie sich überwiegend auf die unmittelbare Umgebung von München oder auf kleine Wanderungen im Alpenvorland, häufig in Gesellschaft seines Sohnes Josef aus erster Ehe und seiner Enkelkinder Karl und Lina, weiterer Verwandter oder guter Bekannter. Eine dieser Unternehmungen führte ihn mit seiner Tochter Anna nach Füssen und zu den Schlössern Hohenschwangau und Neuschwanstein: »Der Berg Säuling ist 2043 M. hoch, in 4 Stunden erreichbar. Hoch oben am Berg ließ König Ludwig II. ein Schlößchen bauen, u. unterhalb des Säulings Berges steht das schöne neue Schloß Schwangau. Es führt eine schöne neue Straße den Berg hinauf bis zum Schloß. Das alte Schloß Hohenschwangau sahen wir mit den schönen Zimmern, die Mahlerein stammen von den alten Rittern noch her. […] Das neue Schloß heist Schwanstein.«[158]

153 Reise-Tage-Briefe, 3. August 1873; Velozipedist = Radfahrer.
154 Reise-Tage-Briefe, 4. August 1873; Scherm = Scherben = Topf, insbes. Milch- oder Blumentopf; vgl. Riepl (wie Anm. 32), S. 362.

155 Reise-Tage-Briefe, 2. August 1873.
156 Reise-Tage-Briefe, 5. August 1873.
157 Einträge vom 2. – 10. August 1873.
158 Reise-Tage-Briefe, 26. August 1881.

1884 enden die Aufzeichnungen schließlich: »Am 14. Sept. fuhr ich mit meiner Frau u. Tochter Anna nach Gauting, machten beim alten Wirth im Garten Mittag, wo wir famos aßen! Dan gingen wir zu Füß nach Mühlthal, kammen sehr ermüdet beim Wirth im Thal an, aßen unßer Drei-Brod u. tranken, so viel wir wollten, u. gingen zur Restauration zur Eißenbahn, aßen ein Stük Hausgeselchtes u. ein Haferl Bier, und fuhren gemüthlich u. doch noch gut bei Trost mit der Eißenbahn nach München.«[159] Max Niggl war mittlerweile 71 Jahre alt.

Am 18. Mai 1887 starb seine zweite Frau Maria Anna: »Und dieser Fall muß ihnen um so schmerzlicher fallen, als den Hinterbliebenen an diesem Grabe eine Wunde wiederum geöffnet wurde, welche wohl verblutet fort, doch noch nicht vernarbt war, nämlich die Erinnerung an den Tod der guten Mutter, die vor kaum 2 Jahren in dieses Grab gestiegen.«[160]

Max Niggl starb am Samstag, dem 6. April 1889, abends um 20.45 Uhr in München und wurde am 9. April nachmittags um 3 Uhr im (Alten) südlichen Friedhof beerdigt. Der Trauergottesdienst fand am 12. April vormittags um 9 Uhr in der St. Bonifaz-Pfarrkirche statt[161]. In der Trauerrede wird Niggl als sympathischer, aufgeschlossener und zuverlässiger Untergebener, dessen Dienste durchaus anerkannt wurden, und liebevoller Vater beschrieben: »Seine liebevolle zärtliche Fürsorge für sie, sein braves Leben, sein gläubigfrommer, geistlicher, tief religiöser Sinn, sein guter Hingang aus diesem Leben, auf dem er wohl sich rüstet durch den würdigen Empfang der hl. Sterbesakramente, bürgen uns dafür, daß er nun der heiligen Ruhe des Himmels sich erfreut.«[162]

Schluss

Trotz der bereits eingangs erwähnten Problematik bei der Erstellung einer Biografie vorwiegend durch subjektiv verfasste Reisememoiren, in denen sich Dichtung und Wahrheit, Authentizität und Fiktion kaum voneinander trennen lassen und der Autor Gegenstand und Subjekt zugleich ist[163], wurde versucht, das Leben des Kammerdieners Max Niggl nachzuzeichnen. Dabei stellte sich immer wieder die Frage nach der Absicht des Reiseberichts. Max Niggl selbst gibt bereits in der Vorrede die Antwort, indem er seine Aufzeichnungen als »Gedenkbuch für seine Familie« bezeichnet.[164] Manchmal jedoch nehmen seine Darstellungen beinahe erzählerische Ausmaße an, sodass man wohl auch eine andere Intention vermuten könnte. Ohne Zweifel erkennt man hierin einen gewissen individuellen Stolz auf seinen Dienst in der bayerischen Aristokratie, mit dem er sich innerhalb der Familie und der Gesellschaft exponieren konnte. Allerdings zeigt er dabei nicht wie andere Memoirenschreiber einen gesteigerten schriftstellerischen Ehrgeiz[165],

159 Reise-Tage-Briefe, 14. September 1884.
160 Trauerrede 1889; vgl. Sterbebild Anna Maria Niggl.
161 Vgl. Todesanzeige Max Niggl.
162 Trauerrede 1889.
163 Vgl. Holdenried, Michaela: Autobiographie, Stuttgart 2000, S. 44; sie bezeichnet diesen Umstand als »autobiographisches Paradoxon«.

164 Vgl. Reise-Tage-Briefe, Vorrede.
165 Vgl. Holdenried (wie Anm. 163), S. 29; vgl. dazu auch Hierneis, Theodor: König Ludwig II. speist. Erinnerungen seines Hofkochs Theodor Hierneis, München 20132.

ganz im Gegenteil. Jede Lebensaufzeichnung, und sei sie noch so sachlich und berichtend, beinhaltet zudem das Festhalten von subjektiv ausgewählten und zumeist bewusst verheimlichten oder unbewusst lückenhaften Erinnerungen, die durch »Interpolation«, d. h. durch nachträgliches Einfügen oder Ändern von Erinnerungen, geschlossen oder häufig so lange zurechtgebogen werden, bis sie dem eigenen Persönlichkeitsbild entsprechen; diese »Selbststilisierung und Selbstrechtfertigung« dient in erster Linie als »Identitätsbeweis«[166]; gerade solche individuellen Perspektiven und Schönfärbereien verraten aber auch viel über den Menschen und seine Wahrnehmung. Max Niggl dagegen behauptet an keiner Stelle, die historische Realität so wiederzugeben, wie sie gewesen ist, vielmehr räumt er gleich zu Beginn ein, manche Ereignisse übernommen oder gar erfunden zu haben. Seine Reiseberichte sind also – ähnlich einer Autobiografie – »keine Dokumentation, sondern erinnernde Neuschöpfung.«[167]

166 Holdenried (wie Anm. 163), S. 31 bzw. 41.
167 Picard, Hans Rudolf: Autobiographie im zeitgenössischen Frankreich. Existentielle Reflexion und literarische

Gattung, München 1978, S. 67, zitiert nach: Holdenried (wie Anm. 163), S. 41.

Angelo Knorr, um 1918.
Landeshauptarchiv Sachsen-Anhalt:
Abt. Merseburg, I 562, Nr. 1666.

ANTON LÖFFELMEIER

Der Fall Angelo Knorr – wie die Verfolgung Homosexueller vor 100 Jahren einen Vorsitzenden des FC Bayern München um Amt und Ansehen brachte

Angelo Knorr wird zwar immer wieder als einer der prägenden Akteure in der Führungs-spitze des FC Bayern vor dem Ersten Weltkrieg genannt, sein Wirken im Verein wie auch seine Biografie sind bisher allerdings nur in Umrissen kenntlich und bis heute seltsam diffus geblieben. Das verwundert, weil er aus einer bekannten Münchner Familie stamm-te und weil der Amtsantritt seines Nachfolgers Kurt Landauer ursächlich mit dem Rück-tritt Knorrs in Zusammenhang stand. Ende der einen Amtszeit und Beginn der neuen mussten bisher aufgrund fehlender Quellen eher kursorisch behandelt werden. So schreibt Dietrich Schulze-Marmeling, einer der besten Kenner der frühen Geschichte des Vereins, Kurt Landauer habe das Amt übernommen, »[…] nachdem sich Dr. Angelo Knorr im September 1913 nach Starnberg verabschiedet hat«.[1]

Knorr zog sich im Sommer 1913 nicht ohne Grund von München nach Starnberg zu-rück, wo er eine Zweitwohnung besaß. Er war homosexuell und in München in eine Affäre mit einem jungen Mann aus dem Stricher-Milieu verwickelt, der ihn seither um Geld anging. Knorr musste befürchten, dass dies polizeibekannt würde und ihm deshalb ein Verfahren nach dem berüchtigten § 175 des Reichsstrafgesetzbuches drohte. Das Schicksal vieler homosexueller Männer in Deutschland stand während des zweiten Drittels des 19. und beinahe während des gesamten 20. Jahrhunderts unter dem Verdikt des § 175 im 1871 eingeführten Reichsstrafgesetzbuch. Dort hieß es: »Die widernatürliche Unzucht, welche zwischen Personen männlichen Geschlechts […] begangen wird, ist mit Gefängnis zu bestrafen; auch kann auf Verlust der bürgerlichen Ehrenrechte erkannt werden«. Auf dieser Grundlage wurden in den Jahren von 1902 bis 1918 jährlich etwa 800 Männer vor deutschen Gerichten belangt. Das musste auch Dr. Angelo Knorr schmerz-lich erfahren. Am 28. September 1913 wurde er in seiner Starnberger Wohnung von der Polizei festgenommen und in das dortige Amtsgerichtsgefängnis verbracht. Die von Knorrs Anwalt umgehend beantragte Freilassung auf Kaution lehnte die Staatsanwalt-schaft München II wegen weiterhin bestehender Fluchtgefahr ab.

Inzwischen hatte auch die Presse Wind von der Verhaftung bekommen und streute die Nachricht in die Öffentlichkeit. So meldete die Münchener Zeitung am 4. Oktober 1913: »Dr. Angelo Knorr verhaftet. Am letzten Sonntag wurde in Starnberg auf Veranlas-sung der Münchener Polizei Dr. Angelo Knorr verhaftet und in das Amtsgerichtsgefäng-nis Starnberg eingeliefert, wo er sich zur Zeit noch in Haft befindet. Dr. Knorr, der zuletzt in Starnberg wohnte, soll sich sittlich verfehlt haben; er bekleidete bekanntlich verschie-

---

1   Schulze-Marmeling, Dietrich: Der FC Bayern und seine Juden, 2. erw. Auflage, Göttingen 2013, S. 51.

dene Ehrenämter auf fußballsportlichem Gebiete [...].« Am selben Tag gelang es Rechtsanwalt Fritz Klöpfer für seinen Mandanten die vorläufige Aussetzung des Haftbefehls zu erreichen – gegen die ungewöhnlich hohe Kaution von 100.000 Mark.[2] Dies entsprach in etwa dem 100fachen Jahreseinkommen eines einfachen Angestellten in München oder ziemlich genau dem damaligen Jahresumsatz des Münchner Sport Clubs (MSC).[3]

Hier wollen wir den Fortgang der Ereignisse unterbrechen, die bald auch Spieler und Funktionäre der Fußballabteilung (FA) Bayern, wie der Verein seit der Fusion mit dem MSC offiziell benannt wurde, beschäftigen sollte, und zurückblicken auf den persönlichen Werdegang Angelo Knorrs. Unter seiner Ägide, das sei vorweg genommen, unternahm der FC Bayern wesentliche Schritte hin zur Professionalisierung und zur Etablierung in der süddeutschen Spitze.

Kindheit und Jugend

Angelo Knorr wurde am 14. Februar 1882 in München als Sohn des Kaufmanns Franz Knorr und dessen Ehefrau Laura in deren Wohn- und Geschäftshaus Kaufingerstraße 12 geboren. Die wirtschaftlichen Verhältnisse des Ehepaares waren äußerst veritabel, stammte Franz Knorr doch in zweiter Generation von dem vermögenden Geschäftsmann Ludwig Knorr ab, der im Jahr 1837 die Handelsfirma »Angelo Sabbadini« seines gleichnamigen Schwiegervaters geerbt und zu noch größerer Blüte geführt hatte. Ludwig Knorr hinterließ bei seinem Tod im Jahr 1852 den neun Kindern vier Firmen und 17 Häuser in München und Umgebung. Der Sohn Angelo übernahm die Handelsfirma »Angelo Sabbadini«, von ihm erbte sie 1881 dessen Sohn Franz.[4] Franz Knorr ergriff den Beruf des Kaufmanns jedoch nicht aus Neigung, er fühlte sich eher zu einem freien Künstlertum hingezogen. Im Alter von 34 Jahren (1890) gab er daher seinen Kolonialwarenhandel und die Teilhaberschaft an der väterlichen Firma auf und verkaufte seinen Hausbesitz in der Münchner Innenstadt (Kaufingerstraße 11 und 12 und Fürstenfelder Straße 4 und 5). Mit der Kaufingerstraße 12 veräußerte er auch den 1782 von Angelo Sabbadini erworbenen Stammsitz der Familie Sabbadini-Knorr. Franz Knorr lebte fortan als Privatier. Bei seinem Tod hinterließ er ein Vermögen von 1 Million Mark, das zu dreiviertel seinem Sohn Angelo zufiel.[5] Um seine Familie kümmerte sich Franz Knorr zeitlebens wenig, er malte in seinem Atelier, verkehrte mit Künstlern und führte ein unstetes Leben. Die Ehe ging deshalb in die Brüche, seine Ehefrau Laura ließ sich im Jahr 1891 scheiden. Der Sohn Angelo blieb bei ihm, die 1889 geborene Tochter Eugenie bei der Mutter.[6] So verliefen Kindheit und Jugend von Angelo nicht sehr glücklich, der Vater engagierte eine (strenge) Erzieherin und interessierte sich weiterhin wenig für seinen Spross. Angelos schulische Leistungen waren schwankend, ein ausgeprägtes Interesse brachte er jedoch den Naturwissenschaften und insbesondere der Chemie entgegen. Die letzten Schuljahre verbrachte er am Münchner Ludwigsgymnasium, dort schloss er mit dem Abitur ab.

2   StAM: Stanw München I, 1823.

3   Vgl. Das Bayerland 20, 1910/11 [Oktober 1910 – September 1911], S. 295 (Angaben für das Geschäftsjahr 1910).

4   StadtA München: Familien 1115/1, EBA 535/1881.

5   StadtA München: Familien 1115/1.

6   StadtA München: PMB G 309.

Einen Ausgleich für seine schwankenden Seelenzustände wie für die schulischen Anforderungen suchte und fand Angelo Knorr im Sport. Um das 15. Lebensjahr begann er beim Münchner Sport Club »Lawn-Tennis« (Rasen-Tennis) zu spielen. Das Vereinsleben, die Gemeinschaft, das Organisieren und das Zusammensein in Sitzungen zogen ihn an und er engagierte sich bald in der »administrativen Arbeit« des Vereins. Während des Chemiestudiums in München verstärkte er sein Engagement beim MSC sogar noch. Der Verein war großbürgerlich und elitär, er führte Abteilungen für »Bobsleighfahren, Hockey, Leichtathletik (nebst Boxen, Ringen und Fechten), Skilauf (und) Tennis«, hatte großzügige Platzanlagen an der Leopoldstraße in Schwabing und nutzte als Clubheim Räume im Hotel Vier Jahreszeiten an der Maximilianstraße.[7]

Sportliche Weichenstellungen in der FA Bayern

Den Wechsel des FC Bayern zum MSC befürwortete Angelo Knorr in den seit Herbst 1905 geführten Fusionsverhandlungen, ja er engagierte sich sofort in der neuen Fußballabteilung (FA).[8] Die Vereinsmitteilungen des FC Bayern werden ihn später als den »geistige(n) Vater« der Fusion auf Seiten des MSC bezeichnen. Mit Weitblick sah er das große finanzielle Potenzial, das im Fußball als Zuschauersport schlummerte – und das zu einem Zeitpunkt, »wo kaum ein halbes Hundert Zuschauer noch unseren Platz umsäumte« und er mit seinen Ansichten immer wieder in Konflikt mit der Vorstandschaft des »Herrenclubs« kam. Letztlich ergab sich aus der Fusion aber eine für beide Teile vorteilhafte Situation: Durch finanzielle Unterstützung seitens des MSC kamen die Bayern in Spielkontakte mit den prominenten Vereinen des Kontinents und der britischen Insel. Der tschechische Meister Slavia Prag, der DFC Prag, schottische und englische Vereine traten auf dem im Jahr 1907 neu geschaffenen Spielplatz an der Leopoldstraße an. Angelo Knorr war es, der den Münchnern »zum ersten Male englische Fußball-Teams vorführte«. Die Teams von der Insel galten als Attraktion und waren nur mit erheblichem logistischen und finanziellen Aufwand und Garantieleistungen nach Deutschland zu holen. Lehrgeld mussten die Bayern allerdings schon zahlen: Gegen das Amateurteam The Pirates verlor man am 29. April 1908 mit 0 : 8 Toren, beachtlich schlug man sich am 31. Mai 1909 gegen die Profis aus Sunderland (2 : 5), verlor hoch mit 7 : 0 am 18. Mai 1910 gegen die Blackburn Rovers, am 12. Mai 1913 gegen Middlesborough (1 : 9) und am 9. Mai 1914 gegen die Tottenham Hotspurs (0 : 6). Immerhin gelang bereits am 9. Mai 1907 mit einem 2 : 1 gegen Old Boys Basel der erste Sieg gegen ein ausländisches Team. Auch Spiele gegen die führenden »deutschen Mustermannschaften« sollten zur Hebung der Spielkultur beitragen.[9]

Andererseits bescherten die attraktiven Gegner, die respektablen Ergebnisse, der erstmalige Gewinn der Ostkreismeisterschaft im Jahr 1910, aber auch die optimalen Trainingsmöglichkeiten an der Leopoldstraße, der FA des MSC unter der Ägide von Knorr einen gewaltigen Mitgliederzuwachs: Von 157 im Jahr 1908 stieg die Mitgliederzahl in

7 Das Bayerland 20, 1910/11, S. 296.
8 25 Jahre FC Bayern München, Festschrift, München 1925, S. 35.

9 Vgl. den Nachruf auf Angelo Knorr in: Vereinsmitteilungen FC Bayern; FC Bayern Erlebniswelt, Archiv.

drei Jahren auf 453 zum Jahresende 1911. Damit bildeten die Fußballspieler nach den Tennisspielern (560 Mitglieder) die zweitgrößte Abteilung innerhalb des MSC (Gesamtmitgliederzahl: 1.455).[10] Auch die Zuschauerzahlen stiegen. Im Jahr 1910, dem Gewinn der Ostkreismeisterschaft, zählte man übers Jahr hinweg bereits 22.000 Zuschauer, das war immerhin ein Fünftel der Gesamtzuschauerzahl in München, aber nur eine Marginalie im Vergleich zum britischen Liga-Betrieb. So besuchten am 9. Januar 1911 allein 305.000 Zuschauer die 30 Wettspiele der englischen Liga.[11] Im Jahr 1911, dem abermaligen Gewinn der Ostkreismeisterschaft, stiegen die Gesamtzuschauerzahlen auf 37.557 (davon 30.557 zahlende)[12], wobei die Endrundenspiele um die süddeutsche Meisterschaft hieran einen erklecklichen Anteil hatten. Aber auch die Ligaspiele gegen die fränkischen Rivalen 1. FC Nürnberg und SpVgg Fürth lockten oftmals drei bis viertausend Zuschauer an.

Angelo Knorr entwickelte sich zum Multifunktionär innerhalb des MSC: Im Jahr 1907 erfolgte die Wahl zum Vorsitzenden der Fußballabteilung, im Jahr darauf wurde er in diesem Amt bestätigt. In den Jahren 1909 und 1910 übte er das Amt des zweiten Vorsitzenden aus, wohl weil er durch sein Promotionsvorhaben stark in Anspruch genommen war. Bei den Neuwahlen am 8. März 1911 wählten ihn die Mitglieder wieder an die Spitze der Fußballabteilung und diese Funktion sollte er bis zu seinem Rücktritt im Herbst 1913 ausüben.[13] Im selben Jahr 1911 ist er auch als Erster Vorsitzender der Leichtathletikabteilung[14] belegt, im Gesamtverein fungierte er als zweiter Kassier und als Sportwart. Seine Meinung war in der gesamten Münchner Sport- und Fußballwelt gefragt, die Wahl zum Vorsitzenden des Münchner Fußballbundes bildete die logische Konsequenz daraus. Er selbst sagte später über diese Zeit: »Der Sport wurde so mein zweiter Beruf.«[15] Am 8. März 1911 ernannte die FA Bayern ihren Vorsitzenden Angelo Knorr wegen seiner Verdienste zum Ehrenmitglied.[16]

Professionalisierung des Fußballsports

Die Frage, in welchem Umfang sich der noch junge Fußballsport der Professionalisierung öffnen sollte, beschäftigte die Bayern in der Amtszeit Knorrs erheblich. Die Diskussion entzündete sich insbesondere daran, ob mit der Anstellung eines hauptamtlichen Trainers die Spielfertigkeit der Spieler gesteigert werden könnte. Die Bayern engagierten in unregelmäßigen Abständen immer wieder englische oder schottische Trainer, jedoch nur für begrenzte Zeiträume. So waren in den Spielzeiten 1908/09 mit Thomas Taylor und 1909/10 mit Dr. George Hoer vorübergehend britische Trainer im Verein tätig. Im Jahr 1911 aber ging es erstmals um die Frage, für eine ganze Saison einen hauptamtlichen Übungsleiter anzustellen, wie es der Karlsruher FV praktizierte, der von 1901 bis 1905 fünfmal hintereinander die Süddeutsche Meisterschaft gewann und im Jahr 1910 unter der Leitung des englischen Profitrainers William Townley die deutsche Meisterschaft holte. In den Spielen um die Süddeutsche Meisterschaft konnten die Bayern bisher nur bedingt mit den Karlsruhern mithalten; zweimal scheiterte man in den Endrundenspielen am

---

10 Das Bayerland 26, 1910/11, S. 400 und 20, 1911/12, S. 418.

11 Ebd., 14, 1910/11, S. 176 u. 16, 1910/11, S. 260.

12 Das Bayerland 33, 1911/12, S. 679.

13 Das Bayerland 26, 1910/11, S. 399.

14 Ebd., 17, 1910/11, S. 235.

15 StA München: Stanw München I, 1823.

16 Das Bayerland 26, 1910/11, S. 399.

Karlsruher FV. Als nach der desaströsen, aber verdienten 5:0-Niederlage in Karlsruhe am 30. April 1911 im letzten Spiel der Endrunde im Verein die Emotionen hochkochten, bemühte sich Angelo Knorr um eine Versachlichung der Diskussion und veröffentlichte in der Zeitschrift »Das Bayerland« einen grundsätzlichen Artikel zur Trainerfrage, in dem er ausführlich die Chancen und Risiken eines derartigen Weges erörterte. In Frage kam eigentlich nur ein Trainer von der Insel. Das Mutterland des Fußballs galt als das Maß aller Dinge und dort herrschte dazu noch ein Überschuss an Trainern. Moderne und ambitionierte Klubs rissen sich um englische und schottische Übungsleiter.[17] Dieser Auffassung hing auch Angelo Knorr an: »Durch das von den Karlsruhern im jüngstverflossenen Meisterschaftsspiel gezeigte bestechende Können, dem unsere Mannschaft nicht gewachsen war, hat sich in weiten Kreisen unserer Mitglieder die Überzeugung gebildet, daß nur durch einen englischen Trainer die sportliche Fortbildung unserer Leute möglich sei, daß nur unter der Leitung eines Fachmannes die sportliche Höhe des K. F. V. erreicht werden könne.« Es sei nun klar, »dass die Tainerfrage in vollem Umfang aufgerollt ist«. Knorr argumentierte vorsichtig: Für das hohe Trainergehalt seien hohe Kosten aufzubringen, eine Finanzierung sei aber möglich durch den Überschuss der letzten Meisterschaftsspiele. Diese verbürgten etwa für ein Jahr die Finanzierung eines Trainers, was allerdings scheitern könne, wenn die Zuschauerzahlen zurückgingen »und wir sitzen trauernd vor leeren Kassen.« Sein erstes Fazit lautete: »Möglich ist meiner Anschauung nach das Trainerengagement, aber es ist mit einem großen finanziellen Risiko verbunden.«[18] Sicherzustellen sei jedoch eine Leistungssteigerung durch einen Trainer nicht unbedingt, man müsse auch darüber nachdenken, ob man nicht einen eigenen Platz statt dessen erwerben solle.[19] Gute Trainer seien Mangelware, man müsse die Angebote sondieren, er plädierte daher für »einen möglichst kurzfristigen Vertrag mit einer ausgiebigen Probezeit«, um das Vertragsverhältnis rasch wieder auflösen zu können. Da die Spieler nur nachmittags beschäftigt werden könnten, bestehe die Gefahr für den Trainer, dass er »einen Teil seiner freien Vormittage beim Frühschoppen verbringt.« Knorr hatte hier wohl die Verhältnisse in Pforzheim und bei der Mannheimer Union vor Augen, dort waren nämlich Übungsleiter aus dem Mutterland des Fußballs durch regelmäßige Wirtshausbesuche und übermäßigen Alkoholkonsum negativ in Erscheinung getreten.[20] Ein Trainer müsse also vormittags anderweitig beschäftigt werden, sei es im Verein oder in einem Geschäft. »Bekanntlich gibt ja auch Townley [Karlsruher FV] in seiner Freizeit englischen Sprachunterricht und betreibt den Verkauf von Sportartikeln.«[21] Ein Trainer müsse vor allem mit der Jugend arbeiten, um dort den neuen Stil einzuüben. Abschließend setzte Knorr die Messlatte für einen Trainer noch einmal hoch an: »Der Trainer muß durch sein Können, sein fußballtechnisches Wissen, ja durch seine ganze Persönlichkeit eine Respektperson für alle Spieler wie für die Passiven sein.« Er müsse »eben wirklich erstklassig sein«.[22] Als sich in den folgenden Wochen die krisenhaften sportlichen Ergebnisse bei den Bayern häuften – am 14. Mai verlor man gegen den MTV mit

17 Schulze-Marmeling (wie Anm. 1), S. 48.

18 Das Bayerland 30, 1910/11, S. 475.

19 Ebd., S. 476.

20 Wittner, Andreas: Der Klinsmann von 1911, in: Spiegel

Online (http://einestages.spiegel.de/static/topicalbumback-ground/1194/1/der_klinsmann_von_1911.html), 20. 06. 2014.

21 Das Bayerland 30, 1910/11, S. 477.

22 Ebd., S. 478.

Stammhaus der Familie
Sabadini-Knorr in der
Kaufingerstraße 12, um 1907.
StadtA München: FS-Petti-1601a
Das Gebäude wurde im selben
Jahr abgebrochen.

7 : 2 Toren –, war die Trainerfrage entschieden. Anfang August 1911 konnten die Bayern-Mitglieder in den Vereinsnachrichten lesen, dass der Engländer Charles Griffith zunächst »versuchsweise als Trainer beschäftigt« werde – für eine Woche. Am 16. August stimmte eine außerordentliche Mitgliederversammlung für die Anstellung des ersten hauptamtlichen Trainers in der Vereinsgeschichte des FC Bayern München.

Griffith intensivierte und erhöhte die Trainingseinheiten, ließ nun fünfmal pro Woche täglich ab 16.00 Uhr trainieren. Für alle Berufstätigen galt ein zweimaliges Training am Dienstag und Freitag Abend ab 19.00 Uhr. Neue Übungen wurden eingeführt: Steigerungsläufe bis zu 800 Meter, Dauermärsche über mehrere Stunden bei jeder Witterung, Übungen mit Hanteln und turnerische Einheiten an den Ringen und am Barren. Nicht alle Fußballspieler wollten sich mit den neuen Übungen anfreunden,[23] die Trainingsbeteiligung ließ daher zu wünschen übrig. Im Oktober musste die Mitgliederzeitung eine »leider zu geringe Trainingsbeteiligung der I. und Ib Mannschaft (Trainer: Griffith)« vermelden. »Das kann und darf so nicht weitergehen.« Säumigen wurde der Ausschluss aus der Mannschaft angedroht.[24] Immerhin spielte die Mannschaft nun erfolgreich, sie gewann am 29. Oktober das Lokalderby gegen den TSV München von 1860 2 : 0 und schlug am 19. November auf eigenem Platz den Nürnberger »Club« vor 3.500 Zuschauern mit 4 : 1. Aber aus den Reihen der Zuschauer war trotzdem Kritik zu hören, der Mannschaft fehle der »sportliche Ernst«, sie zeige keinen guten Fußball.[25] Im November verbannte man auf Weisung des Trainers die Zuschauer vom Trainingsgelände, es sei denn, sie gehörten »den betreffenden Mannschaften, dem Vorstand oder dem Sportausschuß der F.A. Bayern« an. Für die Wintermonate mietete der Verein die Reithalle in der Münchner Leopoldstraße zum Training an. Die Maßnahmen zeigten Wirkung, am Jahresende standen die Bayern mit 23 : 3 Punkten an der Tabellenspitze. Doch dann folgte das Desaster: Nach einem 6 : 4 Sieg beim »Club« unterlagen die Bayern dem FC Pfeil Nürnberg mit 2 : 1 – die Ostkreismeisterschaft war damit verloren, die Teilnahme an der Deutschen Meisterschaft passé. Den Titel gewann statt dessen die SpVgg Fürth. Damit war die Ära Griffith auch schon wieder beendet. Am 3. April 1912 beschloss eine außerordentliche Mitgliederversammlung den Vertrag zum 6. April zu lösen. Trotzdem sah man auch die positiven Seiten des Engagements: Der Trainer hatte das spielerische Niveau der Mannschaft gehoben und Disziplin und sportlichen Geist eingebracht.[26] Griffith zog weiter zu den Stuttgarter Kickers und errang mit diesem Verein in der kommenden Spielzeit die Süddeutsche Meisterschaft. Nachfolger in München wurde zum Jahresende 1913 William Townley, der inzwischen von Karlsruhe nach Fürth gewechselt war und mit der SpVgg den Bayern 1912 den Titel des Ostkreismeisters weggeschnappt hatte.

Das Verbot des Fußballspielens in Schulen

Zum zweiten großen Thema der Amtszeit Angelo Knorrs entwickelte sich eine Weisung des bayerischen Kultusministeriums vom 11. Januar 1912 an die Schulen, das Fußballspiel aus der Reihe der Turnspiele zu streichen. Schülern unter 17 Jahren sei von der Teilnahme

---

23 Ebd., Nr. 50, S. 929. Wittner (wie Anm. 20).
24 Das Bayerland 2, 1911/12, S. 39.

25 Ebd., Nr. 6, S. 117.
26 Wittner (wie Anm. 20).

am Fußballspiel in den Vereinen abzuraten. Schulleiter sollten ortsansässige Vereine dazu bewegen, Schüler unter 17 Jahren nicht mehr in ihre Fußballmannschaften aufzunehmen. Das traf vor allem die Mittelschüler und Gymnasiasten, die klassische Klientel der Vereine, und schloss diesen Kreis von Jugendlichen nun vom Spiel aus – für die Vereine eine Existenzfrage, war doch zu befürchten, dass die Jugendarbeit verunmöglicht wurde bzw. die Jugendlichen ausblieben. Den Anlass für die Anordnung des Ministeriums bildeten Beschwerden von Schulleitern und Eltern, in denen auf die häufigen Verletzungen der Kinder (Prellungen, Beinverletzungen) und allgemein auf die Rohheit des Spiels verwiesen wurde. Der Leiter der Landesturnanstalt in München, Dr. Emil Henrich, schlug vor, als Ersatz für das Fußballspiel das Schlagballspiel zu wählen, da es wie kein anderes Spiel Brutalität ausschließe.[27]

Die Fußballvereine brachte der Erlass des Kultusministeriums in Existenznöte, denn wenn die Eltern ihre Kinder aus den Jugendabteilungen abzogen, stand die Zukunft der Vereine und des ganzen organisierten Fußballsports in Frage. So war es nicht verwunderlich, dass bereits unmittelbar nach Bekanntwerden des Erlasses ein Aufschrei durch die Vereine und Fußballverbände ging. Die Führung der FA Bayern wandte sich in einer öffentlichen Erklärung an die Eltern und die Jugendlichen. Man wies darauf hin, dass der Verein den Jugendlichen unter 17 Jahren alternative Sportarten anbieten wolle, wie Deutsch- und Faustball, leichtathletische Übungen und Fußwanderungen, die Eltern sollten doch bitte ihre Kinder im Verein lassen.[28] Der Münchner Rasensportverband gründete eine Kommission unter Vorsitz von Knorr, um gegen das Verbot Stellung zu beziehen. Man leitete dem Ministerium eine Denkschrift zu, die auch in der Öffentlichkeit große Beachtung erlangte, aber letztendlich wirkungslos blieb. Trotzdem die Vereine sich zur Aufgabe der Jugenderziehung als Mittel zur »Hebung der nationalen Gesundheit und Wehrkraft« bekannten und dem Ministerium die Überwachung der Jugendspiele durch Juniorenspielleiter oder die Verkürzung der Spielzeiten anboten, beharrten die Gegner des Spiels auf ihrem Standpunkt. Angelo Knorr sollte sich bis zum Ende seiner Amtszeit vergeblich um die Abschaffung des Erlasses bemühen.[29] Nach dem Ende des Ersten Weltkrieges, im Juli 1920, als die Jugendlichen längst auf allen Grünflächen in München dem Ball nachjagten, erhielten die Vereine wieder die Erlaubnis, Schüler der 5. bis 9. Klassen versuchsweise im Fußballspiel zu unterweisen, jedoch nur maximal eine Stunde.[30] In den Schulen blieb das Spiel jedoch weiterhin verboten. Im September 1927 erlaubte das bayerische Kultusministerium dann in den »männlichen höheren Unterrichtsanstalten« das Fußballspiel ab der 4. Klasse im Rahmen der Spielnachmittage, jedoch nur mit einer Spieldauer von nicht länger als zweimal 20 Minuten.[31] An den bayerischen Volksschulen wurde das Fußballspiel erst im Jahr 1934 ab der 7. Klasse wieder grundsätzlich erlaubt.[32]

Im Umfeld Angelo Knorrs finden wir vor dem Ersten Weltkrieg bei den Bayern die Personen, die Jahre später den Verein an die deutsche Spitze führen und in Verbänden

27 Krombholz, Gertrude: Die Entwicklung des Schulsports und der Sportlehrerausbildung in Bayern von den Anfängen bis zum Ende des Zweiten Weltkrieges, München 1982 (MBM 108), S. 167 ff.

28 Das Bayerland 17, 1911/12, S. 354.

29 StadtA München: Chronik 1912, S. 1564 ff.

30 Krombholz (wie Anm. 27), S. 332.

31 Ebd., S. 348.

32 Ebd., S. 325.

und Fachgremien eine bedeutende Rolle spielen werden. Den stellvertretenden Vorsitz der Fußballabteilung hatte vor dem Ersten Weltkrieg Hans Tusch inne, der zu dieser Zeit noch bei der Münchner Rückversicherung arbeitete, sich später dem Sportjournalismus widmete und Mitte der 1930er Jahre das Amt des »Gausportwartes für Fußball« ausübte.[33] Erster Schriftführer und Jugendleiter war Siegfried Herrmann. Er wird 1933 die Vereinsführung von Kurt Landauer übernehmen, den die Nationalsozialisten aus dem Amt drängten. Und als Revisor finden wir eben jenen Kurt Landauer, der Knorr als Vorsitzender nachfolgte.[34] Landauer vertrat die FA auch im Direktorium des MSC. Später wird man schreiben, sie alle seien durch eine »ausgezeichnete Schule, nämlich jene unseres unvergesslichen Dr. Angelo Knorr«, gegangen.[35]

Beruflicher Werdegang Angelo Knorrs und private Verstörungen

In seinem eigentlichen Beruf, dem des Chemikers, konnte sich Angelo Knorr gut etablieren. Im November 1909 promovierte er mit »summa cum laude« bei Wilhelm Schlenk in München, der sich erst im selben Jahr dort habilitiert hatte und vor einer großen Laufbahn als Chemiker stand.[36] Angelo Knorr hatte sich während seines Studiums mit Schlenk angefreundet und ihm sogar ein Privatdarlehen von 15.000 Mark zur Finanzierung seines Habilitationsverfahrens gewährt. Nach der Promotion trat er als wissenschaftlicher Assistent bei Schlenk ein.[37] Nebenher arbeitete er an seiner Reputation als Wissenschaftler. In Veröffentlichungen befasste er sich mit der »Darstellungsmöglichkeit und der Konstitution der Chinhydrone«. Später beschäftigten ihn die Iminoester, »deren eigentümliche Reaktionen erst durch Knorrs Arbeiten aufgeklärt« wurden. Hieraus spricht ein allgemeiner Wesens- und Charakterzug, den auch seine Fachkollegen bemerkten: Knorr trieb in beruflichen wie sportlichen Dingen ein steter Drang nach systematischer Ordnung und Klarheit an. Seine Gründlichkeit verwickelte ihn immer wieder in heftige – wie sich später zeigen sollte: psychisch und körperlich verzehrende – Arbeitsphasen. Nächtelang saß er über Büchern und Akten.[38]

In sein Privatleben konnte er diese Ordnung allerdings nicht bringen: Die Homosexualität, die er seit seiner Jugend bemerkt hatte und jahrelang zu bekämpfen versuchte, brachte ihn immer wieder in Zustände der Depression. Kontakte zu Frauen gelangen ihm nicht oder scheiterten nach kurzer Zeit. Ein befreundeter Arzt vermittelte ihm eine junge Frau, die er in seinen Haushalt aufnahm und die ihm helfen sollte, ein bürgerliches Leben

33 Belegt für das Jahr 1936; StadtA München: BuR 760/1, EWK 65 / D 978.
34 Zu Herrmann und Landauer ausführlich: Schulze-Marmeling (wie Anm. 1).
35 Vgl. Würdigung auf Kurt Landauer, in: Clubzeitung des F.C. Bayern München e.V., Jg. 3, Mai 1951, Nr. 5, S. 5.
36 Wilhelm Schlenk, geb. 22. 3. 1879 München, gest. 28. 4. 1943 Tübingen; mehrfach für den Nobelpreis vorgeschlagen, 1922 Vizepräsident der Deutschen Chemischen Gesellschaft, 1926 bis 1928 deren Präsident. Ab 1933 in Gegnerschaft zu den nationalsozialistischen Machthabern; unterstützte verfolgte Kollegen, unter anderem den

Nobelpreisträger Richard Willstätter; zur Aufgabe des Lehrstuhls in Berlin gezwungen (1935), lebt von da an als Professor in Tübingen; 1942 Ausschluss aus der Deutschen Chemischen Gesellschaft wegen mangelnder Regimetreue. Tidwell, Thomas T.: Wilhelm Schlenk. The Man Behind the Flask, in: Angewandte Chemie International Edition 2001, 40, No. 2, S. 331 – 337 (PDF), 20. 06. 2014.
37 Landeshauptarchiv Sachsen-Anhalt, Abt. Merseburg (LHASA, MER): I 532, 1666 und 1667.
38 Reddelien, Gustav Heinrich: Nachruf Angelo Knorr, in: Angewandte Chemie, 45. Jg., 39, (24. 09. 1932), S. 605.

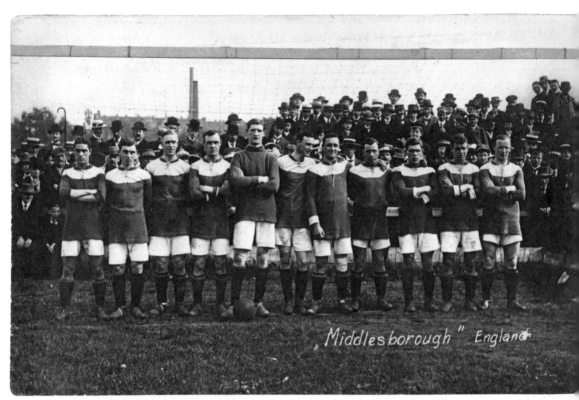

Mannschaftsfoto des englischen
Profiklubs FC Middlesborough
anlässlich des Fußballspiels
gegen die FA Bayern, aufgenommen am 12. Mai 1913 am Spielplatz an der Leopoldstraße.
StadtA München: FS-ALB-030-29

zu wahren. Um seine Homosexualität leben zu können und nicht in München straffällig zu werden, reiste er oft nach Italien und suchte dort Männerbekanntschaften.[39] Seit der Einführung des ersten Strafgesetzbuches in Italien im Jahre 1889 bestanden in Italien nämlich keine Strafbestimmungen mehr zur Homosexualität. In Phasen der Unruhe streifte er durch die Münchner Homosexuellenszene und fand immer wieder Kontakt mit jungen Männern. Dies führte dazu, dass er bei der Polizei aktenkundig wurde. In den staatsanwaltschaftlichen Unterlagen ist auf eine Anzeige wegen »Päderastie« (homosexuelles Verhalten) im Jahr 1910 verwiesen, die aber anscheinend zu keinem Strafverfahren führte. Im Sommer 1913 sollte jedoch der Kontakt mit einem jungen Mann aus der Stricher-Szene zu einer dramatischen Wende in seinem Leben führen.

Verhaftung und Ermittlungsverfahren

Alois Jiricek, so hieß der junge Mann, erschien nach dem Kontakt immer wieder bei Angelo Knorr und forderte von ihm Geld. Der Anwalt Knorrs, Dr. Fritz Kloepfer, bezahlte ihm daraufhin mehrmals eine kleine Summe aus. Ob diese Affäre Angelo Knorr dazu veranlasste, einen längeren Auslandsaufenthalt zu planen und seine Münchner Wohnung aufzulösen oder ob er sich lediglich nur für einige Zeit in seine Starnberger Zweitwohnung zurückziehen wollte, ist aus den Unterlagen nicht ersichtlich. Auf jeden Fall war er nicht in der Stadt anzutreffen, als die Polizei ihn Mitte September 1913 zu seinen Kontakten mit Alois Jiricek befragen wollte. Dieser war nämlich am 8. September 1913 von der Polizei aufgegriffen worden und hatte bei der Vernehmung auf der Polizeiwache an der Dachauer Straße Angelo Knorr als Kunden genannt. Damit setzte er die weiteren Ermittlung in Gang, im Zuge derer Knorr am 28. September in Starnberg verhaftet wurde. Wenige Tage zuvor war er bereits von der Polizei vernommen, aber wieder auf freien Fuß gesetzt worden. Das Amtsgericht Starnberg, von den Münchner Kollegen in Kenntnis gesetzt, dass Knorr seine Wohnung in der Von-der-Tann-Straße 9 schon seit längerer Zeit verlassen und seine Möbel in ein Depot eingelagert hatte, erließ daraufhin wegen Fluchtgefahr einen Haftbefehl und verfügte seine Einweisung in das Amtsgerichtsgefängnis. Nachdem sein Anwalt Dr. Fritz Kloepfer – wie oben bereits dargestellt – gegen Stellung einer hohen Kaution am 4. Oktober seine vorübergehende Freilassung erreicht hatte, verließ Angelo Knorr Starnberg und reiste nach Jena. An der dortigen Universität hatte sein Onkel Ludwig Knorr einen Lehrstuhl für Chemie inne, den er zur führenden Forschungsstelle in Deutschland ausgebaut hatte. Ludwig Knorr pflegte freundschaftliche Verbindungen zur Industrie und war selbst ein begeisterter Sportsmann. Die Universität und die Stadt Jena unterstützte er bei der Beschaffung von Sportanlagen.[40] Außerdem traf er dort wieder auf Wilhelm Schlenk, der an der Universität vor kurzem eine Stelle als außerordentlicher Professor angetreten hatte. Von Jena reiste Angelo Knorr weiter nach Kreuzlingen am Bodensee, um sich in der »Dr. Binswanger'schen Nervenheilanstalt

39 StAM: Stanw München I, 1823.

40 Ludwig Knorr, geb. 2. 12. 1859 München, gest. 4. 6. 1921 Jena; seit 1889 Inhaber des Lehrstuhls für Chemie an der Universität Jena; Ludwig Knorr zum Gedächtnis (1859 – 1921),

in: Berichte der deutschen chemischen Gesellschaft, 1927, 60, Reihe A, Nr. 1, S. 1 – 34; Ronge, Grete: Knorr Ludwig, in: Neue Deutsche Biographie 12, 1980, S. 218-220.

Bellevue« psychiatrisch untersuchen zu lassen. Hierbei handelte es sich um eine der angesehensten Einrichtungen der Zeit, die zu einem großen Teil von russischen, deutschen und italienischen Adeligen, aber auch von Angehörigen des Großbürgertums und von Künstlern gerne aufgesucht wurde. Zu den Patienten im Bellevue zählten illustre Namen: der russische Tänzer Nijinski gehörte ebenso dazu wie der Schauspieler Gustav Gründgens, der Kunsthistoriker Aby Warburg oder der Maler Ernst Ludwig Kirchner. Man wohnte in villenähnlichen Häusern, die »durchwegs den Anforderungen höherer Stände entsprechend eingerichtet [und] mit elektrischer Beleuchtung und Centralheizung« versehen waren (Prospekt von 1903). Seit 1910 wurde die Heilanstalt, die eher einem großbürgerlichen Erholungsheim ähnelte, von Dr. Ludwig Binswanger geführt, der mit neuesten Erkenntnissen der Psychoanalyse und der Therapie arbeitete. Dass in Jena dessen Onkel, der renommierte Nervenarzt Otto Binswanger (1852–1929) die Psychiatrische Universitätsklinik leitete, mag den Kontakt von Jena nach Kreuzlingen vermittelt haben. Durch die vielfältigen Kontakte Ludwig Binswangers entwickelte sich das Bellevue zu einem Zentrum europäischen Geisteslebens. Davon zeugt seine umfangreiche Korrespondenz mit Künstlern und Wissenschaftlern von europäischem Rang.[41] Angelo Knorr verbrachte einige Monate im Bellevue, um sich bei Binswanger einer Analyse zu unterziehen. Der Sanatoriumsaufenthalt wie auch ein angeschlossener Erholungsurlaub in Gardone am Gardasee verursachten für Knorr jedoch solch »erhebliche Aufwendungen«, dass sich sein nicht unbeträchtliches Privatvermögen merkbar verringerte. Warum Angelo Knorr um den Jahreswechsel 1913/14 einen Großteil seiner Finanzmittel auf Schweizer Banken transferierte, ließ sich nicht klären. Vielleicht wollte er damit verhindern, dass deutsche Stellen im Falle seiner Verurteilung Zugriff auf seine Finanzmittel erhielten.[42]

Seinen Vorstandsvorsitz bei den Bayern wie auch alle Ehrenämter im MSC legte Angelo Knorr bereits nieder, als »die Affaire in Gang kam«; von der Mitgliederliste des Vereins ließ er sich ebenso streichen.[43] In München zog das Ermittlungsverfahren bald weitere Kreise: Am 13. Oktober eröffnete der Untersuchungsrichter am AG München gegen ihn eine Voruntersuchung wegen fortgesetzter Vergehung gemäß § 175 RStGB, in dessen Verlauf das engere Umfeld von Knorr befragt wurde. So ließ im Januar 1914 der Untersuchungsrichter die Namen der Vorstandsmitglieder als auch von Spielern der ersten Mannschaft der FA Bayern feststellen, um sie unter Eid aussagen zu lassen. Der bekannte Sportjournalist Eugen Seybold, Herausgeber des »Fußball« wurde wieder von der Liste genommen, weil er sich seit Mitte Januar in Karlsruhe aufhielt. Nacheinander befragt wurden ab Ende Januar 1914 Hans Tusch, der von der Staatsanwaltschaft als neuer Vorsitzender der FA geführt wurde, was jedoch wohl nicht den Tatsachen entsprach, da Kurt Landauer spätestens seit Jahresende offiziell dieses Amt innehatte.[44] Als zweiter Vorsitzender unter Angelo Knorr dürfte er nach dessen Rücktritt jedoch eine Zeit lang kommissarisch das Führungsamt bei den Bayern ausgeübt haben. Weiters befragt wurden Schrift-

---

41 Ludwig Binswanger, geb. 13. 4. 1881 Kreuzlingen, gest. 5. 2. 1966 Kreuzlingen; er übernimmt 1910 nach dem Tod des Vaters Robert das Bellevue; mit Sigmund Freud steht er in engem Austausch (http://de.wikipedia.org/wiki/Ludwig_Binswanger), 20. 06. 2014.

42 LHASA, MER: I 532, 1667.

43 Laut Aussage Hans Tusch vom 29. 1. 1914; hier und im Folgenden: StAM, Staatsanwaltschaft München I, 1823.

44 Laut Mitteilung Andreas Wittner, FC Bayern Erlebniswelt, Archiv, vom 12. 5. 2014.

führer Siegfried Herrmann und Kassier Ferdinand Dunn, nicht jedoch Kurt Landauer. Alle drei Befragten verwiesen nachdrücklich auf den positiven Eindruck, den Knorr bis dahin im Verein hinterlassen hatte. Ferdinand (Fred) Dunn wollte dezidiert festgehalten haben: »Er spielte eine große Rolle im Sportklub. Er war sozusagen die Seele des Ganzen.« Die Spieler Ludwig Amann, Fritz Fürst, Max Reindl und Otto Storch betonten unisono, als sie auf die Homosexualität Knorrs angesprochen wurden, diese nicht bemerkt zu haben.

Die Vernehmungen der Staatsanwaltschaft zogen sich in die Länge, stichhaltige Beweise für weitere »päderastische Handlungen« in den vergangenen Jahren konnten von der Anklagebehörde nicht erbracht werden. Letztlich musste sich die am 27. Mai 1914 erstellte Anklageschrift der Münchner Staatsanwaltschaft auf den einen im September aktenkundigen Fall beschränken. Knorr war inzwischen nach Innsbruck weitergereist, hatte sich im Hotel Grauer Bär eingemietet und erhielt dort am 12. Juni 1914 die Anklageschrift ausgehändigt. Anfang Juni 2014, also erst nach Fertigstellung der Anklageschrift, erreichte auch das Gutachten Dr. Binswangers die Münchner Anklagebehörde. Der Psychiater kam zu dem Schluss, dass Knorr »eindeutig homosexuell veranlagt« sei, seine ihm zur Last gelegten Verfehlungen jedoch aufgrund erblicher Belastung in einem Zustand »krankhafter Störung der Geistesthätigkeit« erfolgt seien, auf welche die Kriterien des § 51 RStGB (Schuldunfähigkeit) zuträfen. Knorrs Rechtsanwalt Fritz Kloepfer beantragte nun am 30. Juni die Einstellung des Verfahrens und die Aufhebung des Haftbefehls, dem die Strafkammer beim Landgericht München jedoch nicht folgen wollte. Sie forderte am 7. Juli ein erneutes Gutachten bei dem berühmten Münchner Psychiater Dr. Emil Kraepelin an. Insbesondere sei zu prüfen, ob die Kriterien des § 51 zutreffend seien. Tragischerweise erreichte am selben Tag Angelo Knorr die Nachricht, dass seine Mutter Laura, in zweiter Ehe mit dem Rechtsanwalt und Direktor der Lokalbahn-Aktiengesellschaft Dr. Fritz May verheiratet, in ihrem Haus in der Montenstraße 2 in München Selbstmord verübt hatte. Nach der Schilderung Fritz Kloepfers sei dies »in einem Zustand der Geistesstörung« geschehen.[45]

Am 17. Juli 1914 begab sich Angelo Knorr nun auf Weisung der Staatsanwaltschaft für fünf Tage in die Münchner Psychiatrische Klinik, um sich erneut ärztlich untersuchen zu lassen. Emil Kraepelin, seit 1904 Leiter der psychiatrischen Universitätsklinik in München und eine international anerkannte Kapazität auf dem Gebiet der Psychiatrie[46], kam zum gleichen Ergebnis wie sein Kollege vom Bodensee: Knorr habe sich bei der zu Grunde gelegten Straftat in einem Zustand befunden, bei dem es zweifelhaft sei, ob er im Stande war, »eine freie Willensbestimmung auszuüben.«[47]

Hier ist es an der Zeit, ein paar Bemerkungen zu den Gutachten anzufügen: Beide Ärzte haben Angelo Knorr ausführlich und in längeren Sitzungen intensiv befragt und

45 StadtA München: PMB M 66, Standesamt München 4193; StA München: Stanw München I, 1823.

46 Emil Kraepelin, geb. 15. 2. 1876 Neustrelitz, gest. 7. 10. 1926 München; Weber, Matthias / Holsboer, Florian / Hoff, Paul / Ploog, Detlev / Hippius, Hanns (Hg.): Edition Emil Kraepelin, Bd. 6: Kraepelin in München I (1903–1914),

München 2006, insbes. S. 17–60. Hippius, Hanns (u. a.): The University Department of Psychiatry in Munich. From Kraepelin and his predecessors to molecular psychiatry, Heidelberg 2008, S. 53–100.

47 Hier und im folgenden: StA München: Stanw München I, 1823.

seine Persönlichkeit einer Analyse unterzogen. Ihre Gutachten befassten sich daher ausgiebig mit seiner Biografie, seiner Entwicklung in Kindheit und Jugend, seinem familiären und außerfamiliären Beziehungsgeflecht und seinen persönlichen Bindungen innerhalb dieses Umfeldes, sowie auch mit den zahlreichen gescheiterten und problembehafteten Bindungen. Daraus ergibt sich das Bild eines Menschen, der, in einem schwierigem familiärem Umfeld aufgewachsen, einen stets gefährdeten Weg durch das Leben suchte, auf dem er mit seiner Homosexualität den bürgerlichen Moralvorstellungen und strafrechtlichen Normen des Kaiserreiches gerecht werden konnte. Der Sport bot ihm dabei die Möglichkeit, seine inneren Seelenzustände zu stabilisieren und gleichzeitig ein Betätigungsfeld, in dem er seine organisatorischen und kommunikativen Anlagen bestens einbringen konnte und Anerkennung fand. In der Beurteilung und Bejahung seiner Homosexualität kamen Binswanger und Kraepelin zu identischen Ergebnissen. Eines aber tritt aus den Gutachten klar hervor: Beide Ärzte wussten um die einschlägigen Bestimmungen des Reichsstrafgesetzbuches und beide wollten Angelo Knorr auf jeden Fall vor dem Gang in das Gefängnis bewahren. Die Konstruktion einer Schuldunfähigkeit mangels freier Willensbestimmung zum Zeitpunkt der Knorr angelasteten Tat war dabei eine der wenigen Möglichkeiten. Man mag den beiden Ärzten unterstellen, Gefälligkeitsgutachten erstellt zu haben, in jedem Fall waren sie aber ein Akt der Humanität. Dem mit dem Fall Angelo Knorr befassten Münchner Staatsanwalt Gick lag die Erfüllung der gesetzlichen Norm jedoch näher; er war keinesfalls bereit, die Argumentation der beiden Gutachter zu übernehmen und lehnte es daher am 6. August 1914 vehement ab, das Verfahren einzustellen. Er forderte die Strafkammer auf, sich über den Sachverhalt durch eigene Beobachtungen in der Hauptverhandlung ein Urteil zu bilden. Rechtsanwalt Kloepfer ließ jedoch nicht locker und stellte seinerseits bei der Strafkammer den Antrag auf Einstellung des Verfahrens. Knorr sei für die von ihm begangene Straftat »nicht verantwortlich zu machen.« Der mit dem Verfahren betrauten 3. Strafkammer beim Landgericht München erschien die Beweislage der Staatsanwaltschaft dann doch zu gering. Sie erkannte am 28. August auf Einstellung des Verfahrens. Knorr sei »außer Verfolgung zu setzen«, sein Haftbefehl wurde aufgehoben. Als Begründung gab man an, »ein genügender Beweis für die Zurechnungsfähigkeit des Angeschuldigten« könne nicht erbracht werden (§ 51 RStGB). Nach einem Jahr der Strafverfolgung war Angelo Knorr endlich wieder ein freier Mann. Eine Entschädigung für Haft und Verfolgung wollte man ihm jedoch nicht zugestehen, da laut Kammer »weder die Unschuld erwiesen sei noch ein begründeter Verdacht nicht bestehe.«

Angelo Knorrs weiterer Lebensweg

Angelo Knorr blieb nicht in München. Die Fortsetzung seiner beruflichen Laufbahn in der bayerischen Landeshauptstadt war ihm nicht mehr möglich, an eine Wiederaufnahme seiner Tätigkeit beim MSC und bei den Bayern war nicht zu denken, seine gesellschaftli-

Bellevue

Santorium Bellevue in Kreuzlingen,
Ansicht des Hauptgebäudes
Postkarte, um 1901
Stadt Kreuzlingen, Bauverwaltung

che Stellung in München war ruiniert. Er trat als Kriegsfreiwilliger in das bayerische Heer ein, wurde jedoch bereits Anfang 1915 aus bisher nicht bekannten Gründen entlassen und reiste erneut nach Jena. Bei Wilhelm Schlenk konnte er wieder als Assistent eintreten. Daneben war er als wissenschaftlicher Mitarbeiter in der Deutschen Chemischen Gesellschaft tätig, in der sowohl Ludwig Knorr als auch Wilhelm Schlenk führende Positionen innehatten.[48] Er mietete eine Wohnung in der Sophienstraße 1 und nahm eine junge Frau bei sich im Haushalt auf, bei der es sich wohl um dieselbe Frau handelte, die ihm bereits in München den Haushalt geführt hatte. Hedwig Bollnow wurde am 18. Februar 1885 in Stralsund als Tochter des Schiffszimmermanns Franz Bollnow und seiner Ehefrau Adolfine geboren und ist in den Jahren 1907 und 1908 in München als Erzieherin nachweisbar.[49] Es ist anzunehmen, dass es sich bei ihr um jene Frau handelte, die Angelo Knorr auf Empfehlung eines befreundeten Arztes bei sich als Haushälterin anstellte. Das Verhältnis zwischen den beiden scheint freundschaftlich und gut gewesen zu sein, denn am 24. Januar 1917 schlossen beide, noch in Jena wohnhaft, vor dem Standesamt München I die Ehe. Als Trauzeugen fungierten Verwandte Angelo Knorrs, der Chemiker Dr. Eduard Knorr und der Privatgelehrte Dr. Ferdinand Knorr.[50] Noch im selben Jahr nahm Angelo Knorr eine Tätigkeit als Chemiker bei der »Nitritfabrik AG« in Berlin-Köpenick an. Er zog mit seiner Ehefrau nach Berlin. In Berlin Mitte, im Haus Am Karlsbad 22 südlich des Tiergartens, fanden beide eine Wohnung, die sie bis zum Jahresende 1931 beibehielten. Offenbar sagte Knorr die Arbeit in der Nitritfabrik nicht zu. Eine im September 1918 an die Aktiengesellschaft für Anilin-Fabrikation (Agfa) in Berlin-Treptow gestellte Initiativbewerbung hatte sogleich Erfolg: Zum 1. Januar 1919 stellte die Agfa ihn als Chemiker in ihrem wissenschaftlichen Versuchslabor ein. Gleichzeitig wurde er zum Vertreter des Laboratoriumsvorstandes bestellt.[51] Zu Jahresbeginn 1921 erhielt er Handlungsvollmacht für die Firma. Damit war er innerhalb kürzester Zeit in die mittlere Führungsebene der Agfa aufgestiegen.[52] Schwerpunkte seiner Arbeit bildeten die Verbesserung bestehender und die Gewinnung neuer Verfahren bei der Herstellung von Farb- und Riechstoffen. So beschäftigte er sich intensiv mit der Zusammensetzung verschiedenster Farben auf Teer-, Schwefel-, Kunstharz- oder Lackbasis, dann mit der Zusammensetzung von organischen Stoffen und Riechstoffen sowie mit Chemikalien, die zur Verwendung in photographischen Prozessen benötigt wurden. Mitte der 1920er Jahre arbeitete er an Aldehyd-Verbindungen und der Herstellung neuer Aldehyd-Synthesen. Seine wissenschaftlichen Arbeiten schlugen sich in zahlreichen Erfindungen und Patenten nieder, was ihm von seinem Arbeitgeber immer wieder bestätigt wurde und wofür er Extravergütungen erhielt.

Während seine berufliche Karriere bei der Agfa in erfolgreichen Bahnen verlief, hätte ihn der bereits oben erwähnte Privatkredit an Wilhelm Schlenk zu Beginn der 1920er Jahre beinahe in die Insolvenz getrieben. Schlenk war trotz beruflichen Erfolges auch

48 Tidwell (wie Anm. 36), S. 333. LHASA, MER: I 532, 1667.
49 StadtA München: PMB B 327; Auskunft des Stadtarchivs Jena (Frau Constanze Mann), 21. 2. 2014.
50 StadtA München: Standesamt München 1481, 4615.
51 Hier und im Folgenden: LHASA, MER: I 532, 1666 und 1667.

52 Im Mai 1925, vor Verschmelzung zur IG Farben, zählte die Agfa sechs Vorstandsmitglieder, drei stellvertretende Vorstandsmitglieder, 22 stellvertretende Direktoren, 29 Prokuristen und insgesamt 46 Handlungsbevollmächtigte; LHASA, MER: I 532, 1587.

nach Kriegsende nicht in der Lage seinen Kredit, der 1913/14 von Knorr auf ein Darle-henskonto der Schweizer Kreditanstalt umgelegt und in Schweizer Franken bewertet wor-den war, zurückzuzahlen. Schlenk trug zwar in unregelmäßigen Abständen Zinsen ab, aber das Gesamtkreditvolumen belief sich weiterhin auf etwa 40.000 SFR, wofür die Bank von Knorr bei stetig sinkenden Mark-Bewertungen immer höhere Mark-Beträge als Sicherheitsleistung verlangte. Bis zum Februar 1920 stieg die verlangte Sicherheitsleis-tung bis auf 660.000 Mark, wofür Angelo Knorr das Doppelte seines Geldvermögens hätte einsetzen müssen. Von Schlenk war keine Hilfe zu erwarten, weil er zwar inzwi-schen eine gut dotierte Professur in Wien besaß, aber beim sinkenden Stand der Österrei-chischen Krone und der Teuerung in Wien nichts beitragen konnte und sich auch auf Anforderungen Knorrs sehr bedeckt hielt. Es rächte sich nun, dass sich Knorr das Privat-darlehen nicht mit einem Vertrag hatte absichern lassen; aus freundschaftlichen Motiven heraus hatte beide das nicht für nötig gehalten. In seiner Not wandte sich Knorr an die Agfa mit der Bitte, sein Gehalt an die Ehefrau zu überweisen, um es bei einer möglichen Insolvenz seinerseits dem Zugriff der Gläubiger zu entziehen und so wenigstens ihre Existenz zu sichern. Als die Schweizer Kreditanstalt im November 1920 drohte, bei aus-stehenden Sicherheiten das Darlehen zum 3. Januar 1921 zu kündigen, erlitt Knorr in der Firma einen körperlichen und psychischen Zusammenbruch. Unter Fürsprache von Kollegen Knorrs erklärte sich die Agfa schließlich bereit, für den ungedeckten Betrag von etwa 3.000 SFR bei der Kreditanstalt einzustehen. Die Firma richtete ein »Schuldenregu-lierungskonto Dr. Knorr« ein, auf das Knorr die Beträge sukzessive einzahlen konnte. Er war damit vor der drohenden Insolvenz bewahrt und konnte bereits im April 1922, begünstigt durch die steigende Inflation, mit einer letzten Zahlung sein Darlehenskonto bei der Agfa bereinigen. Wie er sich allerdings mit Wilhelm Schlenk auseinandersetzte, darüber schweigen die Personalakten.

Seine Verbandstätigkeit setzte Angelo Knorr auch in akademischen Kreisen fort. Er gehörte zu den Gründungsmitgliedern des »Bundes angestellter Akademiker technisch-naturwissenschaftlicher Berufe« und wurde 1919 einstimmig zum ersten Vorsitzenden gewählt. Das Amt versah er zwei Jahre lang. Im Jahr 1926 gründete er zusammen mit dem Chemiker, Industriellen und Kunstmäzen Karl Goldschmidt die »Karl Goldschmidt-Stel-le«, eine Einrichtung, welche die Interessen von Arbeitnehmern, Arbeitgebern und dem Verein deutscher Chemiker zusammenbringen sollte. Von 1927 bis 1931 übte er die Funk-tion eines Landesarbeitsrichters in Berlin aus.[53]

Zum 1. Januar 1925 wurde Knorr von der Agfa die Leitung des wissenschaftlichen Laboratoriums für Riechstoffe in Berlin übertragen. Als sich die Agfa im selben Jahr mit anderen Chemieunternehmen zur »I.G. Farbenindustrie Aktiengesellschaft« (IG Farben) zusammenschloss, behielt er diese Position bei. Durch seine Forschungen konnte er sich auch über den Berliner Sitz der Firma hinaus einen guten Ruf erwerben. So findet sich in den Direktionsunterlagen der Farbenfabrik Wolfen ein Vermerk aus dem Jahr 1928, der auf der Liste künftiger erwünschter Neuzugänge auch seinen Namen listet. Darin heißt

---

53 Reddelien (wie Anm. 38), S. 605.

es, Knorr zeichne sich »durch eigene Initiative und originelle Gedanken aus.«[54] Zum
1. Januar 1932 wechselte dann Angelo Knorr tatsächlich nach Wolfen, wo die Agfa im Jahr
1909 einen Standort errichtet und zu einem bedeutenden Filmwerk ausgebaut hatte. Knorr
fand im nahen Dessau in der Albrechtstraße 21 eine schön gelegene Wohnung und übernahm im Filmwerk mit der Leitung des Parfümerie-Labors eine Position, für die ihn wohl
seine Forschungen zu den Riechstoffen empfohlen hatten. Was Angelo Knorr zum Wechsel bewegte, geht aus den Unterlagen nicht hervor; möglicherweise war es die größere
Selbständigkeit. Ob ihn der Arbeits- und Erwartungsdruck an der neuen Arbeitsstelle zu-
setzten, weiß man nicht. Jedenfalls erlitt Angelo Knorr schon nach kurzer Zeit in Wolfen
einen völligen seelischen und körperlichen Zusammenbruch, von dem er sich nicht mehr
erholen sollte. Schwankende, teils depressive Gemütszustände begleiteten ihn schon seit
der Jugend. Dies hatten bereits Ludwig Binswanger und Emil Kraepelin in ihren Gutachten des Jahres 1914 festgestellt. In Verbindung mit dem Drang, Ordnung, Klarheit,
Systematik und neue wissenschaftliche Ergebnisse in seine Arbeit einbringen, tat er sich
zunehmend schwerer, Abstand von den beruflichen Dingen und Notwendigkeiten zu ge-
winnen. Oftmals saß er bis nachts an seinen Arbeiten und Forschungen. Ein deutliches
Zeichen für die Intensität, aber auch für den Erfolg seines Arbeitens und Forschens geben
die zahlreichen von ihm getätigten Erfindungen, die ab Mitte der 1920er Jahre stetig zu-
nahmen. Nach einer firmeninternen Aufstellung war Angelo Knorr von 1922 bis 1932 an
insgesamt 24 Erfindungen allein oder als Miterfinder beteiligt, wovon elf bis zum August
1932 bereits als Reichspatent angemeldet waren. Offenbar nutzte er die Urlaube für
Sanatoriums- und Bäderaufenthalte, bei denen er seine körperlichen und psychischen Er-
schöpfungszustände wieder zu regenerieren suchte. Ein Foto aus dieser Zeit zeigt ihn mit
hageren, abgezehrten Gesichtszügen. Der Wechsel nach Wolfen scheint den Druck noch
erhöht zu haben. Schon nach wenigen Monaten quälte ihn eine schwere Depression. Die
in Zusammenhang damit »auftretenden Selbstmordgedanken und zunehmenden Min-
derwertigkeitsideen«, verbunden mit allgemein funktionellen Störungen von Seiten des
Herzens und des Magen-Darm-Systems, ließen eine stationäre Behandlung dringend geraten erscheinen. Sein Dessauer Arzt veranlasste die Einweisung in das Sanatorium
Waldhaus in Ballenstedt im Harz, wo er sich seit dem 3. Mai 1932 aufhielt. Knorr selbst
wandte sich 24. Mai 1932 in einem persönlichen Schreiben an Prof. Dr. Fritz Cursch-
mann, den Leiter der Farbenfabrik Wolfen. Seinen Gesundheitszustand beschrieb er darin äußerst negativ: Eine gesundheitliche Erholung sei nicht eingetreten, er sei »noch
gänzlich im Grübeln od(er) apathisch« und fühle sich in den äußeren Symptomen eher
schlechter als zuvor. Der leitende Arzt des Sanatoriums, Dr. Luchsinger, halte eine Ge-
samtdauer der Kur von acht bis zehn Wochen für unbedingt nötig. Er bitte um Genehmigung der Urlaubsverlängerung bis Anfang Juli und hoffe danach wieder »auf die Beine zu
kommen.« Allerdings stellte sich die Verbesserung seines Zustandes nicht in dem erhofften Maße ein. Die Entlassung konnte erst am 19. Juli erfolgen und auch nur unter der
Vorgabe, dass er weiter in ambulanter Behandlung stehen müsse, an deren Endziel die

---

54 Hier und im Folgenden: LHASA, MER: I 532, 1666.

Wiederaufnahme der Tätigkeit in Wolfen stehen sollte. Über den Erfolg des Versuches lasse sich aber laut Dr. Luchsinger »nichts Definitives« sagen. Angelo Knorr befand sich damit in einem äußerst fragilen Zustand, versuchte aber dennoch, seine Dienstgeschäfte baldmöglichst wieder aufzunehmen.

Am frühen Nachmittag des 2. August 1932 erlag Angelo Knorr im Alter von 50 Jahren in Greppin in einem Büro der Farbenfabrik Wolfen einem Schlaganfall.[55] Noch am Tag seines Todes gab die Direktion der Farbenfabrik Wolfen einen Nachruf heraus, in dem sie den Verlust eines Mitarbeiters beklagte, der sich durch seine vornehme Gesinnung und seine stets gleichbleibende Freundlichkeit das Vertrauen und die Liebe aller seiner Vorgesetzten und Mitarbeiter in reichstem Masse erworben habe. Sein Leipziger Berufskollege Gustav Heinrich Reddelien würdigte ihn als einen prächtigen Menschen »von großem Feingefühl und liebenswürdiger Offenheit.«[56] Wenn er außerdem schreibt, die Klarheit und Gründlichkeit der wissenschaftlichen Arbeiten habe sich auch in seinem Wesen widergespiegelt, so gibt das nur einen Teil der Persönlichkeit Angelo Knorrs wider. Die andere suchende, zweifelnde und depressive Seite seines Wesens konnte er möglicherweise vor seinen Berufs- und Arbeitskollegen gut verbergen. Der FC Bayern widmete ihm einen Nachruf in den Vereinsmitteilungen und bezeichnete ihn darin als »die markanteste Persönlichkeit in unserem Clubleben in dem Dezennium unmittelbar vor dem Kriege.«[57]

---

55 StadtA Bitterfeld-Wolfen: BTF Reg., Nr. 19/1832. Vgl. hierzu den Eintrag im Geburtsregister des Standesamtes München I, Nr. 1161/1882; StadtA München: Standesamt München 772.

56 Reddelien (wie Anm. 38), S. 605.

57 Nachruf auf Angelo Knorr (wie Anm. 9).

Mit Genehmigung des Kirchenverlags Wies

DIE WIES

WALLFAHRTSKIRCHE

Kirchenführer »Wieskirche«,
Nr. 1, 1934.

Peter B. Steiner

Kirchenführer gegen den Führer

»Schnell / Deutsche Kirchen« 1934

Ohne den Untertitel wäre der Titel bedenklich. Denn welche Führer der deutschen Kirchen haben sich 1934 gegen Adolf Hitler gestellt, der seit dem 2. August 1934 vom Reichsheer (seit 1935 von der Wehrmacht) den Eid auf den »Führer des deutschen Reiches und Volkes Adolf Hitler« forderte und am 20. August 1934 die Ämter des Reichspräsidenten und des Reichskanzlers in seiner Hand offiziell unter dem Titel »Führer« vereinigte? Die Rede ist im Folgenden deshalb nicht von Bischöfen und Superintendenten, sondern von den »Kleinen süddeutschen Kirchenführern«, die in der Wallfahrtskirche Wies, der ehemaligen Zisterzienserabteikirche Waldsassen, der Pfarrkirche Faistenhaar und im selben Jahr noch in 66 anderen katholischen Kirchen in kleinen Holzkästchen mit einem absperrbaren Münzbehälter lagen; in sie sollten je nach Umfang 20 oder 30 Pfennig für jedes Heftchen eingeworfen werden. Auf der letzten oder vorletzten Seite der Druckschriften stand: »Diese Kirchenführer werden für alle bedeutenderen Kirchen Süddeutschlands nach dem gleichen Schema herausgebracht (Herausgeber Dr. Hugo Schnell, München), sodass stets unter derselben Ziffer Bauzeit, Künstler, Stil, usw. zu finden sind. Der Verlag liefert die jeweils erscheinenden Führer (monatlich ca. 7) zu 1 Mk. u. 10 Pfg. Porto auch im Abonnement. Jeder Abonnent erhält nach einjähriger Bezugszeit einen eleganten Klemmeinband (sonst Mk. 1,50) gratis. Dreifaltigkeitsverlag München 42.« Der mit Leinen überzogene Pappband trug auf dem Rücken die Titelprägung »Schnell / Deutsche Kirchen«. Aber was haben diese Kirchenführer mit dem Führer zu tun? Sie waren dazu bestimmt, der Ideologie des Nationalsozialismus Religion, Geschichte und Kunst entgegenzusetzen.

Die nationalsozialistische Machtergreifung und der Dreifaltigkeitsverlag

Hugo Schnell und sein Kompagnon Johannes Steiner hatten bis zur Machtübernahme der Nationalsozialisten in Bayern am 9. März 1933 publizistisch gegen den »Führer« und seine »Bewegung« gekämpft. Beide hatten ihre Stellungen verloren und waren arbeitslos, aber sie wollten den Kampf nicht aufgeben. Steiner plante, in der Fortsetzung der Zeitung »Der Gerade Weg« eine Zeitschrift mit dem Titel »Das Ziel« zu gründen. Die Redaktion von »Der gerade Weg« war am 9. März 33 von der »SA« gestürmt worden, der Chefredakteur Dr. Fritz Gerlich wurde blutig geschlagen, verhaftet und am 30. Juni 1934 in Dachau ermordet. Steiner, der ebenfalls verhaftet war, konnte aus dem Polizeipräsidium an der

Ettstraße entkommen.[1] Hugo Schnell, der sich nach seinem Studium in der »Bayernwacht«, einer paramilitärischen Organisation der Bayerischen Volkspartei zur Abwehr der »SA«, engagiert hatte und dort Gauführer für die nördliche Oberpfalz geworden war, wurde im März 1933 in »Schutzhaft« genommen. Nach einigen Wochen wurde er entlassen, mit der Warnung sich nie mehr in der Oberpfalz sehen zu lassen. Hugo Schnell meinte, seine Entlassung einer Fürsprache von Hans Ritter von Lex (1893–1970), der damals Landesführer der »Bayernwacht« war, zu verdanken.[2] Allerdings war ihm während seiner Haft seine Stellung als Redakteur der »Bayernwacht«-Zeitung, der »Grenzzeitung« und des »Konnersreuther Sonntagsblatts« durch den Verlag Angerer in Waldsassen gekündigt geworden.

Mit den Worten »Da wüßt ich Ihnen einen, dem geht's grad dreckig« wies Therese Neumann, die damals weltberühmte »Resl von Konnersreuth«, Johannes Steiner auf Hugo Schnell hin.[3] Über die Eltern Schnell, die wussten, wo sich ihr Sohn versteckt hielt, kam der Kontakt zustande. Die zwei Männer, obwohl vom Charakter sehr verschieden, verstanden sich rasch. Beide stammten aus einem katholischen Elternhaus, beide waren durch eine katholische Seminar-Erziehung geprägt – Hugo Schnell an St. Stephan in Augsburg, Johannes Steiner im Studienseminar Neuburg – und beide hatten Kontakt zur »Resl«. Von der Ausbildung her war der ältere Johannes Steiner (*1902 in Altmannstein, damals Oberpfalz) kaufmännisch ausgerichtet; er hatte schon im Landhandel seines Vaters mitgewirkt, dann als Buchhalter in den Münchner Neuesten Nachrichten gearbeitet, hatte nebenher ein Studium der Wirtschaftswissenschaften an der Technischen Hochschule absolviert und mit einer Doktorarbeit über »die Kostenberechnung im Buchdruckgewerbe« am 10. Juli 1930 abgeschlossen. Im August des gleichen Jahres (1930) hatte ihm Fritz Gerlich, der ehemalige Chefredakteur der Münchner Neuesten Nachrichten, die Geschäftsführung eines neugegründeten »Naturrechtsverlags« angeboten. Hauptzweck der Verlagsgründung war die Herausgabe einer Zeitschrift zum Kampf gegen den Nationalsozialismus. Sie trug seit 1931 den Titel »Der gerade Weg, Deutsche Zeitung für Wahrheit und Recht«.

Hugo Schnell, geboren 1904 in München in einer Familie von Lehrern, hatte an der Universität München Theologie, Geschichte und Kunstgeschichte studiert. Mit der Dissertation »Die Einflüsse des Konzils von Trient auf die Kunst in Altbaiern unter besonderer Berücksichtigung des baierischen Volkstums« promovierte er 1931 im Fach Geschichte. Die Arbeit erschien 1936 unter dem Titel »Der baierische Barock. Die volklichen, die geschichtlichen und die religiösen Grundlagen, Sein Siegeszug durch das Reich«, als erstes Buch im Dreifaltigkeitsverlag München 42. 1934 heiratete Schnell seine Braut Martha Paulus. Die Tochter eines evangelischen Bäckers in Gengenbach hatte in Freiburg und

1   Aretin, Erwein Freiherr von: Fritz Michael Gerlich, Prophet und Märtyrer, 2. Auflage mit einem Kommentar von Karl Otmar von Aretin, München-Zürich 1983; Morsey, Rudolf: Fritz Gerlich, ein Publizist gegen Hitler, Akten und Briefe, 1930–34, Paderborn 2010.

2   Ruprecht, Klaus W.: Schnell, Chronik 1736–2010, Seeg/Allgäu 2010 (nur zum innerfamiliären Gebrauch bestimmt), S. 111.
3   Beringer, Bettina: Der Verlag Schnell & Steiner, Ein Beitrag zur publizistischen Selbstbehauptung. München-Zürich 1983, S. 12.

Giessen Philosophie, Germanistik und Romanistik studiert und 1928 promoviert[4], war konvertiert und dem katholischen Jugendbund »Quickborn« beigetreten.

Um 1930 lag die Idee der »Kirchenführer« in der Luft. Die deutsche Kunstgeschichte hatte sich von der Weltgeschichte des Geistes bei Georg Friedrich Wilhelm Hegel zu einer riesigen Faktensammlung von Kunstdenkmälern entwickelt; seit 1880 wurden sie in staatlichem Auftrag inventarisiert. Da diese amtliche Inventarisierung nur langsam fortschritt, begründete der Königsberger Kunsthistoriker Georg Dehio 1905 das »Handbuch der deutschen Kunstdenkmäler von Georg Dehio«; der Band »Süddeutschland« erschien 1908. Die Entwicklung von Fotografie und Bilderdruck verbilligte die Herstellung von illustrierten Werken, Kleinbildkameras mit Wechselobjektiven machten die Fotografen beweglich und geätzte Zinkklischees ermöglichten den Druck von Schwarz-Weiß-Bildern und Texten in einem Druckvorgang. Gleichzeitig nahm durch Ausbau des Eisenbahnnetzes und der Straßen die allgemeine Mobilität zu. Die neuen Verkehrsmittel Auto, Bus und Motorrad standen zunehmend für Tagesausflüge und Kurzreisen zur Verfügung. Historische Vereine und Kunstvereine nahmen in den 1920er Jahren Exkursionen, Tagesausflüge mit dem Bus, in ihre Programme auf.[5] Der Verlag Benno Filser in Augsburg hatte bereits 1926 einige Kunstführer herausgegeben, die Reihe aber wegen Absatzschwierigkeiten wieder eingestellt; der Buchhandel war an diesen lokalen Publikationen nicht interessiert. Auf gemeinsamen Ausflügen im September 1933 mit dem Auto von Johannes Steiner in die Wies, nach Rottenbuch, Attel und Rott am Inn entstand die Idee, »Kirchenführer« als kleine Hefte im Format 17 x12 cm zu drucken und über die Pfarrämter zu verkaufen. Mit einem Darlehen von 500 Reichsmark, das der Verein »Zeichenring«[6] zur Verfügung stellte, konnten Schnell und Steiner am 23. November in Augsburg einen Verlag gründen, dessen Sitz die von Steiner gemietete Villa in München-Laim, Von-der-Pfordtenstraße 15 war. Als Namen des Verlags wählten die beiden »Dreifaltigkeitsverlag«, weil sie das christliche Gottesbild als Grundlage ihrer Arbeit herausstellen wollten. Während Johannes Steiner sich um die Geschäftsführung, die Fotos, den Bildumbruch und die Herstellung kümmerte, schrieb, besorgte und redigierte Hugo Schnell die ersten Texte. Enthielten die Kirchenführer des ersten Jahrgangs 1934 noch kein Literaturverzeichnis, so wurde dies später als letztes Kapitel in Kleindruck unter der Überschrift »Schrifttum« üblich. Allerdings gaben schon die frühen Texte gelegentlich Hinweise, so steht als letzter Satz im Führer für Kloster Ettal (Nr. 7): »(Zu dies. Führer wurde auch das gediegene und

---

4   Paulus, Martha: Die alten Lahrer Familiennamen sprachgeschichtlich untersucht, Giessener Beiträge zur deutschen Philologie XXIII, Gießen 1928. Martha Schnell, die ihren Mann ermunterte, nicht nur Kirchenführer, sondern auch Bücher zu verlegen, wirkte nach 1945 als Lektorin und Autorin im Verlag Schnell & Steiner.

5   Zur Popularisierung kunsthistorischen Wissens um 1930 vgl. Wolfgang Braunfels, Wolfgang: Kleine Führer durch deutsche Kirchen, in: Sankt Wiborad, Ein Jahrbuch für Bücherfreunde 6, 1939, S. 77–81.

6   Den »Zeichenring« hatte der Kapuzinerpater Ingbert Naab (1885–1935) in Eichstätt zur »literarischen Seelsorge für die studierende Jugend« gegründet. Er gab die Zeitschriften »Der Weg«, »Frohe Fahrt« und das »Das neue Leben« heraus. Naab war mit Fritz Gerlich befreundet, seit sie sich in Konnersreuth kennengelernt hatten. Er schrieb wichtige Beiträge für »Der Gerade Weg«, musste nach der Machtübernahme fliehen und starb 1935 im Schweizer Exil. Gerlich und Naab hatten Hitlers »Mein Kampf« aufmerksam gelesen und seine politische Tätigkeit verfolgt. Darum konnten sie die Gefahren, die aus seiner Ideologie erwuchsen, bis hin zu Judenmord und Krieg, publizistisch darstellen.

Der Gerade Weg,
Deutsche Zeitung für
Wahrheit und Recht

Bayer. Staatsbibliothek: 2 Per. 53q

Ab 1932 gab Fritz Gerlich
(1883 – 1934 ermordet im KZ
Dachau) die Zeitschrift »Der
Gerade Weg« heraus, die
sich konsequent gegen den
Nationalsozialismus wandte.
Auf dem oberen Bild unter
dem Foto von Adolf Hitler ein
Spottgedicht von Johannes
Steiner.

Brief von Hugo Schnell
an Johannes Steiner, 1933.
Privatbesitz

I. Band.

Kleine Süddeutsche Kirchenführer
1934
(Nr. 1 - 63)

Register.

Herausgeber: Dr. Hugo Schnell, München.
Ständige Mitarbeiter: Oberlehrer Bartl, Rimsting; Kaplan A. Bauer, Mchn.-Moosach; Geistl. Rat Gg. Blößner, Amberg; Pfarrer Dr. Frz. Xaver Bogenrieder, Oberammergau; Dr. Karl Busch, Mchn.; Dekan Hch. Englmann, Mchn.; Pfarrer Hans Jakob Gebhart, Diessen; Stiftsprediger Dr. Simon Geiger, Mchn.-St. Cajetan; Prälat Dr. Michael Hartig, Mchn.; Vikar Otto Heichele, Nußdorf b. Traunstein; Msgr. Prof. Dr. Richard Hoffmann, Hauptkonservator, Mchn.; Dr. Norbert Lieb, Konservator, Städt. Maximiliansmuseum Augsbg.; Dr. Georg Lill, Direktor des Landesamtes f. Denkmalpflege, Mchn.; Geistl. Rat Franz Mayer, Wettenhausen; Pfarrer Josef Noderer, Albaching; Pfarrer Josef Ott, Altenstadt; Pfarrer Josef Reindl, Sallach b. Mallersdorf, Nby.; Geistl. Rat Gg. Rückert, Polling; Stud.-Prof. A. Six, Rosenheim; Stadtpfarrer u. Dekan Dr. Joh. Ev. Seitz, Pasing; Dr. Josef Klemens Stadler (Altötting), Bayer. Hauptstaatsarchiv, Mchn.; Pfarrer Frdch. Weyl, Bergen b. Neuburg a. D.; Reg.-Baurat Dr. Karl Zahn, Leiter der Dombauhütte Regensburg.
Bearbeiterin des Registers: Maria Busch, Mchn.

DREIFALTIGKEITS-VERLAG, MÜNCHEN 42
Dr. Schnell und Dr. Steiner.

Liste der ständigen Kirchen-
führer-Mitarbeiter, 1934.
Dombibliothek Freising: Ku 1256

zusammenfassendste Werk über Ettal von Msg. Prof. Dr. Rich. Hoffmann, Augsburg 1927, benützt.)«. Die Steigerung von Partizipien wie »zusammenfassendst« gehörte, wie der Ersatz des Wortes »hinten« durch »rückwärts« und die Umschreibung allgemein üblicher Fremdworte – »Schriftleiter« statt »Redakteur«, »Schrifttum« statt »Literatur« – zu den sprachlichen Eigenheiten Hugo Schnells.

Der erste Kirchenführer, in dem nicht Hugo Schnell als Verfasser steht, sondern »Georg Rückert, bischöflicher Geistl. Rat«, ist der von Polling (Nr. 10). Der Text hält sich genau an das vorgegebene Schema, ist voller historischer und kunsthistorischer Nachrichten, aber er enthält auch den Satz »Im Verein mit der ebenmäßigen Höhe gewährt diese Raumschöpfung dem Beter ein beglückendes Gefühl der Gottesnähe und Geborgenheit«. Das hätten weder Schnell noch Dehio geschrieben, hier spricht der Ortsseelsorger. Außerdem fehlen der dynastische Patriotismus und die Gegenreformation, die Hugo Schnell sicher auch gerne in Polling erwähnt hätte. Noch im ersten Jahr gewann Schnell weitere katholische Kunsthistoriker, Historiker und Geistliche für weitere Kirchenführer: Anton Bauer, Franz Bogenrieder, Karl Busch, Michael Hartig, Richard Hoffmann, Norbert Lieb, Georg Lill, Jakob Mois, Klemens Stadler u. a. In den nächsten Jahren kamen noch die Theologen und Kunsthistoriker Joseph Sauer, (Freiburg), Richard Wiebel (Kaufbeuren) und – 1938 – Josef Weingartner (Innsbruck) hinzu. Die Stationen ihres jeweiligen Wirkens sind an den in den Jahresregistern jährlich wechselnden Titeln, Berufs- und Ortsangaben abzulesen: »Kaplan Anton Bauer, München-Moosach; Pfarrer Dr. Franz Xaver Bogenrieder, Oberammergau; Dr. Norbert Lieb, Konservator, Städtisches Maximiliansmuseum Augsburg; Dr. Georg Lill, Direktor des Landesamts für Denkmalpflege, München; Dr. Josef Klemens Stadler (Altötting), Bayerisches Hauptstaatsarchiv, München; Prälat Dr. Michael Hartig, München«.

Von den geistlichen Autoren hatten Hartig, Hoffmann, Sauer und Weingartner in Kunstgeschichte promoviert. Die übrigen von Kaplan Anton Bauer in München-Moosach bis Pfarrer Friedrich Weyl in Bergen bei Neuburg/Donau waren in ihrer Ausbildung an den theologischen Hochschulen an Kirchengeschichte und Kunstgeschichte herangeführt worden und hatten sich als Heimatforscher und Kunstliebhaber weitergebildet.[7] Die Kunsthistoriker Karl Busch, Norbert Lieb, Georg Lill und der Historiker Klemens Stadler aber hatten sich vor 1933 kirchlich engagiert, entweder in einem Bund der katholischen Jugend oder – wie Georg Lill – in der Deutschen Gesellschaft für christliche Kunst.

Aus dieser Autorengruppe etwas ausführlicher erwähnt seien die Geistlichen Richard Hoffmann und Michael Hartig. Hoffmann war Hauptkonservator im Bayerischen Landesamt für Denkmalpflege und hatte zuvor die Bibliothek des Bayerischen Nationalmuseums betreut; 1923 hatte er im Georg Müller Verlag München das Buch »Bayerische Altarbaukunst« vorgelegt. 1934 schrieb Hoffmann den Kirchenführer zur Pfarr- und Wallfahrtskirche Maria Dorfen (Nr. 65). Sein Text zeichnet sich durch eine Fülle von Künstlernamen vom 18. bis zum 20. Jahrhundert aus und durch einen liebevollen Blick auf Architektur, Ornament und Rahmen. So würdigte er den neugotischen Hochaltar von

---

7 Der Beitrag katholischer Geistlicher von Johann Georg Dillis über Abbé Breuil bis Floridus Röhrig, Sigmund Benker, Franz Ronig zur Weltkunstgeschichte ist noch nie systematisch untersucht worden. Die Kirchenführer des Dreifaltigkeits-Verlags wären dafür eine wichtige Fundstelle.

Josef Gritsch und Franz Paul Schmitter 1868 mit folgenden Zeilen: »Jedoch wenn auch heute durch den romantischen Baldachinaufbau über dem Gnadenbild die Raumwirkung sich nicht unwesentlich verzerrt hat, so mag doch die Art und Weise wie der Altarbauer des 19. Jahrhunderts seiner Aufgabe gerecht zu werden suchte, nach der stilgeschichtlichen Seite des Altarbaus für uns Gegenwartsmenschen lehrhaft sein. Ist doch die Kunst der Romantik für unser heutiges Empfinden bereits historisch geworden, so daß wir in zeitgemäßer toleranter Einstellung auch einigermaßen beachtenswerten Schöpfungen dieser Epoche unser Interesse schenken. Dies ist zweifellos bei Betrachtung des gegenwärtigen Altaraufbaues in Maria Dorfen der Fall.« Dreißig Jahre später war eine solch tolerante Einstellung gegenüber der Neugotik nicht mehr zeitgemäß: Der Münchner Architekt Erwin Schleich ersetzte 1963 den Choraltar durch ein Asam-Remake – den architektonischen Formen nach eine Rekonstruktion des Wallfahrtsaltars von Egid Quirin Asam aus dem Jahr 1748, in der plastischen und farbigen Umsetzung aber ein Knödelbarock, eine populistische Vergröberung barocker Formen, wie sie auch Schleichs andere »Rekonstruktionen« in Münchner Kirchen (Damenstift, Anna am Lehel, St. Peter und Asamkirche) auszeichnet. 1963 war für die Kirchen im Landkreis Erding Joseph Blatner als Denkmalpfleger zuständig, der letzte Künstlerkonservator des Bayerischen Landesamts für Denkmalpflege, der zeitlebens die Neugotik bekämpfte, so wie um 1860 Joachim Sighart den Barock bekämpft hatte. Auch Hugo Schnell hatte mit der Kunst des 19. Jahrhunderts seine Schwierigkeiten; sie war für ihn eine »Verflachung« nach dem Höhenflug des Barock und vor dem »wesenhaften Expressionismus«, den er für seine Zeit propagierte.

Auch Domkapitular Michael Hartig, der ein langjähriges Mitglied des Historischen Vereins von Oberbayern und von 1945 bis 1960 dessen 1. Vorsitzender war, war ein ausgewiesener Kenner bayerischer Kunstgeschichte. Er hielt im Verein für christliche Kunst in München Vorträge über säkularisierte Klöster, so 1933/34 über diejenigen in Oberbayern und konnte 1935 den Band »Die oberbayerischen Stifte« zum 75-jährigen Jubiläum des Vereins veröffentlichen; 1940 folgte zum 80-jährigen Jubiläum der Band »Die niederbayerischen Stifte. Mächtige Förderer deutscher Kunst«.[8] Der Untertitel der letztgenannten Publikation gibt eine Tendenz an, die Hartig und Schnell verband, nämlich den Anteil der katholischen Kirche an der deutschen Kultur bewusst zu machen. Schon der erste Satz in Hartigs Buch belegt dies: »Bayern war einst ein klosterreiches Gebiet gewesen und hat seine Seelen-, Geistes- und Bodenkultur von den Klöstern empfangen.«[9] 1942 sollte Hartig den Führer durch die ehemalige Augustinerkirche in Ingolstadt, damals Standortkirche der Wehrmacht, herausgeben. Es war einer der letzten im Krieg erscheinenden Kirchenführer; die von Johann Michael Fischer erbaute Kirche wurde 1945 zerstört. Von Hartig stammt aber auch der erste Kirchenführer nach dem Krieg, er befasste sich mit der Wallfahrtskirche St. Rasso in Grafrath (Nr. 519).

Die schier unglaubliche Geschwindigkeit, mit der Hugo Schnell seit 1934 beinahe jede Woche einen Kirchenführer selbst schreiben und einen anderen redigieren konnte, war

8 Scheipl, Else: Geschichte des Vereins für Christliche Kunst in München 1860 bis 1990, München 1995, S. 154 – 169.

9 Hartig, Michael: Die niederbayerischen Stifte. Mächtige Förderer Deutscher Kunst, München 1939, S. 1.

Die Verlagsgründer Dr. Hugo Schnell
(links) und Dr. Johannes Steiner.
Dombibliothek Freising: Ku 3686

nur möglich, weil er über eine umfangreiche Kartei von süddeutschen Künstlern, von Heiligen und ikonografischen Themen verfügte, weil damals noch alle katholischen Kirchen von Sonnenaufgang bis Sonnenuntergang geöffnet waren, weil jeder Pfarrer neben seiner Kirche wohnte und im Pfarrhof das Pfarrarchiv verwahrte.

Kunst aus Rasse oder Religion?

Die deutsche Kunstgeschichte wurde in der Nachfolge von Hegel wesentlich von Jacob Burckhardt, Heinrich Wölfflin, Adolf Goldschmidt, Georg Swarzenski u. a. entwickelt, also von Persönlichkeiten, die als Calvinisten oder Juden eine kritische Distanz zum Umgang der Katholiken mit Bildern hatten. Die Beiträge von Katholiken wie Joseph Sauer und Joseph Braun SJ wurden als nützliche Faktensammlungen anerkannt, hatten aber auf die Methoden keinen größeren Einfluss. Kunstgeschichte war in Deutschland weit mehr vom Kulturprotestantismus der Bismarck-Zeit geprägt als vom Katholizismus. In den Kirchenführern des Dreifaltigkeitsverlags erhielt eine katholische Kunstgeschichte, die auch den religiösen Sinn von Kirchenbauten beachtete, ein Forum. Das fällt auf, wenn man die Kirchenführer mit Wilhelm Pinders populärem Werk »Deutsche Dome« vergleicht.[10] Pinder erklärt Kirchen als » zweckfreien Kraftausdruck«, als »Zeugnisse einer gewaltigen Energie der kühnsten Elemente im Strom nach Osten« mit »lanzenhaften Türmen« »in Vorpostenstimmung« oder mit einem »Raumgefühl, das geschmeidig um die Stützen gleitet«.[11] Worte wie »Gottesdienst«, »Altar« oder »Priester« waren ganz überflüssig, denn es ging dem Autor nicht um Funktionen, sondern um deutsches Bauen zwischen Aachen und Königsberg, Bern und Prag. Man kann Schnells »Deutsche Kirchen« als eine Sammlung von Streitschriften gegen Pinders »Deutsche Dome« ansehen, weil sie sich auch den kleinen Kirchen zuwenden und weil sie die Kirchen als Kirchen, als Religionsbauwerke, darstellen. Dabei weisen sie keineswegs schon in der ersten Zeile auf »Gotteshaus« und »Gottesdienst«, wie dies die neuere Kirchenpädagogik, die »spirituellen« oder »mystagogischen« Kirchenführer seit 1990 tun, sondern sie entwickeln das religiöse Programm jeder Kirche ganz sachlich aus seinen historischen und geografischen Grundlagen anhand einer strengen Gliederung und zeigen so, auf welche Weise die besprochene Kirche ein Gotteshaus ist. Wesentliches Hilfsmittel ist dabei die Ikonografie als Hilfswissenschaft, für welche die Kirchenführer und ihre Register umfangreiches Material zur Verfügung stellten.[12]

In den Jahren 1933 bis 1945 wurde die Kunstgeschichtsschreibung in Deutschland weitgehend der nationalsozialistischen Kulturindustrie angepasst, wie Heinrich Dilly 1988 festgestellt hat.[13] Dies gilt mit wenigen Ausnahmen für Publikationen wie auch für die Lehre an den Universitäten, für Kunstmuseen und in geringerem Maße für die Denk-

---

10   Das Werk erschien 1910 zum ersten Mal und erlebte bis 1969 zahlreiche Neuauflagen.

11   Zitate zu 11. Jahrhundert, Danzig Marienkirche, Pelplin, Nürnberg St. Lorenz.

12   Mit der kunstwissenschaftlichen Methode der Ikonologie, die ausgehend vom Warburg Institut in England

und USA begründet wurde, hatte Hugo Schnell damals noch keinen Kontakt. Er entstand erst durch Rudolf Berliner, nach 1945.

13   Dilly, Heinrich: Deutsche Kunsthistoriker 1933 – 45, München 1988.

malpflege.[14] Adolf Hitler hat in der »Hauptstadt der Bewegung« am »Tag der Deutschen Kunst«, dem 17. Juli 1937, erklärt: »In der Zeit liegt keine Kunst begründet, sondern nur in den Völkern«. Damit war die Kunstgeschichte als historische Disziplin abgewertet und eine biologisch rassistische Kunstdeutung gefordert. Sie war von Henry Thode und Josef Strzygowski vorbereitet, von der Lebensphilosophie Wilhelm Diltheys gefördert und setzte sich nach 1933 rasch durch. Zuerst an den Universitäten und Hochschulen in München und Berlin. Die meisten Ordinarien für Kunstgeschichte – Wilhelm Pinder, Hans Jantzen, Alfred Stange, Albert Brinckmann, Luitpold Dussler, Hans Sedlmayr – waren in der NSDAP, der »SS« oder der »SA« engagiert. Nur Richard Hamann konnte an der Universität Marburg von 1913 bis 1949 das kunsthistorische Institut ohne Zugeständnisse an die braunen Machthaber halten. Die Kunsthistoriker im Exil – Ernst Gombrich, Erwin Panofsky, Otto Pächt, Paul Frankl und 250 andere – schrieben und lehrten keine Kunstgeschichte gegen die NS-Ideologie, sondern sie waren damit beschäftigt, sich in England und Amerika neue Hörer und Leser zu suchen.[15] Sie hatten keine Zeit, sich um die Kunstgeschichte in Deutschland zu kümmern. Obwohl sie die »ikonologische Beschäftigung mit der antiken Tradition auch als Damm gegen den zeitgenössischen Nationalismus betrachteten«[16], schrieben und lehrten sie, als ob es die Barbarei in Deutschland nicht gäbe. Ganz anders als Schriftsteller und Literaten wie Heinrich Mann, Lion Feuchtwanger, Oskar Maria Graf oder Bertolt Brecht, die über Exilverlage und -zeitschriften direkt politisch wirken wollten. Deutsche Kunsthistoriker im Exil wirkten in ihren Zufluchtsländern mächtig auf die Entwicklung der wissenschaftlichen Disziplin »History of Art«, in Deutschland wirkte sich dies aber erst lange nach Kriegsende aus.

Hans Sedlmayr hat 1938 in seinem Beitrag zur Festschrift für Heinrich von Srbik, »Die politische Bedeutung des Deutschen Barock, Der »Reichsstil«, den politischen Wandel als Grund für den Stilwandel nach dem Sieg über die Türken 1683 angegeben: »Das Problem (wie ein Stilwandel durch politischen Wandel hervorgerufen wird) ist durch die politische Wandlung aber, die wir selbst in den letzten Jahren mitgemacht haben, erst gestellt worden.«[17] Er hatte an diesem Wandel als Mitglied der NSDAP seit 1932 mitgewirkt. Der Aufsatz, der Johann Bernhard Fischer von Erlach zum Begründer des Barock in Deutschland ausruft, ist kurz nach dem »Anschluss Österreichs« am 12. März 1938 erschienen. 1960 fügte Sedlmayr im bibliografischen Nachweis hinzu: »Für ausländische Leser füge ich hinzu, daß der Begriff des Reichsstils […] sich auf das »Reich« des 17. und 18. Jahrhunderts bezieht.« Für Sedlmayrs Universitätskarriere war die naheliegende Verwechslung des Heiligen Römischen Reichs mit dem »III. Reich« bis 1945 förderlich und nach 1950 kein Hindernis mehr.

»Mit dieser Rückbindung an das Völkliche gewinnt der Stil frische Kräfte«[18]. So einen Satz von Sedlmayr könnte man auch bei Hugo Schnell finden, nur liegt für ihn die Wur-

14   Held, Jutta (Hg.): Kunstgeschichte an den Universitäten im Nationalsozialismus, Osnabrück 2003 (Politik und Kunst, Jhb. der Guernica Gesellschaft 5).

15   Wendland, Ulrike: Biografisches Handbuch deutschsprachiger Kunsthistoriker im Exil, München 1998.

16   Michels, Karen: Transplantierte Kunstwissenschaft,

Deutschsprachige Kunstgeschichte im amerikanischen Exil, Berlin 1999, S.154. Zum Aspekt des Engagements gegen Nazi-Deutschland seit 1940, S. 176 – 194.

17   Abdruck in: Sedlmayr, Hans: Epochen und Werke I/I, Wien 1960, S. 140 – 156.

18   Sedlmayr (wie Anm. 17), S. 155.

zel des Barock nicht in der Politik, sondern in der Religion, in der Mystik und in der katholischen Reform. Hugo Schnell hat »das Reich« dem Titel seines Buches, »Der baierische Barock«, abweichend vom Titel der Dissertation, hinzugefügt. Der »Siegeszug durch das Reich« wird auf sechs Seiten (S. 206 – 212) knapp skizziert und vor allem mit dem Wirken der 600 Wessobrunner Stukkatoren begründet. Trotz und mit diesen zeitbedingten Zugeständnissen an Volk, Reich und Stamm wendet sich die Kunstgeschichte Hugo Schnells vom ersten Heft der »Deutschen Kirchen« an gegen das Geschichtsbild, die Kunstauffassung und die Ideologie des Nationalsozialismus: »Die Wies ist nicht nur ein künstlerisches Wunderwerk, sondern auch ein bis in die letzte Stukkatur durchdrungenes katholisches Gotteshaus stärkster Glaubenskraft. Diese seltene Einheit von Religion, Kunst und Natur innerhalb der Künstler hat in ihrem Kunstwerk vollen Ausdruck gefunden und ist in dieser überragenden und vielseitigen Art vielleicht die einzige, die in dieser und jeder Zeit vorkam«. Den besonderen Ton Hugo Schnells, bestimmt durch Tendenz und Emphase, lässt der Vergleich zweier Textpassage von Georg Dehio und Schnell deutlich werden. Dehio schreibt zur Klosterkirche Fürstenfeld: »Eine der großartigsten Kirchenbauten Oberbayerns, für die geschichtliche Entwicklung, insbesondere für das Verhältnis des bayerischen Barock zur italienischen Kunst, höchst aufschlußreich.«[19] Schnell dagegen beendet seine seitenlange Würdigung, in der er auf Architektur, Stuck, Altäre, Beichtstühle und viele andere von Dehio nicht erwähnte Details eingeht, wie folgt: »Eine besondere Note erhält Fürstenfeld durch die mystisch durchwirkten Fresken, die in seltener Geschlossenheit zugleich mit den vielen Hinweisen auf die Gegenreformation (Wittelsbacherstiftung!) dem mächtigen Gotteshaus katholische Wärme verleihen u. schönstes Zeugnis barocker Glaubenskraft sind. Was der Oberitaliener deutscher Schulung begann, vollendeten Bayern. So ward nach Dehio Fürstenfeld bei Bruck ›eine der großartigsten Kirchenbauten Oberbayerns‹.«[20] Der junge, eben promovierte Kunsthistoriker übernahm das Urteil des berühmten Dehio, begründete es aber religions- und kirchengeschichtlich und würzte es mit bayerischem Landespatriotismus.

Die Rede von »Volk«, »Volkstum« und »Stamm« in den frühen Kirchenführern kann als Zugeständnis und Tarnung verstanden werden. Ebenso wie die Architektursprache, die Robert Vorhoelzer für die Kirche Maria Königin des Friedens 1936 in München-Giesing gewählt hatte. Vorhoelzer, der wichtigste Vertreter des Neuen Bauens in München vor 1933, war als »Baubolschewist« als Professor an der Technischen Hochschule entlassen worden. Sein hochragender Backsteinbau mit Hauseingliederung wirkt bodenständig und wehrhaft wie viele Bauten der NS-Zeit, aber das Patrozinium »Maria Königin des Friedens« ist die deutlichst mögliche Absage an die kriegstreiberische Politik seiner Entstehungszeit. Diese Absage wird konzentriert in dem großen Fresko an der Altarwand, wo Albert Burkart die Madonna riesengroß thronend mit einem Ölzweig gemalt hatte, zu ihren Füßen Papst Benedikt XV., Kardinal Faulhaber, Prälat Hartig, der Pfarrkurat Beer, Architekt Robert Vorhoelzer, Frauen, Kinder und ein Stadtbild von München mit dem

19   Dehio, Georg: Handbuch der deutschen Kunst
denkmäler, Süddeutschland, Berlin 1908.

20   Schnell, Hugo: Fürstenfeld bei Bruck (Kirchenführer
Nr. 6), München 1934, S. 11.

Text: »Gib Frieden Herr in unseren Tagen [...].«[21] Der Maler Albert Burkart war enga-
gierter Katholik und Gegner des Nationalsozialismus, aber seine monumentale narrative
Wandmalerei entsprach dem Kunstgeschmack der Kirche ebenso wie dem der Nationalsozialisten.[22] Nicht immer verraten künstlerische und sprachliche Ausdrucksformen Gesinnung und politische Einstellung. Im Kirchenführer, der zur Einweihung der Münchner
Friedenskirche im Jahr 1937 erschien, rühmte Hugo Schnell vor allem die bodenständigen
Materialien und den Anschluss an die bayerische Bautradition der Spätgotik; damit versuchte er Vorurteile sowohl von Kardinal Faulhaber als auch der Giesinger Bevölkerung
gegen das Neue Bauen zu entkräften und für eine zeitgemäße kirchliche Kunst zu werben.
Schnell trat vom ersten Jahr an für ein modernes Bauen und Gestalten für die Kirche
ein.[23] Nach dem Ende des »Dritten Reichs« gründete er für diese Thematik die Zeitschrift
»Das Münster, Zeitschrift für christliche Kunst und Kunstwissenschaft«; in ihr pflegte er
auch sein Interesse an christlicher Ikonografie.

Im ideologischen Hauptwerk des Nationalsozialismus, in Alfred Rosenbergs »Der
Mythus des 20. Jahrhunderts«, wird in Band 2 »das Wesen der germanischen Kunst« ausführlich behandelt. Da die Aufwertung des Barock durch die Kunstgeschichte um 1900 bei
ihm aber noch nicht angekommen war, konnte er schreiben: »Der Hochflug der Gotik
war dahin, das triumphierende rasselose Rom hatte über nordischen Geist [...] gesiegt.«[24]
Eine Generation jünger war der Kunsthistoriker Kurt Steinbart, der 1935 seine Arbeit über
den Münchner Barockbildhauer Johann Georg Greiff als Jahresgabe des Deutschen Vereins für Kunstwissenschaft vorlegen konnte.[25] Er begründete auf Seite 1 des großzügig
ausgestatteten Bandes seine Arbeit so: »Folgender Beitrag zum Schaffen eines süddeutschen Barockbildhauers ist in mehrfacher Hinsicht gerechtfertigt. Der Hochaltar der
Münchner Peterskirche, dessen figürlichen und dekorativen Schmuck Greiff bestritt, gilt
als großartigstes Altarwerk Bayerns ohne je ausreichend gewürdigt worden zu sein. Des
Meisters Tabernakelengel am Hochaltar der Münchner Kirche zum Heiligen Geist sind
berühmte Stücke und typische Äußerungen der dinarischen Rasse.« Das letzte Kapitel
nach der Zusammenfassung ist mit »Rasse und Stil« überschrieben: »Wer vorstehenden
Lebens- und Werkabriss aufmerksam gelesen, wird über die Regsamkeit des Bürgerstan-
des jener Tage erstaunt sein. Kraft und Lebendigkeit herrschen. Ein großer Zug geht durch
die Zünfte und das Privatleben. Der Aufstieg einer Schicht bereitet sich vor, die fest im
Boden der Heimat wurzelt, selbstbewusst werkend Ansprüche erhebt und schwungvoll
vorwärts stürmt. Es ist die temperamentvolle dinarische Rasse, deren nordisch gemischte
Eigenwerte nicht nur nach Gestaltung ringen sondern erst jetzt in hochbedeutenden Leistungen ihren Niederschlag findet. So bezeichnet denn jene Epoche geradezu den Beginn

21 Steiner, Peter B.: Der Maler Albert Burkart, München-
Zürich 1981, S. 13.
22 Steiner, wie Anm. 21, S. 15. Burkart erhielt im Anschluss
an den Kirchenauftrag die Aufgabe, den Festsaal der
Luftkriegsschule in Fürstenfeldbruck auszumalen; er
wählte als Thema das Nibelungenlied. 1944 wurde er von
der Wehrmacht abgestellt, um in Berlin kriegsversehrte
»SS«-Soldaten in Malerei für die Siegesdenkmäler nach dem
Endsieg auszubilden.

23 Zum Beispiel in den Kirchenführern zu St. Gabriel, Hl.
Blut und Namen Jesu in München, St. Anton in Regensburg
sowie Herz Jesu in Weiden, die 1934 erschienen.
24 Rosenberg, Alfred: Der Mythos des 20. Jahrhunderts,
München 1930, S. 240–247; Auflage 1940, S. 375.
25 Steinbart, Kurt: Johann Georg Greiff 1683–1753, Leben
und Werk eines bürgerlichen Münchner Barockbildhauers.
Berlin 1935.

Altarraum der Pfarrkirche
Maria Königin des Friedens in
München-Obergiesing.
Fresko von Albert Burkart, 1937
Erzbischöfliches Ordinariat
München-Freising, HA Kunst

Das starke Anwachsen der
Bevölkerung im Südosten
Münchens am Beginn des
20. Jahrhunderts machte den
Bau einer neuen Kirche in
Obergiesing notwendig, mit
deren Entwurf 1936 der Münchner Architekt Robert Vorhoelzer (1884 – 1954) betraut wurde.
Schon am 24. Oktober 1937
wurde die Kirche eingeweiht.
Dominierendes Element der
Ausgestaltung ist das Fresko
von Albert Burkart (1898 –
1964), das die gesamte Wand
hinter dem Hochaltar ein-
nimmt: Weit überlebensgroß
thront Maria mit dem Christus-
kind, in ihrer Rechten ein
Ölzweig als Symbol des Friedens. Neben ihr stehen Engel
mit Trauben und Ähren, den
Elementen der Eucharistie. Vor
dem Thron kniet betend Papst
Benedikt XV., der 1917 die neue
Anrufung »Königin des Friedens« in die Litanei aufgenommen hatte, um die Fürsprache
Mariens für den ersehnten
Frieden zu erbitten. Darunter
ist die Weihe der neuen Kirche
und der Stadt München durch
Kardinal Faulhaber an Maria,
die Königin des Friedens,
dargestellt. In einem weiteren
Bildstreifen kämpfen Engel
gegen Krieg, Not, Tod, Teufel,
Hass und Lüge. In der Sockel-
zone sind die Gebetsbitte »Gib
Frieden, Herr, in unsern Tagen
[...]« und die letzte Strophe des
Kirchenlieds »Maria, breit' den
Mantel aus« zu lesen.

liches Weltbild versunken war.«[28] Der letzte Satz des Buches lautet: »Der Geist des Tri
dentinums springt vom Beginn des 18. ins 20. Jahrhundert, auf dass zur achtungsvollen
Weite auch weitere Vertiefung und wesenhafterer Expressionismus, wie ihn der Frühba
rock besaß, folge« – ein Wunsch, der nicht in Erfüllung ging. Der Sprung »vom Beginn
des 18. ins 20. Jahrhunderts« weist auf eine von Hugo Schnell konstatierte Verflachung
im 18. und noch mehr im 19. Jahrhundert. Die gewünschte »weitere Vertiefung« bezog
sich auf die liturgische Bewegung, das Wirken katholischer Jugendbünde wie »Hoch
land«, »Neudeutschland«, »Quickborn«[29] und das »Erwachen der Kirche in den Seelen«,
zu dem der Theologe und Religionsphilosoph Romano Guardini aufgerufen hatte. Aber
weder damit noch mit dem »wesenhafteren Expressionismus« hatten die deutschen Kir
chenführer, die Kardinäle Faulhaber und Bertram, etwas im Sinn – im Gegenteil. Sie wa
ren im päpstlichen Antimodernismus gefangen, mit Vorurteilen eingemauert. Kardinal
Faulhaber nahm in seiner Silvesterpredigt 1928 im Münchner Dom deutlich gegen den
Expressionismus Stellung: »[...] Malerkunst und Bilderkunst müssen aus dem Glauben
leben und arbeiten. Sie müssen an die Erbsünde glauben, also mit der Sinnlichkeit der
Menschenkinder rechnen und dürfen nicht Bilder schaffen, die den Schwachen zum An
stoß werden. Auch wenn in anderen Jahrhunderten bei einem naiveren Volk die Kirchen
ähnliche Bilder hatte. Die bildenden Kirchenkünste müssen daran glauben, daß der
Mensch ein Ebenbild und Kunstwerk Gottes ist, daß trotz der Verwüstungen der Sünde
der Fingerabdruck göttlicher Schönheit am Menschen noch durchschimmert und in den
Heiligen in hellen Strahlen aufleuchtet. Mögen die draußen die Bäume rot, die Pferde
grün, die Menschen dreieckig oder viereckig malen. Mögen die menschlichen Mißgestal

26 Steinbart (wie Anm. 25), S. 21.

27 Schnell, Hugo Karl Maria: Der baierische Barock, Die
volklichen, die geschichtlichen und die religiösen Grundla
gen. Sein Siegeszug durch das Reich, München 1936, S. 77.

28 Schnell (wie Anm. 27), S. 220.

29 Henrich, Franz: Die Bünde katholischer Jugend
bewegung, München 1968.

ten und Zerrbilder glauben machen, der Mensch stamme vom Affen ab, die kirchliche Kunst muß den Darwinismus ablehnen und den Menschen als Ebenbild und Kunstwerk Gottes darstellen. Christusbilder können sogar eine Gotteslästerung und ein Ärgernis für das christliche Empfinden werden. Es gibt Christusköpfe, die zu sprechen scheinen: ›Ich bin es, fürchtet euch nicht!‹ Es gibt Weihnachtsbilder von der Mutter Gottes, die jede übernatürliche Weihe der Stunde von Bethlehem zerstören. Es werden Engel wie fliegende Fische dargestellt, und Heilige mit einem so blöden Gesichtsausdruck, als ob Verbrecher Modell gesessen hätten. Die kirchlichen Künste müssen aus dem Glauben leben und arbeiten [...].«[30]

Eine zeitgenössische Würdigung der Kleinen Kirchenführer

Die ausführlichste Würdigung der Kleinen Kirchenführer schrieb Wolfgang Braunfels im »Jahrbuch für Bücherfreunde« 1939.[31] Braunfels, Enkel des Bildhauers Adolph Hildebrand und Sohn des Komponisten Walter Braunfels, hatte Kunstgeschichte in Köln, Paris, Florenz und Bonn studiert und 1938 über François de Cuvilliès promoviert. Nach dem Studium war er nach Florenz gegangen, um seine Habilitation vorzubereiten. 1939 erschien seine »Kleine italienische Kunstgeschichte«. Braunfels lebte im Wesentlichen von Fremdenführungen und versuchte mit Hugo Schnell auch in Florenz Kunstführer herauszugeben.[32] Aus seinem Text von 1939 sei zitiert: »In dem kunstgeschichtlichen Schrifttum der letzten Jahre treten die Versuche, das ungeheuer angewachsene Wissen über Kunst- und Geisteswerte der Vergangenheit den Folianten der Seminare zu entreißen und weiteren Kreisen nahezubringen, immer mehr in den Vordergrund. Angefangen von den großen Abbildungswerken des Atlantisverlages etwa oder den Büchern Walter Heges zu den zahlreichen kleinen und kleinsten Bildermappen und weiter über Lützelers ›Führer zur Kunst‹ bis zu Waetzolds ›Du und die Kunst‹, um nur einige zu nennen, verfolgen sie alle die gleiche Absicht. Die Voraussetzungen freilich, von denen diese Werke ausgehen, sind durchaus verschieden. Die ›Bilderbücher‹ vertreten mehr oder weniger den Standpunkt, daß das Kunstwerk rein als solches wirkt, bestenfalls einer geschichtlichen Einleitung zur Deutung bedarf, welche die Gegebenheiten seiner Entstehung klarlegt. Andere glauben, daß vor allem die Erziehung zum Sehen, das Verständnis der Form als solche, die Erkenntnis auch des Gehaltes vermitteln werde, und wieder andere versuchen vom Technischen her, von der Klarlegung des tatsächlichen Entstehungsvorganges in der Werkstatt des Künstlers her, sich auch dem Kunstwerke nähern zu können. Im allgemeinen ist man sich darüber klar, daß das das eigentlich historische Verständnis, das Wissen um die Stile und Stilphasen in ihrer einmaligen geschichtlichen Bedingtheit immer nur den Gebildeten vorbehalten bleiben muß. Dennoch aber gibt es so etwas wie ein Weiterleben, ein Fortwirken dieser geschichtlichen Gegebenheiten, und von hier aus, so glauben wir, kann ein Ansatzpunkt für ein tieferes Verständnis derjenigen Kunst- und Bauwerke jedenfalls gewonnen werden, die heute noch unsere kulturelle Umwelt weitgehend gestalten, in de-

30 Faulhaber, Michael Kardinal: Kirche und kirchliche Kunst, in: Die christliche Kunst, 1929 S. 134 f.
31 Braunfels (wie Anm. 5), S. 77 – 81.

32 Braunfels und Steiner arbeiteten ab 1968 als Herausgeber des »Lexikons für christliche Ikonographie« noch einmal zusammen.

nen und mit denen wir immer noch leben. Hier hat auch jene Schriftenreihe ihre Aufgabe gefunden, auf die in diesen Zeilen die Aufmerksamkeit gelenkt werden soll: die kleinen deutschen Kirchenführer, die nun mehr schon im 6. Jahrgang im Verlag Dr. Schnell & Dr. Steiner in München 42 erscheinen, und von denen weit über dreihundert Hefte vorliegen. Diese kleinen Führer, die man zum Preise von 20 bis 30 Pfennigen an den meisten Kirchenpforten Süddeutschlands erwerben kann und die eben begonnen haben, sich auch den Westen und den Norden des Reiches zu erobern, gehen von der Voraussetzung aus, daß es die dringlichste Aufgabe sei, dem Volke von denjenigen Kunstwerken zu sprechen, die es schon kennt, von deren Entstehung eine ununterbrochene Überlieferung bis in unsere Tage reicht, da sie noch der nämlichen Aufgabe dienen, für die sie geschaffen sind. Sie wenden sich in erster Linie an die Pfarrgemeinde und die Freunde der Kirche selbst, die sie beschreiben, dann erst an vorüberreisenden Besucher, der des schweren, oft allzu knappen Dehio ledig, diese zuverlässigen, genauen und billigen Kirchenführer nur begrüßen kann. Sorgfältige Archivarbeiten, die in manchen Fällen zu überraschend neuen Funden geführt haben, so z. B. der Entdeckung einer ganzen Reihe unbekannter Werke des Dominikus Zimmermann, ermöglichen es neben den großen Meistern auch die Handwerker kurz aufzuführen, deren Namen oft noch im Orte fortleben, und so ein neues Band vom Werk zum Besucher knüpfen können. Dieser Weg, von der fortlebenden Überlieferung ausgehend ein Bauwerk zu erfassen, erweist sich gerade bei den Kirchenbauten als besonders glücklich, weil dort die Gebräuche des Gottesdienstes, welche die Bauformen bedingen, noch dem Volke durchaus geläufig sind, weil die Bruderschaften, die diesen oder jenen Altar gestiftet haben, noch fortbestehen, vor allem weil die Beziehung des Bauwerkes zu seiner sakralen Aufgabe, wie sie in Hunderten von Fällen die kleinen Führer nachweisen, dem unvoreingenommen Beschauer weit leichter verdeutlicht werden kann, als irgend welche ästhetischen Gesichtspunkte. Gerade auf die Darlegung der symbolischen Bedeutung des Einzelwerkes, den ganzen Beziehungsreichtum, der jeden Gegenstand der christlichen Kunst mit dem ganzen weltanschaulichen System, aus dem er geboren ist, verknüpft, wird in den kleinen Heften ein besonderer Nachdruck gelegt, wobei jedoch nie vergessen wird, daß erst die volklichen und stammlichen Kräfte im Einzelfalle dann dem Werk sein künstlerisches Gepräge gegeben haben. Da es zunächst auf das Verständnis eines Kunstwerks überhaupt ankam, auf dem Weg zu ihm durch den Nachweis der fortwirkenden Überlieferung, war es auch gleichgültig, ob man einen der deutschen Dome oder eine bescheidene Dorfkirche zum Ausgangspunkt wählte, ein Werk der Romanik oder den Bau eines zeitgenössischen Meisters. Darin liegt ein besonderes Verdienst der Reihe, daß auf die kleinen Dorfkirchen ebensoviel Mühe und oft mehr wissenschaftliche Arbeit verwendet wurde, als auf die bekannten Bauten: auch der einfachen Dorfgemeinde soll gezeigt werden, welch einen Schatz sie in ihrer Kirche besitzt. Gerade für diese kleinen, oft schwer zu erreichenden Bauten zeichnet der Herausgeber Dr. Schnell, der fast die Hälfte aller Kirchenführer schrieb, selbst als Verfasser. [Es folgen 10 Beispiele.] Der Reisende wird es besonders begrüßen, daß alle 350 Führer genau nach dem gleichen Schema aufgebaut sind. In acht Abschnitten folgt auf eine allgemein-historische Einleitung, in der Orts- und Baugeschichte kurz berichtet werden, eine ausführliche Liste sämtlicher am Werke tätigen Künstler und Kunsthandwerker und eine Beschreibung des Innenraums, die das Räumliche verlebendigt. Als vierter Punkt schließt sich ein Rundgang durch die Kirche an, bei dem besonders Dekoration und Einzelwerke hervorgehoben und in ihrer Bedeutung für den ganzen Bau erklärt werden. Als fünfter Abschnitt folgt eine Schilderung des Außenbaues, an den sich einige Sätze über den Stil, die späteren Wiederherstellungen und Ergänzungen, endlich eine Würdigung des Bauwerkes anschließt. Hier bietet sich dann noch einmal eine Gelegenheit, die Bedeutung der Kirche in der Kunstgeschichte der Landschaft und im kulturellen Leben des Ortes hervorzuheben.« Dann folgt ein Hinweis auf das Abonnement (»monatlich 1 Mark«) und »ein genaues Sach-, Orts-, Heiligen-, und Künstlerverzeichnis. Hier liegt auch der einzigartig wissenschaftliche Wert der Reihe. Sie stellen bis heute auf den weiten Gebieten, in denen noch kein neueres Inventar der Kunstdenkmäler vorliegt (und zu deren Ergänzung), das einzige Hilfsmittel zur Kenntnis der entlegeneren Kirchenbauten dar. Dort, wo auch Thieme-Becker versagt, sei es, daß ein Künstler ihm zu sehr als Handwerker galt, um aufgenommen zu werden, sei es, daß er im Erscheinungsjahr des betreffenden Bandes in seiner Eigenart noch nicht oder kaum bekannt war, helfen fast stets die kleinen Führer weiter. Aber auch in den Beschreibungen der bekannteren Kirchen, etwa des Würzburger Domes, wird man viele neue Namen, neue archivalisch belegte Zuschreibungen finden. Die kleinen Führer sind heute schon ein fast unentbehrliches Hilfsmittel in jedem kunsthistorischen Seminar geworden. Als ein besonderes Verdienst der Verfasser und des Herausgebers Dr. Schnell muß es bezeichnet werden, daß diese Führer volkstümlich sind und dennoch völlig wissenschaftlich. Popularität soll nicht dadurch erreicht werden, daß man den Stoff verkürzt, vereinfacht, banalisiert, wie es leider heute noch allenthalben geschieht, sondern daß man ihn nur schlicht und klar, in reiner Sprache, knappster Form und unbedingter Zuverlässigkeit im Inhalt vorträgt. Die Verbindung von Wissenschaft und Leben, die allenthalben heute angestrebt wird, ist dadurch auf diesem Sondergebiet glänzend gelöst [...].« Zur kulturpolitischen Zielsetzung und Bedeutung der Kirchenführer als katholisches Gegengift gegen die Ideologie des Nationalsozialismus konnte Braunfels 1939 nichts mehr veröffentlichen. Aber in einer Diktatur und unter den Gesetzen der Zensur hatten die Leser gelernt, auch zwischen den Zeilen zu lesen.

Gelegentlich allerdings war das Gegengift durch Zugeständnisse an das Gift verunreinigt. So drückt sich eine gewisse nationalistische Ausländerfeindlichkeit nicht nur in der Vermeidung von Fremdwörtern, sondern auch in Einschränkungen aus: »Auch die Kirche – obwohl von Italienern gebaut – fügt sich in ihrer ernsten, doch harmonischen Formknappheit beispielhaft in die bayerische Baukunst des 12. Jahrhunderts ein«, schrieb Karl Busch als letzten Satz im Kirchenführer zur Niedermünsterkirche Regensburg (Nr. 50).

Kirchenführer von Tuntenhausen
und Polling, jeweils mit
dem Stempelaufdruck »Kirchenführer von«.
Dombibliothek Freising: Ku 1256

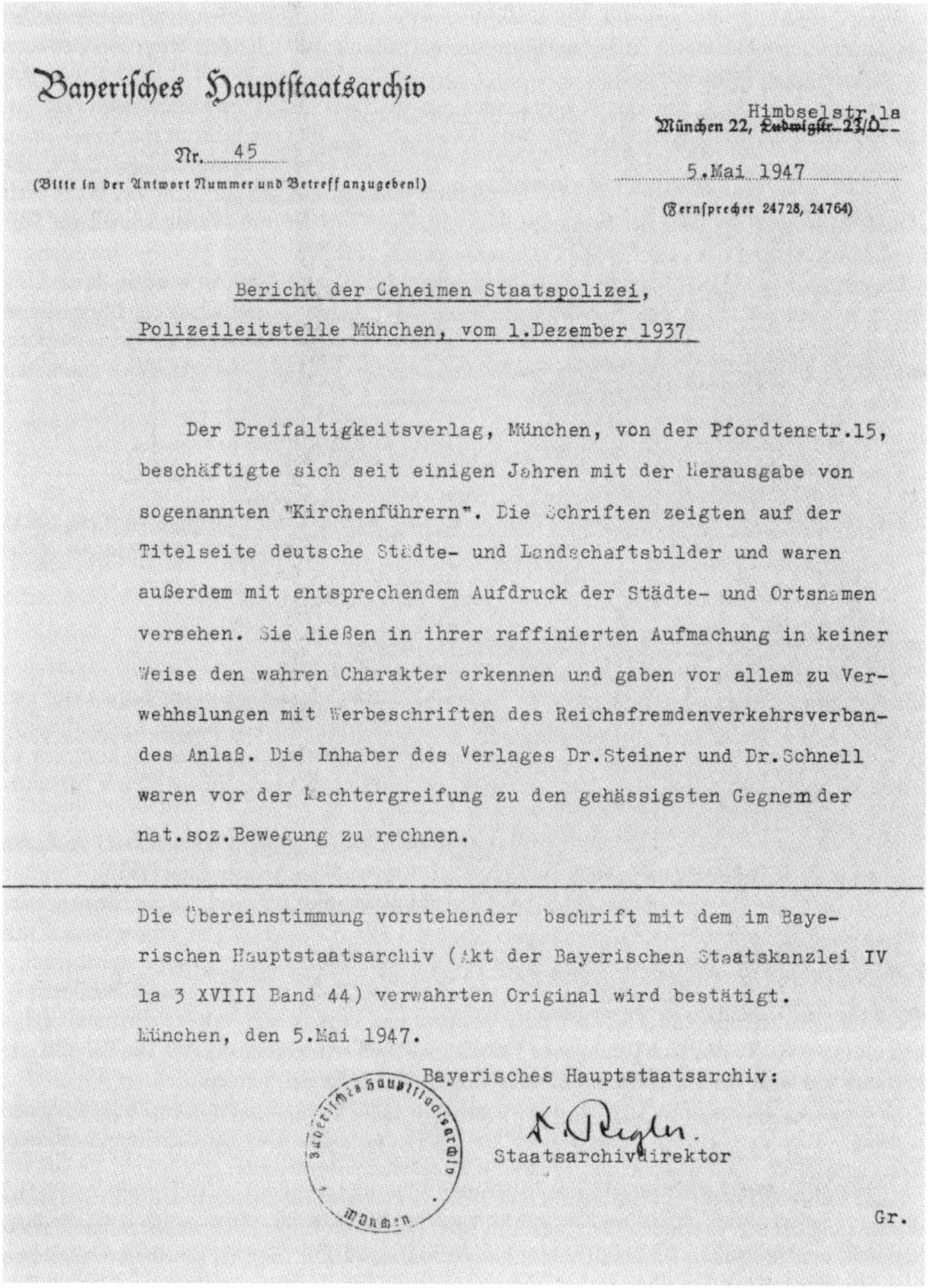

Bayerisches Hauptstaatsarchiv

Nr. 45
(Bitte in der Antwort Nummer und Betreff anzugeben!)

München 22, Himbselstr. 1a

5. Mai 1947

(Fernsprecher 24728, 24764)

Bericht der Geheimen Staatspolizei,
Polizeileitstelle München, vom 1. Dezember 1937

Der Dreifaltigkeitsverlag, München, von der Pfordtenstr. 15, beschäftigte sich seit einigen Jahren mit der Herausgabe von sogenannten "Kirchenführern". Die Schriften zeigten auf der Titelseite deutsche Städte- und Landschaftsbilder und waren außerdem mit entsprechendem Aufdruck der Städte- und Ortsnamen versehen. Sie ließen in ihrer raffinierten Aufmachung in keiner Weise den wahren Charakter erkennen und gaben vor allem zu Verwechslungen mit Werbeschriften des Reichsfremdenverkehrsverbandes Anlaß. Die Inhaber des Verlages Dr. Steiner und Dr. Schnell waren vor der Machtergreifung zu den gehässigsten Gegnern der nat. soz. Bewegung zu rechnen.

Die Übereinstimmung vorstehender Abschrift mit dem im Bayerischen Hauptstaatsarchiv (Akt der Bayerischen Staatskanzlei IV 1a 3 XVIII Band 44) verwahrten Original wird bestätigt.
München, den 5. Mai 1947.

Bayerisches Hauptstaatsarchiv:

Riegler
Staatsarchivdirektor

Gr.

Bericht der Geheimen Staatspolizei über den Dreifaltigkeitsverlag, 1. Dezember 1937 (Abschrift vom 5. Mai 1947).
BayHStA: MA 106690, S. 190

Wie sehr die ersten Kirchenführer in einer zwar gefährdeten, aber doch noch selbstverständlichen Tradition stehen, merkt man, wenn man im Kirchenführer zu St. Anna in München-Harlaching (Nr. 51) liest, dass im Jahr 1560 und auch nach dem Schwedenüberfall 1653 »das SS eingesetzt war«. »SS« heißt hier »Sanktissimum« und meint konsekrierte Hostien. Heute brauchen Kirchenführer ein Glossar, das erklärt, was ein »Tabernakel« ist.

»Das Christentum ist eine Kulturüberschichtung […], durch die wie die Sterne am Himmel die alten Sinnbilder unseres Volkes leuchten«[33], so umschrieb ein anonymer Autor die Auffassung des »Archivs für kirchenpolitische Fragen« unter Leitung des evangelischen Theologen Matthes Ziegler im Amt Rosenberg. Schnells »Deutsche Kirchen« fassen das Christentum nicht als Kulturüberschichtung auf, sondern als lebendige Kraft göttlichen Ursprungs.[34]

Die »Kirchenführer« im Visier der Nationalsozialisten

Das weitere Geschick der »Deutschen Kirchen« von Hugo Schnell sei kurz skizziert: In den Jahren 1934 bis 1937 konnte der Dreifaltigkeitsverlag eine Million Kleine Kirchenführer herausgeben, außerdem zwei Große Kunstführer zur Wieskirche und zu Ottobeuren sowie die überarbeitete Dissertation von Hugo Schnell unter dem Titel »Der Baierische Barock«. Ende November 1937 wurde das Wohnhaus und Verlagsbüro von Johannes Steiner in München von der Geheimen Staatspolizei durchsucht und die dort lagernden Kirchenführer beschlagnahmt. Am 1. Dezember 1937 begründete die Polizeileitstelle München der Geheimen Staatspolizei diese Maßnahme: »Der Dreifaltigkeitsverlag, München, von der Pfordtenstr. 15 beschäftigte sich seit einigen Jahren mit der Herausgabe von sogenannten »Kirchenführern«. Die Schriften zeigen auf der Titelseite deutsche Städte- und Landschaftsbilder und waren außerdem mit entsprechendem Aufdruck der Städte- und Ortsnamen versehen. Sie ließen in ihrer raffinierten Aufmachung in keiner Weise den wahren Charakter erkennen und gaben vor allem zu Verwechslungen mit Werbeschriften des Reichsfremdenverkehrsverbandes Anlaß. Die Inhaber des Verlages Dr. Schnell und Dr. Steiner waren vor der Machtergreifung zu den gehässigsten Gegnern der nationalsozialistischen Bewegung zu rechnen.«[35] (Abb. S. 197) In aller Eile – noch vor dem Eintreffen der Beschlagnahmeverfügung – konnte der Verlag die Kirchenverwaltungen warnen und ihnen einen Stempelaufdruck für das Titelblatt empfehlen. Über den Ortsnamen wurde nun »Kirchenführer von« gedruckt. Tatsächlich sind in vielen Pfarrarchiven noch Exemplare mit diesem Stempel erhalten. (Abb. S. 196)

Als wenig später die »Reichsschrifttumskammer« den Namen »Dreifaltigkeitsverlag« beanstandete, gaben Schnell und Steiner ihn 1938 auf und firmierten von da an als »Verlag der kleinen Deutschen Kirchenführer, Dr. Schnell und Dr. Steiner, München 42«. Die Eintragung ins Handelsregister war erst 1947 möglich, nun ohne Doktortitel als »Verlag

---

33 Brückner, Wolfgang: NS-Kulturkampf gegen angeblich kirchliche Volkskunde und die heutige kulturwissenschaftliche Frömmigkeitsforschung, Festvortrag für Prof. Dr. Walter Pötzl, Augsburg 24.3.2014.

34 Einen ähnlichen Ansatz verfolgte Prälat Georg Schreiber

in Münster mit seinem Jahrbuch »Volk und Volkstum«, an dem auch Autoren der Kirchenführer mitwirkten.

35 Akt der Bayerischen Staatskanzlei IV 1a 3 XVIII Band 44. Faksimile einer beglaubigten Abschrift bei: Beringer (wie Anm. 3), S. 33.

Schnell & Steiner«. 1938 nannte sich die Reihe »Kleine Deutsche Kunstführer« und umfasste drei Reihen: Reihe S (Süddeutschland und Ostmark), Reihe W (Westdeutschland; Nr. 1 St. Gereon in Köln) und Reihe NO (Nordostdeutschland; Nr. 1 Kreuzkirche Neiße).

Im März 1938 wurde Johannes Steiner beim sogenannten Anschluss Österreichs kurzfristig zur Wehrmacht eingezogen und dann im August 1939, noch vor der Kriegserklärung, als Kraftfahrer verpflichtet. Als solcher hatte er in Polen und Belgien Lastwagen zu fahren. Nach einer komplizierten Operation war er nur mehr zur Verwendung in der Heimat diensttauglich und wurde nach einer kurzen Ausbildung als Zahlmeister in Ingolstadt stationiert. Von dort aus konnte er sich gelegentlich um den Verlag kümmern und seine nach Unterbernbach bei Aichach evakuierte Familie – er hatte im Mai 1936 die Lehrerin Sophie Haberl geheiratet[36] – besuchen. Hugo Schnell wurde 1940 als Funker zur Luftwaffe eingezogen und in Kempten stationiert. Den Verlag führte bis 1945 alleine Pauline Bernhardine Oestreicher, die – ursprünglich als Sekretärin angestellt – nun alle Instanzen eines Verlages mit verstellter Stimme spielte: »Verlag Dr. Schnell & Dr. Steiner, Grüß Gott« bis zu »Ich verbinde mit der Auslieferung«, dann mit tiefer Stimme weiter: »Hier Auslieferung«, um sich zuletzt mit zugehaltener Nase als »Buchhaltung, Sie wünschen?« zu melden.[37] Fräulein Oestreicher stammte aus einer wohlhabenden Familie mit jüdischen Wurzeln, die ihre Wohnung am Prinzregentenplatz aufgeben musste, weil in der Nachbarschaft Adolf Hitler sein Münchener Domizil hatte.

Die Nachkriegsgeschichte des Verlags begann mit dem schon erwähnten Kirchenführer Nr. 519 zu St. Rasso in Grafrath von Michael Hartig sowie dem Buch »Prophetien wider das III. Reich«, einer von Johannes Steiner herausgegebenen Sammlung von Artikeln von Fritz Gerlich und Ingbert Naab aus den Jahren 1929 bis 1933, und dem »Bayernkalender«, einem Almanach mit Kalendarium, Kurzerzählungen, Essays aus Geschichte und Brauchtum (erschien bis 1952). Bereits am 15. Februar 1946 hatten Hugo Schnell und Johannes Steiner von der amerikanischen Militärregierung wieder die Verlagslizenz erhalten.

1975 verkauften die beiden Verlagsgründer die Majorität am Verlag an Bischof Rudolf Graber von Regensburg. Von dessen zweiten Nachfolger Gerhard Ludwig Müller übernahm ihn 1996 der bisherige Geschäftsführer Dr. Albrecht Weiland. 2014 haben die »Kleinen Kunstführer« das »Tausendjährige Reich« um 69 Jahre überlebt. Sie erscheinen immer noch im Verlag Schnell & Steiner, der seinen Sitz 1993 nach Regensburg verlegt hat. Mit mittlerweile über 3.100 Titeln und einer Gesamtauflage von ca. 70 Millionen Exemplaren sind sie die größte Kunstführer-Reihe ihrer Art in Europa.[39]

Hugo Schnell starb im Dezember 1981, Johannes Steiner folgte ihm im Juni 1995.

36 Den Aufenthalt dort schildert Viktor Klemperer: Ich will Zeugnis ablegen bis zum letzten, Tagebücher 1942 – 45, Berlin 1995, S. 748 ff.
37 Mündliche Mitteilung von Sophie Steiner an den Autor, mit Stimmenimitation.
38 Zur weiteren Firmengeschichte siehe Beringer (wie Anm. 3), S. 73 – 83.
39 Nach 1950 etablierten sich zahlreiche Nachahmer: In der Bundesrepublik Deutschland die Verlage Hanns Oefele,

Anton Konrad, Gregor Peda, Josef Fink. Kirchenführer gaben außerdem in der DDR die Evangelische Verlagsanstalt, Leipzig, und in Österreich der Verlag St. Peter, Salzburg, heraus. Daneben produzieren auch örtliche Druckereien Führer zu ihren jeweiligen Ortskirchen. Die Kunstverlage der ehemaligen Mitarbeiter von Schnell & Steiner, Anton Konrad in Weißenhorn und Josef Fink in Lindenberg, haben sich zu beachtlichen Verlagshäusern mit verdienstvollen Publikationen entwickelt.

Taufe von Peter B. Steiner,
Autor des vorliegenden
Beitrags, in der Kapelle des
Rotkreuzkrankenhauses
Neuhausen
Privatbesitz
Michael Hartig spendet
die Taufe, Pate Hugo Schnell
(in Funkeruniform) hält
den Täufling.

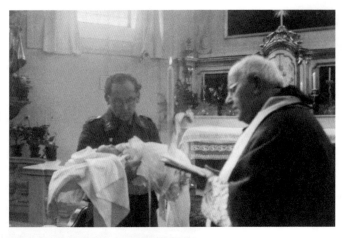

Johannes Steiner in
Einsiedeln/Schweiz, um 1960.
Privatbesitz
Da Kirchen, deren Führer im
Sommer erscheinen sollten, im
Winter fotografiert werden muss-
ten, bis Lichtmess (2. Februar) aber
in allen Kirchen die Christbäume
neben dem Altar standen und ab

Aschermittwoch alle Altarbilder
verhüllt waren, blieb für Johannes
Steiner nur der Februar für die
fotografische Arbeit. Schneeketten
und Spaten gehörten deshalb
neben der Plattenkamera, der Leica
und dem Blitzgerät zur Ausrüs-
tung.

Kirchenführer als Anti-NS-Kunstgeschichte

Hugo Schnells »Deutsche Kirchen« waren ein Beitrag zur Kunstgeschichte ihrer Zeit, dessen Bedeutung wir heute kaum mehr würdigen können. Zum einen, weil es äußerst mühsam wäre, festzustellen, welche Künstlernamen, Werke und Datierungen in diesen Heften zum ersten Mal publiziert wurden; gesichert ist das für Daten zu Leben und Werk von Dominikus Zimmermann und vieler anderer Stukkatoren aus Wessobrunn.[40] Zum anderen, weil die kleinen Hefte unter dem Diktat der Zensur entstanden und Schnell seine Ablehnung nationalsozialistischer Prämissen der Kunstgeschichte nicht explizit veröffentlichen konnte. Tatsächlich jedoch stellen die ausführliche Deutung der Themen von Bildwerken, vor allem der Decken- und Altarbilder, und die ikonografischen Register reiches Material für die Ikonologie als kunstwissenschaftlicher Methode zur Verfügung.

Die Interventionen der »Gestapo« und die Schikanen der »Reichsschriftumskammer«[41] offenbaren, dass die Intention der Kirchenführer von den Machthabern als störend empfunden wurde. Während dem Verlag Schnell und Steiner Papierzuteilungen verweigert wurden, »weil Reisen im Krieg unerwünscht waren«, konnte der Deutsche Kunstverlag in Berlin seine Kunstführer-Reihe »Große Baudenkmäler«, die sich in Format und Ausstattung, nicht aber in der inhaltlichen Tendenz eng an die Kirchenführer anlehnte, 1944 mit zehn Ausgaben starten.[42]

Die Kirchenführer des Dreifaltigkeitsverlags zeigen, dass Kunsthistoriker im nationalsozialistischen Deutschland nicht nur die Wahl zwischen Exil und Anpassung hatten, sondern sich auch der NS-Propaganda entgegenzustellen vermochten.[43] Schnells »Deutsche Kirchen« entstanden wegen, trotz und gegen den »Führer« – weil Hitlers Machtübernahme die Arbeitsplätze von Hugo Schnell und Johannes Steiner vernichtet hatte, weil die beiden jungen Akademiker trotzdem nicht resignierten, sondern in Millionen-Auflagen eine Anti-NS-Kunstgeschichte verbreiteten, die Religion als kulturelle Kraft höher einschätzte als Rasse, Blut und Boden.

40 Zusammengefasst im »Lexikon der Wessobrunner« von Hugo Schnell und Uta Schedler, München-Zürich 1988.

41 Zur Verweigerung von Druckerlaubnis und Papierzuteilungen siehe Beringer (wie Anm. 3), S. 38.

42 Freundliche Auskunft von Rudolf Winterstein. 1944 erschienen Das Heidelberger Schloß, Würzburg Feste Marienberg, Die Marienburg, Der Dom zu Speyer, Berlin Unter den Linden, Hildesheim Marktplatz, Die Wartburg, Schloß Nymphenburg bei München, Würzburg Residenz und Der Magdeburger Dom.

43 Der politische Katholizismus, der Ursprung für das Wirken von Hugo Schnell, ist im Kampf gegen den Nationalsozialismus zwei Mal gescheitert: Am 24. März 1933, als im Reichstag Zentrum und Bayerische Volkspartei dem Ermächtigungsgesetz zustimmten, mit dem die erste deutsche Demokratie zugrunde gerichtet wurde, und 1945 bis 1954 als CDU und CSU als Regierungsparteien in Bonn und München viele »ehemalige« Nationalsozialisten in ihre Reihen aufnahmen und/oder ihnen die Fortführung ihrer politischen Arbeit als Richter, Staatsbeamte und Universitätslehrer gestatteten.

Anhang

Die Autorinnen und Autoren

Dr. Klaus Klein ist wissenschaftlicher Mitarbeiter am Institut für Deutsche Philologie des Mittelalters der Universität Marburg.

Prof. Dr. Hans Georg Majer war von 1981 bis 2002 Ordinarius für Geschichte und Kultur des Nahen Orients und Turkologie der Universität München.

OStR Werner Binder war von 1983 bis 2012 Gymnasiallehrer für Deutsch, Geschichte und Geographie am Johann-Michael-Fischer-Gymnasium in Burglengenfeld. Mitarbeit an der Festschrift »800 Jahre Münchshofen – Geschichte eines Dorfes« 2013

Dr. Brigitte Huber ist Kunsthistorikerin und am Stadtarchiv München u. a. für die Grafischen Sammlungen zuständig. Seit 2010 ist sie Schriftleiterin des Oberbayerischen Archivs.

Anton Löffelmeier ist seit 1988 als Archivar am Stadtarchiv München tätig und hier insbesondere für die Bereiche »Lesesaal« und »Nachlässe« zuständig.

Prof. Dr. Peter B. Steiner war von 1979 bis 2007 Direktor des Diözesanmuseums Freising. Seit 2007 ist er Honorarprofessor für Kunstgeschichte an der Technischen Universität München.

Abkürzungen

AEM	Archiv des Erzbistums München und Freising	Aufl.	Auflage
		bearb. v.	bearbeitet von
BayHStA	Bayerisches Hauptstaatsarchiv, München	Bd.	Band
		Ders./Diess.:	
BSB	Bayerische Staatsbibliothek, München	Kurztitel, S. x	Der/dieselbe:
		Ebd., S. x	Ebenda, Seite x
BStGS	Bayerische Staatsgemälde-sammlungen	f bzw. ff	folgende
		Fasz.	Faszikel
HV	Historischer Verein (z. B. HV Oberbayern)	Fol.	Folio
		H.	Heft
StA	Staatsarchiv (z. B. StA Coburg)	hg. v.	herausgegeben von
StadtA	Stadtarchiv (z. B. StadtA München)	Jg.	Jahrgang
		Jhb.	Jahrbuch
AZ	Archivalische Zeitschrift	Jhber.	Jahresbericht/e
MBM	Miscellanea Bavarica Monacensia	NL	Nachlass
OA	Oberbayerisches Archiv	Nr.	Nummer
ZBLG	Zeitschrift für Bayerische Landesgeschichte	Sp.	Spalte

Rezensionen

Harro Raster: Johann Freiherr von Mändl
(1588 – 1666). Aufstieg und Fall eines
kurbayerischen Hofkammerpräsidenten,
Passau: Stutz 2012
466 S., ISBN 978-3-88849-308-9; EUR 58,90

Eigentlich sollte man meinen, dass die Geschichte eines im 17. Jahrhundert aus bürger-
licher Abstammung zu höchsten Ämtern am
kurbayerischen Hof aufgestiegenen Mannes,
dessen Karriere in einem jähen Absturz endete,
die Historiker schon seit langem zu einer nähe-
ren Auseinandersetzung hätte reizen müssen.
Tatsächlich hat sich jedoch, nachdem zunächst
1817 Lorenz von Westenrieder die autobiogra-
phischen Aufzeichnungen Johann Freiherr von
Mändls herausgegeben hatte, erst Harro Raster,
der sich 1994 über den kurbayerischen Hofrat
unter Kurfürst Ferdinand Maria promoviert hat,
mit der hier zu besprechenden Publikation ein-
gehend mit dem Schicksal und den Ursachen
des Sturzes des kurbayerischen Hofkammerpräsidenten von Mändl auseinander gesetzt.

Aus wohlhabender Bürgerfamilie im vor-
derösterreichischen Burgau stammend, trat
Johann Mändl nach einem Jurastudium 1614 als
Hofkammeradvokat und Fiskal in die Dienste
Herzog Maximilians I. von Bayern ein. Hier
machte er rasch Karriere, die ihm unter anderen
1626 das Amt des Oberlehenspropstes eintrug
und 1633 bis in das Amt des Hofkammerpräsidenten und 1634 in den Geheimen Rat brachte.
Als enger Vertrauter Maximilians I. wurde er in
der Folge mit zahlreichen Sondermissionen betraut, die ihn während des Dreißigjährigen
Kriegs vor allem mit Einquartierungs- und
Kriegsfinanzierungsfragen immer wieder an den
Kaiserhof nach Wien führten und zu einem
wichtigen Akteur in der Reichspolitik werden
ließen. Unter anderem war er mit der Inbesitz-
nahme der Oberpfalz, der Wahl Ferdinands III.
zum Kaiser, der Sicherung der pfälzischen
Kurwürde für Bayern und den Nürnberger
Friedensexekutionsverhandlungen befasst. Die
Zustimmung des Kaisers zu Universalfriedens-

verhandlungen in Münster war sein Verdienst.
Er war an der Formulierung des Testaments
Maximilians I. beteiligt und gehörte nach dem
Tod des Kurfürsten dem Vormundschafts- und
Administrationsrat für den minderjährigen
Nachfolger Ferdinand Maria an.

Der vorliegenden, auf breiter Quellenbasis
verfassten Abhandlung stellt Harro Raster eine
ausführliche Inhaltsübersicht voran, die unge-
wöhnlicherweise bereits einleitend kurze inhaltliche Zusammenfassungen der folgenden Darstellung enthält. Nach einer Vorbemerkung und
einer kurzen Einleitung wird in zwei Kapiteln
zunächst der erstaunlichen Aufstieg Mändls,
der ihm und seiner Familie umfangreichen Besitz und die Erhebung in den Freiherrenstand
brachte, dargestellt. Die Karriere des Protagonisten kam natürlich auch seiner Familie zugute; sechs seiner sieben das Erwachsenenalter
erreichenden Söhne gelang ebenfalls der Eintritt
in den landesherrlichen Dienst.

Ein weiterer Abschnitt gilt den Eigenmächtigkeiten, zu denen sich Mändl nach dem Tod
Kurfürst Maximilians verleiten ließ und die ihm
die zunehmende Kritik Kurfürst Ferdinand Marias einbrachten. Dazu gehörten die nicht ge-
nehmigte Ratstitelverleihung an den Salzmeister
zu Traunstein und die wiederholte Missachtung
kurfürstlicher Dekrete.

In drei weiteren Abschnitten, die etwa die
Hälfte des gesamten Buches einnehmen, stellt
Raster in großer Ausführlichkeit dar, wie der
Kurfürst mit der Hilfe eines eigens eingesetzten
Inquisitionsausschusses, dem auch der spätere
Geheime Ratskanzler Caspar Schmid angehör-
te, Mändl eine schuldhafte Amtsführung nach-
zuweisen versuchte, ihn in der Konsequenz
1662 seiner Ämter enthob, ihn vom Hof verwies
und schließlich einen Großteil seines Vermö-
gens als Regress- und Strafgelder einzog. Die
Vorwürfe Ferdinand Marias und seiner Berater
war in 34 Punkten zusammengefasst, die im
Wesentlichen auf die Vernachlässigung der
Amtspflichten, auf persönliche Bereicherung
und auf eine eigenmächtige Amtsausübung hin-

ausliefen. Mändl konnte auf diese Vorhaltungen zumeist nur mit dem fast hilflos wirkenden Verweis auf die Redlichkeit seines Handelns reagieren. Vieles, was man ihm vorwerfe, sei ihm vom verstorbenen Kurfürsten gestattet worden. Bei vielen Details berief er sich auf die Vergesslichkeit seines Alters, und wiederholt zog er sich darauf zurück, dass ihm die Vielgestalt seiner Aufgaben nicht die Kontrolle im Detail erlaubt habe und dass er sich daher auf den Rat und die Zuarbeit seiner Hofkammerbeamten habe verlassen müssen. Mit der gleichen Akribie und Detailversessenheit, mit der die kurfürstlichen Inquisitionsräte immer weitere Vorwürfe gegen Mändl zusammengetragen und aufgelistet haben, zeichnet der Verfasser in dieser Publikation auch die Argumente beider Seiten Schriftstück für Schriftstück nach, was gelegentlich zu inhaltlichen Redundanzen führt.

Der letzte Abschnitt gilt den Ursachen für das wenig Nachsicht zeigende Vorgehen des Kurfürsten gegen Mändl. Rasters Intention ist es hierbei, dem in der Vergangenheit für eben dieses Vorgehen wiederholt kritisierten Kurfürsten Gerechtigkeit widerfahren zu lassen. In nachvollziehbarer und einleuchtender Weise sieht er im Sturz des mächtigen Hofkammerpräsidenten einen Schritt zur Befreiung Ferdinand Marias und seiner Gemahlin Henriette Adelaide aus der Bevormundung durch die Vertrauten seines noch immer wirkmächtigen Vaters Maximilian I. und seiner Mutter Maria Anna. Inwieweit dabei gezielte Intrigen Caspar Schmids auf seinem Weg zu einer beherrschenden Stellung am Hof eine Rolle spielten, kann auch die vorliegende Arbeit nicht abschließend klären. Raster konstatiert lediglich, dass die Karriere Schmids vom Sturz Mändls erheblich profitierte. Johann Freiherr von Mändl, dessen Verdienste unter Kurfürst Maximilian I. die historische Einwertung seiner Person erheblich geprägt haben, gesteht er durch zunehmende Misswirtschaft und Eigenmächtigkeiten in den letzten Amtsjahren eine Mitschuld an seinem Schicksal zu, eine Einschätzung, die sich auf der Basis der vorangegangenen Ausführungen durchaus teilen lässt.

Abschließend ist festzuhalten, dass es der vorliegenden Publikation gelungen ist, zusätzliches Licht auf die Person des kurbayerischen Hofkammerpräsidenten Johann Freiherr von Mändl und auf die frühe Regierungszeit Kurfürst Ferdinand Marias zu werfen, zu dem eine neuere wissenschaftliche Biographie immer noch aussteht. Bei dieser grundsätzlich positiven Bewertung darf allerdings auch die Kritik nicht fehlen, die sich hauptsächlich auf die oft allzu ausführliche und ermüdende Rekapitulation der die Vorgänge begleitenden Aktenschriftstücke bezieht. Die dadurch verursachte Redundanz wurde bereits genannt. Hinzu kommt das Bemühen Harro Rasters, den Leser durch häufige und längere Zitate aus den Originaltexten »einen möglichst unverfälschten Einblick in das damals gegebene Wechselspiel zwischen Denken, Sprache und Handeln zu vermitteln und die diesen Texten eigene Sprachatmosphäre erspüren zu lassen.« [S. 13] Da sich Texte des 17. Jahrhunderts jedoch dem ungeübten Leser nicht ohne Erläuterungen vermitteln lassen und Abkürzungen in großer Zahl beinhalten, die es aufzulösen gilt, enthalten die wiedergegebenen Originalpassagen eine Unmenge an eingeklammertem Text, der die Lesbarkeit deutlich erschwert. Gerade »die diesen Texten eigene Sprachatmosphäre« wird auf diese Weise erheblich gestört. Die durchaus nachvollziehbaren Intentionen Rasters werden dadurch in ihr Gegenteil verkehrt. Eine Beschränkung in der Wiedergabe von Originaltexten und im Einsatz von Erläuterungen wäre hier etwas weiser gewesen.

Manfred Peter Heimers, München

**Wolf-Armin Frhr. v. Reitzenstein: Lexikon
schwäbischer Ortsnamen. Herkunft und
Bedeutung. Bayerisch-Schwaben, München:
Beck 2013**

475 S., ISBN 978-3-406-65208-0, EUR 29,95

Vor nunmehr 28 Jahren legte der Doyen der
bayerischen Ortsnamenforschung Wolf-Armin
Freiherr von Reitzenstein sein »Lexikon bayerischer Ortsnamen« vor, das damals etwa 1.200
Artikel zur Namensentwicklung bayerischer
Gemeinden umfasste. Von den etwa 40.000
amtlichen Siedlungsnamen des Landes konnte
damit jedoch nur ein Bruchteil abgedeckt werden. Aufgrund der großen Nachfrage entschloss
sich Reitzenstein nach der zweiten Auflage, sein
Lexikon beträchtlich zu erweitern und in drei
Einzelbände aufzugliedern. So erschien 2006
unter dem alten Titel »Lexikon bayerischer
Ortsnamen« der lediglich den altbayerischen
Raum mit den Regierungsbezirken Oberbayern,
Niederbayern und Oberpfalz umfassende erste
Einzelband. Durch die regionale Beschränkung
war es nun möglich, in den über 1.100 Artikeln
nicht nur die Städte und Märkte sondern auch
alle sonstigen Gemeinden und einige weitere
Pfarr- oder Kirchdörfer sowie größere Flüsse
und Seen aufzunehmen. Drei Jahre später folgte
2009 das die drei Regierungsbezirke in Franken
umfassende »Lexikon fränkischer Ortsnamen«.
Mit dem vorliegenden Band, der allein den
Regierungsbezirk Schwaben beinhaltet, konnte
die geplante Lexikontrilogie nun abgeschlossen
werden. Bei einem Umfang von über 1.500 Artikeln musste sich der Verfasser nicht auf die
Gemeindenamen beschränken, sondern konnte
auch Orte berücksichtigen, die mit der Gebietsreform von 1964 den Gemeindestatus verloren
hatten. Nimmt man alle drei Einzelbände zusammen, dann besitzt Bayern damit eine eindrucksvolle Dokumentation seiner Ortsnamen-
geschichte, die weit über die bloße Erklärung
der Bedeutung der einzelnen Ortsnamen hinausgeht. Sie bietet eine wissenschaftlich zuver-
lässige Basis für weitergehende onomastische

Forschungen und dient zugleich als unentbehrliches Hilfsmittel für den ortsnamenskundlich
interessierten Laien.

In bewährter Weise werden auch in diesem
Lexikonband nach einer kurzen Anleitung zur
Benutzung in den einzelnen Artikeln die Orts-
und Gewässernamen von der ersten Erwähnung
an mit den verschiedenen Varianten über die
Jahrhunderte hinweg bis zur modernen Schreibweise hin aufgelistet und anschließend erläutert.
Jede Namensnennung ist mit Jahreszahlen und
mit den Belegstellen versehen, die sich auf die
zahlreichen benutzten Urkundeneditionen und
Regesten oder auf die Archivalien beziehen, die
Reitzenstein für diesen Band in 29 Archiven
zwischen Stockholm und Rom sowie zwischen
Karlsruhe und Bamberg zusammengetragen hat.
Auch Belege aus zweiter Hand, also nicht
vom Verfasser selbst eingesehene Archivalien,
werden eigens notiert. Sorgfältig wird selbst-
verständlich auch vermerkt, ob die Namensnennungen aus späteren Kopien oder aus
Fälschungen stammen und somit nur einen
unsicheren oder zweifelhaften Beleg darstellen.
In der Regel werden nur die Varianten in der
Schreibweise der Namen aufgelistet. Es zeigt
sich auch hier wieder sehr eindrucksvoll, wie
notwendig es ist, für die Namenserklärung auf
die jeweils älteste Überlieferung zurück zu grei-
fen, da nur so korrekte Deutungen möglich
sind. Adelsried hat in seinem Bestimmungswort
eben nichts mit Adel zu tun, sondern ist, wie die
in einer Kopie aus dem 12. Jahrhundert überlie-
ferte älteste Namensform Adeloldesried von 919
erweist, vom Eigennamen Adelold abgeleitet.
Ruppertszell lässt sich nicht auf den Personennamen Ruppert zurückführen, wie man vermuten würde, sondern auf den Namen Hruotmar,
denn in den ältesten Nachweisen aus dem
14. Jahrhundert wird es Rûtmarscell genannt.

Vom Umfang her fallen nur drei Artikel aus
dem Rahmen. Es sind die Artikel über den
Bodensee und die Donau, die weniger Auflistungen der einzelnen Namensvarianten als vielmehr Abhandlungen über die komplexe Ge-

schichte der Namensfindung enthalten, und der bei weitem umfangreichste Artikel über Augsburg, der sich ausführlich mit den Namenserklärungen auseinandersetzt. Alle drei Artikel beinhalten ausführlichere Zitate aus Quellen und der zeitgenössischen Literatur. Der kürzeste Artikel ist der über das Dorf Hergatz im Landkreis Lindau, der nur vier Namensbelege und die wahrscheinliche Namenserklärung von dem erschlossenen Personennamen »Hariger« enthält.

Für Oberbayern besonders interessant sind die Artikel zu den Ortsnamen des Landkreises Aichach-Friedberg, da der frühere oberbayerische Landkreis Friedberg erst 1944 zum überwiegenden Teil Schwaben zugeordnet wurde, und der frühere Landkreis Aichach sogar erst 1972 von Oberbayern an den benachbarten Regierungsbezirk überging. Der politischen Gebietsreform ist es daher zu verdanken, dass sich in einem »Lexikon schwäbischer Ortsnamen« solch bedeutende altbayerische Orte finden lassen wie das 1264 erstmals bezeugte und als Grenzsicherung gegen Schwaben von Herzog Ludwig II. errichtete Friedberg, bei dem sich Reitzenstein beim Bestimmungswort »vride« für die Herleitung aus der Grundbedeutung von »Friede, Freiheit, Schutz« anstelle von »Einfriedung« entscheidet, oder Oberwittelsbach, der Stammsitz des bayerischen Herrscherhauses, dessen Ortsname auf den Personennamen »Witili« als Bestimmungswort und die Gewässerbezeichnung »Bach« als Grundwort zurückgeführt wird.

Dass ein umfangreiches Quellen- und Literaturverzeichnis und Karten mit Einzeichnungen der behandelten Orte und Gewässer auch diesen Lexikonband abschließen, sei hier nur der Vollständigkeit halber erwähnt.

Als der vorliegende Band der Öffentlichkeit vorgestellt wurde, war wiederholt zu hören, dass damit ein Lebenswerk abgeschlossen sei. Der Namensforschung in Bayern wie auch Wolf-Dietrich von Reitzenstein ist jedoch sehr zu wünschen, dass das Lebenswerk des Autoren

noch nicht abgeschlossen ist, dass Herr von Reitzenstein uns noch recht lange an Ergebnissen seiner unermüdlichen Forschungstätigkeit in der gleichen wissenschaftlichen Sorgfalt und Qualität teilhaben lassen kann, wie sie mit dem »Lexikon schwäbischer Ortsnamen« vorliegt.
Manfred Peter Heimers, München

Veronika Diem: Die Freiheitsaktion Bayern. Ein Aufstand in der Endphase des NS-Regimes (Münchener Historische Studien, Abt. Bayerische Geschichte XIX), Kallmünz: Verlag Michael Laßleben, 2013
Ca. 520 S., ISBN 978-3-78673019-6; EUR 39,00

Bis heute sind die Widerstandsaktivitäten der »Freiheitsaktion Bayern« (FAB) in ihrer Einordnung und Bewertung umstritten. Den einen galt die Tat unter der Führung des Chefs der Dolmetscher-Kompanie im Wehrkreis VII, Hauptmann Rupprecht Gerngross, als sinnlose und dilettantisch geplante Aktion mit hohem Blutzoll, als Versuch, sich in Anbetracht des unmittelbar bevorstehenden Untergangs noch auf die richtige Seite zu retten. Von anderen, insbesondere von unmittelbar und mittelbar Beteiligten, wurde die FAB zum heroischen Akt stilisiert, neben dem andere Formen des Widerstands weitgehend verblassten.

In den letzten Apriltagen 1945 waren die Verkürzung der Kriegshandlungen und die kampflose Übergabe der Stadt München an die Amerikaner das Ziel der FAB. Voraussetzung dafür war die Ausschaltung der noch bestehenden Schaltzentralen des Regimes vor Ort. Die Verschwörer konnten für dieses Vorhaben jedoch lediglich etwas über 400 Soldaten und einige wenige Panzer aufbieten. Dennoch schien das Unternehmen angesichts der rasch vorrückenden alliierten Truppen erfolgversprechend. Das Hauptaugenmerk der FAB richtete sich auf den in der Ludwigstraße residierenden Gauleiter und Reichsverteidigungskommissar Paul Giesler. Ihn galt es unschädlich zu machen, um die verbliebenen militärischen Kräfte in der Stadt entscheidend zu schwächen. Gleichzeitig bemühte sich die FAB um die Unterstützung des in weiten Kreisen der Bevölkerung angesehenen Reichsstatthalters Franz von Epp. Die erfolgreiche Besetzung der Münchner Neuesten Nachrichten, die Übernahme von Rundfunksendeanlagen bei Freimann und Ismaning sowie die erfolgreiche Festnahme des Hitler-Intimus Christian Weber, einem der einflussreichsten NS-Bonzen der Stadt, verleiteten die Widerständler zu der irrigen Annahme, die Regierungsgewalt in Händen zu halten. Über das Radio wurde diese unzutreffende Feststellung am 28. April 1945 verbreitet, verbunden mit der Aufforderung an die Bevölkerung: »Beseitigt die Funktionäre der nationalsozialistischen Partei.« Für viele in München und Oberbayern Orten war dies das Signal, sich dem vermeintlich geschwächten NS-Regime entgegenzustellen. Der Widerstand endete jedoch vielerorts mit einem Blutbad. Noch verfügte das Regime in München und in Oberbayern über ausreichend Schlagkraft, um den Aufstand einiger Weniger niederzuschlagen. Hinzu kam, dass sich Franz von Epp der FAB verweigerte. Die Folge war, dass der aufkeimende Widerstand mit brutaler Gewalt beantwortet wurde. SS-Einheiten und fanatische Nationalsozialisten gingen brutal gegen Männer und Frauen vor, die in München und andern Orts dem Aufruf der FAB gefolgt waren. Die Recherchen von Veronika Diem erbrachten, dass in den letzten Kriegstagen 57 Menschen dem Rachefeldzug des Gauleiters und seiner Gefolgsleute zum Opfer fielen.

Mit ihrer quellengesättigten Studie betritt die Verfasserin Neuland. Die »Freiheitsaktion Bayern« stand bislang noch nicht exklusiv im Fokus der Geschichtswissenschaft und wurde meist beiläufig, im Rahmen übergreifender Untersuchungen zum Widerstand thematisiert. Gleichwohl wurde die FAB – nicht zuletzt durch die jahrzehntelangen Aktivitäten ihres populärsten Protagonisten Rupprecht Gerngross – in München und Oberbayern selbst zum Mythos

stilisiert, was zu einem eklatanten Auseinanderklaffen von Legende und Wahrheit führte. Ein entscheidendes und nachhaltiges Verdienst der Arbeit ist nicht nur die akribische Rekonstruktion der Ereignisse in den letzten Apriltagen 1945. Auch die Brechung der inzwischen verfestigten Legendenbildung um Rolle und Bedeutung der FAB mittels einer seriös angelegten, an wissenschaftlichen Standards orientierten Studie sind für eine Gesamtwürdigung von Bedeutung. All dies wird argumentativ überzeugend und sprachlich eindrucksvoll geleistet. Besonders verdienstvoll ist die minutiöse und quellenkritisch überzeugende Darstellung der legendären Rundfunkübertragungen der FAB und die Diskussion von Rezeption und Wirkung dieser medialen Machtprobe zwischen Regime und Widerständlern. Erstmals wird auch das »Zehn-Punkte-Programm« der FAB komplett vorgestellt und analysiert. Aufschlussreich ist die detaillierte Auflistung der 78 Folgeaktionen im Raum Oberbayern, an denen sich nach Recherchen der Verfasserin etwa 1.000 Personen beteiligt haben.

Mit der Pionierstudie von Veronika Diem wird eine lange Zeit als schmerzlich empfundene Lücke der jüngsten Münchner Stadtgeschichte geschlossen. Freilich hat die Arbeit nicht nur als lokale bzw. regionale Mikrostudie Gewicht. Auch für die Widerstandsforschung generell ist die Arbeit relevant. Die konzentrierte Betrachtung der Akteure der FAB, ihre Verortung im Kontext von Opposition und widerständigem Verhalten sowie ihre Vernetzung und die internen Aushandlungsprozesse ermöglichen eine aufschlussreiche Vermessung der Motivlage und des Selbstverständnisses einer handlungsaktiven Gruppe in den letzten Kriegswochen und -tagen. Innovativ ist vor allem der Ausblick, der sich nicht auf die unmittelbaren Nachwirkungen der FAB beschränkt, sondern das Geschehen und die Akteure in ihrem bis heute fortdauernden erinnerungskulturellen Kontext untersucht. Veronika Diem hat mit ihrem gut lesbaren Buch und dank einer differen-

zierten Argumentation einen bislang umstritte-
nen und in vielerlei Hinsicht verklärten Aspekt
der Münchner Stadtgeschichte in hervorragen-
der Weise aus dem Nebel der Legendenbildung
befreit und zum Gegenstand einer soliden Ge-
schichtsbetrachtung gemacht.
Andreas Heusler, München

Antonia Leugers (Hg.): Zwischen Revolu-
tionsschock und Schulddebatte. Münchner
Katholizismus und Protestantismus im
20. Jahrhundert. (theologie.geschichte Beiheft
7), Saarbrücken: Universitätsverlag des
Saarlandes, 2013
311 S., ISBN 978-3-86223-059-4; EUR 15,80

In der Münchner Erinnerungskultur war die
Bewertung der kirchlichen Repräsentanten, auf
der katholischen Seite Erzbischof Michael Kardinal Faulhaber und auf der protestantischen
Seite Landesbischof Hans Meiser, in den letzten
Jahren Gegenstand intensiver Diskussionen
gewesen. Hatte der Münchner Stadtrat im Jahr
2002 nach gründlicher Debatte und auf einer
historisch abgesicherten Grundlage eine Umbenennung der Kardinal-Faulhaber-Straße abge-
lehnt, so entschied er sich bei der Meiserstraße
anders. Hier wurde relativ rasch 2010 eine
Umbenennung, freilich historisch wenig abge-
sichert, vollzogen.

Allerdings besteht die Notwendigkeit weiterer Forschungen nicht nur für den Protestantismus, sondern auch für den Katholizismus.
Für letzteren sind endlich die lange unter
privatem Verschluss gehaltenen Tagebücher
Faulhabers zugänglich, von denen man wohl
Klärung über manche Motive und Kontakte
des Kardinals erwarten kann.

Angela Herman widmet sich in dem vorliegenden Band in ihrem Beitrag »Im Visier der
Diplomaten: Nuntiatur- und Gesandtschafts-
berichte zur Münchner Revolutions- und Räte-
zeit« den Berichten der in Bayern akkreditierten
Gesandten, insbesondere denen des päpstliche

Nuntius Pacelli. Sie konstatiert dabei, dass alle
in München tätigen Gesandten die Räteregie-
rungen ablehnten, bei Pacelli aber in besonderer
Schärfe antisemitische Klischees vorkommen.
Auch hinsichtlich Eisner bestanden entsprechende Vorurteile. Pacelli vermied es, Eisner
persönlich zu treffen, da dessen Regierung aus
»Atheisten, Juden und Protestanten« bestehe.
Vielleicht zeigt aber diese Formulierung, dass
es Pacelli grundsätzlich gegen eine Regierung
ging, die nach dem erfolgten Wechsel der
Staatsform jetzt nicht mehr katholisch domi-
niert war.

Antonia Leugers ist mit zwei Beiträgen
vertreten. Sie konnte dafür die genannten Tagebücher Faulhabers auswerten und kann zu
dessen Beurteilung der Lage 1918/19 in ihrem
Beitrag zu »Erzbischof Faulhabers Krisen-
deutung in seinem Tagebuch 1918/19« wichtige
neue Erkenntnisse hinzufügen. Dies gilt auch
für ihre Behandlung der katholischen Kriegs-
friedensdiskurse in der Münchner Zwischen-
kriegszeit. Axel Töllner zeigt, dass die Münchner evangelische Kirchenpresse sich mit der
neuen Weimarer Demokratie schwer tat und im
Grunde eine autoritäre Staatsform bevorzugte.
In seinem zweiten Beitrag behandelt er Mathil-
de und Erich Ludendorff und deren »Bund für
Gotteserkenntnis« und die Haltung der Landes-
kirche zu dieser sektiererischen Richtung. Mit
fünf »politischen« Theaterstücken von Hanns
Johst, Friedrich Forster-Burggraf, Erwin Guido
Kolbenheyer, einem Luther-Abende von 1933
und schließlich mit Rolf Hochhuth befasst sich
Florin Mayr. Dabei ist sicher Hochhuths »Stellvertreter« das Theaterstück mit der größten
Breitenwirkung, auch wenn Thomas Forstner
an anderer Stelle in dem Band Hochhuth keine
sonderliche Begabung attestiert und das Stück
als »langweilig und langatmig« qualifiziert.
Forstner hat sich der Behandlung der nationalsozialistischen Zeit durch die katholische
Kirche und der ihr nahe stehenden Geschichtsschreibung angenommen. Für die protes-
tantische Seite behandelt dies Björn Mensing,

wobei die Nähe zum nationalsozialistischen System beim Protestantismus ein wesentlich größeres Problem darstellt als beim Katholizismus. Mensing kommt aber, was etwa Meiser betrifft, zu dem Ergebnis, dass dieser weder ein »brauner Bischof« oder ein »Nazi-Bischof« gewesen sei, aber auch nicht »am politischen Widerstand gegen den Nationalsozialismus« beteiligt war.

Der Band bietet einen guten Einblick in die Geschichte der beiden großen Kirchen in München von der Weimarer Zeit und über den Nationalsozialismus bis zur Bundesrepublik. Man wird vielleicht nicht jeder These voll zustimmen, so etwa was den Antisemitismus bei Pacelli und Faulhaber betrifft. Auch gewinnt man manchmal den Eindruck, als ob, was Ökumene und das Verhältnis der Kirchen zum Judentum betrifft, vom heutigen kirchlichen Standpunkt her argumentiert wird. Der »Revolutionsschock«, wie es ja auch im Buchtitel heißt, traf die Beteiligten massiv und zwang sie, sich mühsam in dem neuen republikanischen und säkularisierten Umfeld zurecht zu finden. Auf jeden Fall bietet der Band aber neue Perspektiven und Erkenntnisse. Es ist zu hoffen, dass diese Forschungen weitergeführt werden und vielleicht mit weiteren differenzierten Ergebnissen das bisherige Gesamtbild korrigieren können.

Hans-Joachim Hecker

Hans Constantin Faußner: Die römische generalstabsmäßige Ansiedlung der Bajuwaren aus rechtshistorischer Sicht. Hildesheim: Weidmannsche Verlagsbuchhandlung 2013 Erster Teil: Regensburg und Oberpfalz, Niederbayern 362 S., *ISBN 978-3-615-00412-0;* **Zweiter Teil: Schwaben und Oberbayern** *S. 365 – S. 682, ISBN 978-3-615-00413-7; EUR 196,00*

Faußner unterzieht sich in den beiden hier angezeigten Bänden einer kaum zu überschätzenden Herausforderung: zum einen stellt er sich die Aufgabe, in knapp 30 Seiten die ersten zwei Jahrhunderte des bayerischen Staates (44) aufzuzeigen und zum anderen stellt er auf etwa 650 Seiten einen Katalog der Höfe vor, die in dieser Zeit im Zuge der beiden umfassenden An- und Besiedelungen errichtet wurden und […] weitere Ansiedlungen ausschlossen (44). Seine rechts- und staatshistorischen Argumente, so etwa das regnum wird dem Föderaten als rex zu einem leiherechtlichen Erbrecht für seine Nachkommen mit Einschluss des subsidiären Tochterfolgerechts übertragen (11) wie auch ganz besonders das Herzstück der Autonomie des Foederaten-Regnum […] war der Rechtsgrundsatz, dass es bei der Rechtsordnung bleibt, die zur Zeit des Foedusschlusses bestand […] (12) reichert er mit der Auswertung von archäologischen Grabungsberichten und der Auswertung von Heiligenviten an.

Als archäologische Grundlage sieht er die Auswertung der keramischen Funde des Typs Friedenhain-Přeštovice, aus denen die gewaltige Um- und Ansiedlungsaktion von »Leuten aus dem Land Baia« (10) zu folgern seien. Das Bündnis des römischen Feldherrn Stilicho mit den Markomannen beschert diesen ihre neue Heimat zwischen Böhmerwald und Alpen zur Verteidigung von Land und Leuten und nicht zuletzt der Alpenübergänge zum Schutze Italiens und ließ sie deshalb ein einsatzfähiges

Milizaufgebot aufbauen und unterhalten (11).
Die Entlastung für das römische Imperium
führte zum Abzug römischer Truppen aus dem
zum *regnum Baiovaria* gewordenen ersten leiherechtlichen Königreich auf römischen Rechts-
boden (12) und damit zur Evakuierung der römischen Grundbesitzer (13). Faußner folgert: So
konnte dann eine völlig planmäßige, einheitliche Besiedlung des Regnum nach der Evakuierung erfolgen (13). Durchgeführt wurde diese
seiner Meinung nach von einer Ansiedlungs-
kommission (14), deren Bestreben es war, Ein-
zelhöfe in Vierergruppen zu bilden, wobei für
einen Hof an Ackerland eine Fläche ausgemes-
sen und zugeteilt wurde, die [...] nach dem
Hofsystem zwei bayerischen Huben [...] entsprach [...] (14). Die bereits bei ihrer Gründung
beabsichtigte wirtschaftliche Gleichheit bedingte
nach Faußner eben auch gleiche fiskalische
Pflichten und führte nach seinem Dafürhalten
zur Gebundenheit der Güter (15), auf die er seine weiteren Aufstellungen der topographisch
aufgelisteten Höfe stützt. Analogien zu dieser
Entwicklung findet Faußner auch in der späteren Maßnahme Theoderichs bei der Ansiedlung
der fünf *genealogiae*, deren Aufgabe es gewesen
sei, den Lechrain und sein Hinterland bis zum
Inntal mit Wachtürmen zu versehen (23).
Die weitere politische Entwicklung bis hin zu
Tassilo III, der Herzogtum und Regnum in
Personalunion besaß (43), dürfte für das von
Faußner gewählte Erklärungsmodell der »Topo-
graphie der Höfe« (49) keine Modifizierung
gezeitigt haben. Auf der Grundlage der Güter-
konskription von 1752, die 85 Gerichte in Kurbayern in einem Güterverzeichnis erfasst, stellt
Faußner die Höfe der einzelnen Gemeinden
zusammen und ergänzt sie um die jeweilige
Hofgröße.
　　Der von Faußner gewählte Titel für diese
zwei umfangreichen Bände, die Vokabel des
»generalstabsmäßigen«, sein gelegentlich wohl
bewusst historische Zusammenhänge über-
zeichnender Stil wirken provokant und regen
daher zur Diskussion an. Unbestreitbar um so

mehr ist sein Versuch, mit Hilfe der unterschiedlichen Disziplinen dann tatsächlich ein
Gesamtbild von politischen, militärischen und
siedlungsgeschichtlichen Zusammenhängen
herzustellen. Neben der unwahrscheinlichen
Energie, die eine derartige Publikation verlangt,
erfordert sie eben auch Mut, um den man den
Autor Hans Constantin Faußner aufrichtig
bewundern darf.
Ingo Schwab, München

**Martin Ott: Salzhandel in der Mitte Europas.
Raumorganisation und wirtschaftliche Außen-
beziehungen zwischen Bayern, Schwaben und
der Schweiz, 1750 – 1815, Habilitationsschrift
an der Universität München 2011, München:
C. H. Beck Verlag 2013 (Schriftenreihe zur
bayerischen Landesgeschichte 165)**
CIV, 664 S., ISBN 978-3-406-10780-1; EUR 68,00

Salz galt seit jeher als kostbarer, lebenswichti-
ger, ja als verehrungswürdiger Stoff. Es spielte
nicht nur in der Vorratshaltung eine große Rolle, sondern auch im Glauben, im Brauchtum
und nicht zuletzt bei den Tischsitten. Salz und
Brot mit jemandem zu teilen, war das Sinnbild
für Gastfreundschaft. Im Altertum durften die
Opferschale und das Salzfass bei keiner Mahl-
zeit fehlen. Schatzverzeichnisse, Inventare aus
Burgen und Residenzen oder Testamente welt-
licher wie geistlicher Fürsten überliefern die
Existenz von Salzgefäßen aus edlem Material.
So sind sie auch im Gebäudeinventar für Füssen
nachgewiesen. Salz führte zur Gründung und
trug wesentlich zur Entwicklung von Städten
und ihren Regionen bei. Im Hallamt der
ehemaligen Reichsstadt Schwäbisch-Hall im
Kochertal ist auf einer 1643 gemalten Tafel zu
lesen: »Am Kochen Hall die löblich Statt / Vom
Saltzbrunn ihren Ursprung hat, / Das Salt-
zwerck Gott allzeit erhalt / Und ob der Stadt
mit Gnaden walt.« (Zitat aus: Wunder, Die Bürger von Hall. Sozialgeschichte einer Reichsstadt
1216 – 1802, Sigmaringen 1980, S. 34).

Martin Ott zeigte in seiner hier anzuzeigenden Münchner Habilitationsschrift – sie wurde im April 2011 an der Fakultät für Geschichte und Kunstwissenschaften der Ludwig-Maximilians-Universität angenommen –, dass der von Bayern ausgehende Salzhandel aber auch ein schlüssiges Raumkonzept erfordert. Hier greift der Verfasser auf den in der Geografie bereits instrumentalisierten Begriff von »surface variations« zurück, womit sicher auch historische Handlungsräume in bestimmten Regionen konfiguriert werden können. Es geht konkret um die bayerischen Salzlieferungen in die Schweiz, die über schwäbische Reichsstädte und Reichsterritorien abgewickelt werden mussten. In den beiden Großkapiteln »III. Der Salzhandel zwischen Bayern und der Schweiz in der zweiten Hälfte des 18. Jahrhunderts: Zwischenstaatliche Kommunikation und Raumorganisation« (199 – 495) und »IV. Salzhandel in der Umbruchzeit« (496 – 618) werden dazu die quellenbasierten Thesen und Fakten in der nötigen inhaltlichen Präzision und auf durchwegs hohem sprachlichen Niveau vertreten.

Der bisherige Forschungsstand einer seit Jahrzehnten auch international etablierten Salzgeschichte – dafür stehen beispielsweise die »International Commission for the history of salt« oder das viele Jahre von Rudolf Palme in Innsbruck herausgegebene »Journal of salt-history« – wird von dem Landeshistoriker Martin Ott, der wissenschaftlich am Institut für Bayerische Geschichte »beheimatet« ist und über bayerische Salzgeschichte bereits publiziert hat, mit Blick auf die Schweizer Akteure vor allem im Resultat einer differenzierten kantonalen Quellenbasis weiterentwickelt. Sie ermöglicht erstmals die Offenlegung der Perspektiven der Schweizer Handelspartner und spricht deutlich die Berührungspunkte in der bayerischen und Schweizer Diplomatie, sowie der Kommunikations-, Wirtschafts- und Außenpolitik an. Höhepunkt war hier die Mission der Schweizer Salinisten und Wirtschaftsexperten Johann Sebastian Clais zur Reform des bayerischen Salzvertriebs in München und den kurbayerischen Salinen. Gesandt hatte ihn die Stadtrepublik Bern im Auftrag der Schweizer Salzabnehmer mit dem Ergebnis signifikant steigender Absatzsteigerungen auf bayerischer Seite. Im einzelnen basieren die Ausführungen für die bayerischen Handelspartner im salzarmen helvetischen Siedlungsraum auf der Quellenbasis historischer Bibliotheksbestände und der Staats-, Stadt- und Stiftsarchive in Basel, Bern, Frauenfeld, Luzern, Pruntrut (»Archive de l'ancien Evêché de Bâle«), Sarnen, Schaffhausen, Schwyz, Solothurn, Nidwalden (Stans), St. Gallen, Winterthur, Zug und Zürich. Für das heute zu Baden-Württemberg zählende Salztransitland des 18. und 19. Jahrhunderts nördlich der Bodenseeregion sichtete der Verfasser serielle Aktenbestände in Karlsruhe, Ravensburg und Stuttgart. Für die Salzwege, Zölle und Niederlassungen in Bayerisch-Schwaben und Westbayern – dazu wird auch eine breit gefächerte Forschungsliteratur konsultiert – waren neben den Staatsarchiven in Augsburg und München auch die Stadtarchive in Landberg/Lech, Lindau und Memmingen einschlägig.

In Memmingen, um eine wichtige Salzniederlassung für Kurbayern ausführlicher anzusprechen, spielte der Salzhandel eine entscheidende Rolle für die Stadtentwicklung. Auch standen dort Salz und Wein vielfach in einem ursächlichen Verhältnis. In der ostschwäbischen Reichsstadt saßen Weinhändler und Salzfertiger in der gleichen Zunft, bestand doch das Prinzip der Gegenfracht. Salz ging von Memmingen weiter nach Westen an den Bodensee, in die Westschweiz und an den Oberrhein. Dort belud man dann die Fuhrwerke für den Rückweg mit Weinfässern, deren Inhalt in Memmingen seit dem Ungeldprivileg von 1312/13 ebenfalls von großer fiskalischer Bedeutung war. Um die Abhängigkeit von schwäbischen Durchgangs- und Stapelzöllen wie in Memmingen zu verringern, setzte Bayern auch auf eine »partielle Territorialisierung« (313) westlich des Lechs. Dazu zählten im Salzhandel beispielsweise seit

1755 das bayerische Salzamt in Buchhorn am Bodensee oder ein erstmals 1770 projektiertes Pendent in Lindau. Dort orientierte man sich dann 1771 am älteren Vertrag mit der Reichsstadt Buchhorn.

Martin Ott gelingt es ferner, die Zäsurfrage um 1800 mit Blick auf den Salzhandel neu zu bewerten. Danach stellte der Pariser Vertrag von 1814 mit Blick auf die Raumorganisation des bayerischen Salzhandels in Oberschwaben einen markanten Rückschritt dar. Die Verhärtung der Grenzen im »langen« 19. Jahrhundert, wobei die alten bayerischen »Trittsteine« (616) Buchhorn, Leutkirch, Isny und Ravensburg an das Königreich Württemberg und die Vorarlberger Umschlagplätze Bregenz und Feldkirch an Österreich fielen, führte für die bayerische Salzroute zu ungünstigen Veränderungen. Man exportierte künftig über die längere und schlechtere Route über Kempten und Immenstadt, um das bayerische Salzamt in Lindau zu erreichen. Ferner führte die politische Zusammenführung der traditionellen bayerischen Salzpartner in der Schweiz 1798 zur Helvetischen Republik zwar zu einem gravierenden Einschnitt in den Handelsbeziehungen, aber der vorübergehende völlige Abbruch bilateraler Salzgeschäfte über den Bodensee kam erst mit der Neugründung der bayerischen Salzhandelsgesellschaft unter dem Kurfürsten Max IV. Joseph. Der Einfluss des in der Schweiz agierenden Salzspezialisten Johann Sebastian Clais galt innerbayerisch als nicht mehr opportun. In Folge verlor Bayern den Schweizer Absatzraum, da die Vernetzung mit den helvetischen Regierungskreisen über den Agenten Clais aufgegeben wurde. Das 19. Jahrhundert brachte so trotz neuer politischer Euphorie zunächst eine ökonomische Regression, die das im Zeitalter entstehender Nationalstaaten so gravierend verunstaltete vielköpfige Wirtschaftssystem des Alten Reiches in einem durchweg positiveren Licht erscheinen lässt. Diesen Gedanken hätte man sich in der Schlussanalyse bei Martin Ott viel stärker pointiert gewünscht. Die Auseinander-

setzung mit den seit 1937 diskutierten Thesen der »Neuen Institutionenökonomik« (entsprechende Titel fehlen im ansonsten sehr ausführlichen Literaturverzeichnis, S. IXX–CIV) könnte dabei sicher hilfreich sein.
Wolfgang Wüst, Augsburg

Sibylle Appuhn-Radtke: St. Ursula in München-Schwabing. Ein Kirchenbau von August Thiersch, München: Franz Schiermeier Verlag, 2013
176 S., ISBN 978-3-943866-21-6; EUR 32,50

Die Schwabinger St. Ursulakirche am Kaiserplatz in München, deren Grundsteinlegung 1894 stattfand, ist keineswegs eines der Gebäude, die zum touristischen Pflichtprogramm gehören; auch viele Münchner dürften sich noch nie genauer mit dieser Kirche befasst haben. Eine 2013 im Franz Schiermeier Verlag herausgebrachte Publikation der Münchner Kunstgeschichte-Professorin Sibylle Appuhn-Radtke könnte hier Abhilfe schaffen: Sie stellt St. Ursula als ein ebenso originelles wie qualitätvolles Werk des Architekten August Thiersch (1843 – 1916) dar, mit dem zu beschäftigen sich lohnt.

Nachdem die Münchner Stadtmauern niedergelegt waren und sich die Stadt immer mehr auszudehnen begann, hatte dies auch bald massive Auswirkungen auf das nördlich gelegene Dorf Schwabing, das im frühen 19. Jahrhundert nur rund 650 Einwohner zählte. Der kleine Ort veränderte sich innerhalb weniger Jahrzehnte rasant durch Industrialisierung und Modernisierung (Maschinenfabrik Maffei in der Hirschau, Lodenfabrik Frey, Einrichtung einer Pferdetrambahn zwischen München und Schwabing im Jahr 1877), die Bevölkerung wuchs stetig. Dies hatte auch zur Folge, dass die mittelalterliche, mehrfach modernisierte Dorfkirche schon bald zu klein war und deshalb Überlegungen zu einer Lösung des Problems angestellt wurden. Doch die Planungen gestalteten sich schwierig. Erst der Erwerb eines Baugeländes am heutigen Kaiserplatz brachte die Lösung: 1890 wurde August Thierschs Plan einer monumentalen Kirche im Neorenaissance-Stil genehmigt. Sieben Jahre später, im Oktober 1897, konnte der Bau geweiht werden; die alte Dorfkirche wurde nun dem Hl. Silvester gewidmet.

Sibylle Appuhn-Radtke legt eine kunsthistorisch fundierte, hervorragend bebilderte Bauund Ausstattungsgeschichte des »Schwabinger Doms« vor, die keine Wünsche offen lässt. In vier Themenschwerpunkten behandelt sie detailreich und dennoch stets stringent Biografie und Tätigkeit des Architekten, die Baugeschichte der neuen Pfarrkirche und deren Ausstattung bis 1916 sowie schließlich den Aspekt »Neorenaissance und Thierschs Verhältnis zur Moderne«. Die St. Ursulakirche in München ist ein Beispiel für einen historisierenden Kirchenbau des 19. Jahrhunderts, der zugleich alle Möglichkeiten des modernen Bauens nutzte (Beton, Eisenkonstruktion, Zentralheizung, Elektrifizierung). Doch leider war manche Bautechnik noch nicht ausgereift; schon wenige Jahrzehnte nach Fertigstellung mussten Schäden an der Kuppel behoben werden.

Im Jahr 2005 ergaben Untersuchungen, dass der Glockenturm akut einsturzgefährdet war und auch die Kirche selbst dringend einer grundlegenden Sanierung bedurfte. Schon bald fanden sich zahlreiche Persönlichkeiten aus Wissenschaft, Politik und Kultur zusammen, die mit Vorträgen, Benefizkonzerten und Kunstaktionen u.a. den dafür notwendigen Grundstock an Geld aufzutreiben versuchten. Sie hatten Erfolg – mittlerweile ist der Turm restauriert, doch weitere Maßnahmen stehen an. Auch Appuhn-Radtke möchte ihren Beitrag dazu leisten: Ihre Publikation soll eine möglichst breite Öffentlichkeit für die Kirche und ihre kunsthistorischen Besonderheiten interessieren. Es galt also, ein fachlich komptentes, dennoch auch für Laien gut lesbares Buch zu schreiben. Dies ist uneingeschränkt gelungen.

Die kenntnisreichen Ausführungen der Autorin basieren auf jahrelangen Forschungen in kirchlichen, staatlichen und städtischen Archiven sowie in Firmenarchiven und im Privatarchiv der Familie Thiersch, wo sich ein außergewöhnlich reiches Quellenmaterial erhalten hat. Appuhn-Radtkes Text ist stets kurzweilig zu lesen und wird durch die ungewöhnlich reiche Bebilderung (Pläne, Skizzen, historische und zeitgenössische Fotos u. a.) noch anschaulicher. Hat man den Band durchgeblättert, so ist man entschlossen, umgehend nach Schwabing zu fahren und mit dem Buch in der Hand die Details der Kirche vor Ort genau zu besichtigen. Und vielleicht fällt nach einem solchen Besuch dann ja auch die eine oder andere Spende für die dringend notwendige Restaurierung des »Schwabinger Doms« ab!
Brigitte Huber, München

Die Regesten der Herzöge von Bayern 1180 – 1231, bearb. v. Gabriele Schlütter-Schindler, München: C. H. Beck Verlag 2013
307 S., ISBN 978-3-406-65608-8; EUR 78,00

Vor über zwanzig Jahren begann die Kommission für bayerische Landesgeschichte mit dem Projekt der Erstellung von Regesten zur bayerischen Geschichte. Nach dem Erscheinen von vier Bänden Passauer und einem Band Freisinger Bischofsregesten eröffnet die Kommission mit dem vorliegenden Werk nun die Reihe der Herzogsregesten (RHB). Die Entscheidung, die neue Reihe mit den ersten Wittelsbacher Herzögen Otto I. und Ludwig I. zu beginnen, erfolgte, wie Franz-Reiner Erkens in seinem Vorwort schreibt, »aus praktischen Gründen« (V), da mit Gabriele Schlütter-Schindler eine ausgewiesene Kennerin der frühen Wittelsbacher für dieses Projekt gewonnen werden konnte.

Den 49 Regesten zu Herzog Otto I. wird eine knappe Darstellung seines Lebenswegs bis zur Belehnung mit dem Herzogtum Bayern am

16. September 1180 vorangestellt, die zahlreiche
Quellen- und Literaturhinweise enthält. Dies
erleichtert eine historische Einordnung der
Person Ottos, des bei seiner Erhebung zum bayerischen Herzog schon etwa sechzigjährigen
Pfalzgrafen. Die sehr überschaubare Anzahl
von Regesten ist der nur kurzen, etwa dreijähri-
gen Herrschaftszeit bis zu Ottos Tod im Juli
1183 geschuldet.

Zu seinem Sohn und Nachfolger Herzog
Ludwig I. (1183 – 1231) enthält das vorliegende
Werk dagegen 626 Regesten. Sie werden mit
einigen wenigen Angaben zu seiner Geburt und
Herkunft eingeleitet. Neue Erkenntnisse zum
Zeitpunkt der Mündigkeit Ludwigs I., der beim
Tod seines Vaters etwa zehn Jahre alt war, kann
Schlütter-Schindler auf Basis der gesammelten
Quellen nicht liefern. Siegfried Hoffmann
glaubt in seinem Werk zum Urkundenwesen
der Herzöge von Bayern, den Zeitpunkt der
Mündigkeit zwischen dem Jahr 1185, für das
seiner Ansicht nach der letzte Beleg einer Beur-
kundung zusammen mit seiner Mutter überliefert ist, und dem Jahr 1186, als Ludwig »erstmals
selbständig urkundet«, verorten zu können.[1]
Schlütter-Schindler sieht diese Datierung kritisch, auch weil sie durchaus Hinweise für noch
spätere gemeinsame Auftritte Ludwigs mit
seiner Mutter findet. Vor allem aber weist sie
zurecht daraufhin, dass die Festlegung einer
»exakte(n) Grenzlinie zwischen noch vormund-
schaftlich gebundenem und bereits selbststän-
digem Handeln« (XIII f.) dem Sachverhalt nicht
gerecht wird. »Ludwig«, so ihr Fazit, »wuchs mit
Unterstützung der Familie in seine Aufgaben
hinein« (XIV).

Die schriftlichen Zeugnisse der Herrschaft
Herzog Ottos I. sind in erster Linie in Form
von Notizen in den sogenannten Traditions-
büchern überliefert. Im Original ist keine Urkunde Ottos I. erhalten geblieben, allein eine
Abschrift eines Urkundentextes innerhalb des
Traditionscodex des Klosters Schäftlarn (Regest
O I 29) ist auf uns gekommen. Zwei weitere
abschriftlich erhaltene Urkunden an seinen

Marschall Konrad von Raitenbuch und den
Propst Heinrich von Schäftlarn sind spätere
Fälschungen. Die entsprechenden Regesten sind
gemäß der Systematik des vorliegenden Werkes
mit einem Kreuz gekennzeichnet (Regesten O I
† 4 und O I † 26).

Auch für die Herrschaftszeit Ludwigs I.
sind zahlreiche Traditionsnotizen überliefert.
Daneben ist aber eine mit den Herrschafts-
jahren Ludwigs I. steigende Zahl von Her-
zogsurkunden im Original oder abschriftlich
erhalten geblieben. Zur eindeutigen Unterschei-
dung der Tradition von der Urkunde wird, wo
es möglich ist, auf ein entsprechendes Verzeichnis Siegfried Hoffmanns in seinem Werk zum
Urkundenwesen verwiesen und der daraus
zitierten Nummer ein »T« vorangestellt, sollte
es sich nach Hoffmann um eine Traditionsnotiz
handeln.

Um die Tätigkeiten Ottos I. und Ludwigs I.
als Herzöge von Bayern möglichst vollständig
abzubilden, wurden neben Traditionsnotizen
und den Urkunden, deren Aussteller der
Herzog selbst ist, auch jene Urkunden in den
vorliegenden Regestenband aufgenommen, in
denen er als Mitaussteller, Mitsiegler, Zeuge
oder Empfänger in Erscheinung tritt. Berück-
sichtigt wurden ebenso die Schreiben, in denen
der Herzog als ein Adressat unter mehreren
auftaucht, sowie Verträge und Absprachen
Dritter, die auch den Herzog und seine Interessen betreffen. Historiografische Regesten
ergänzen schließlich die urkundliche Überlieferung.

Die Gestaltung der Herzogsregesten orien-
tiert sich mit leichten Modifikationen an den
von Egon Boshof erstellten Passauer Bischofsregesten (RBP). Zu Urkunden, in denen der
Herzog als Aussteller oder Mitaussteller bzw.
Mitsiegler auftritt, wurden die Zeugenlisten in
die Regesten aufgenommen. Daneben werden
teilweise lateinische Formulierungen aus den
Urkunden, vereinzelt auch die Originalschreib-
weise von Rechtsbegriffen, Orts- und Personennamen in den Regesten wiedergegeben.

---

1   Siegfried Hoffmann, Urkundenwesen, Kanzlei und
Regierungssystem der Herzöge von Bayern und Pfalzgrafen
bei Rhein von 1180/1214 bis 1255/1294, Kallmünz 1967, S. 19 f.

Dem eigentlichen Regest folgt selbstver-
ständlich ein zumeist sehr ausführlicher wissenschaftlicher Apparat, der einen guten Überblick
zu den dem Regest zugrunde liegenden gedruckten Quellen oder zu den Überlieferungs-
verhältnissen der vorliegenden Archivalien
bietet. Ergänzt werden die Angaben zu Quellen
und Überlieferung durch Hinweise auf Editionen und anderweitige regestenmäßige Erfassun-
gen sowie durch Verweise auf weitere Quellen
und Literatur, in denen der eigentliche Inhalt
des Regests Erwähnung findet. Abgeschlossen
wird das Regest durch einen stellenweise sehr
ausführlichen Kommentar, der Fragen der
Quellenkritik oder Datierung behandelt sowie
Hintergründe zum sachlichen Gegenstand
des Regests oder zu dort handelnden Personen
erörtert und dies jeweils mit weiterführenden
Literaturhinweisen versieht.

Das Regestenwerk endet mit einem kombi-
nierten Orts- und Personenregister sowie einem
eigenen Zeugenregister.

Schlütter-Schindler strebt mit den Regesten
an, einen vollständigen Überblick über das
quellenmäßig erfasste Auftreten und die Regie-
rungstätigkeit Ottos I. und Ludwigs I. als
bayerische Herzöge zu liefern. Beispielhaft
seien die unterschiedlichen, in den Quellen
nachweisbaren Aktivitäten Ludwigs I. erwähnt,
die in Bezug zu München stehen, jenem Markt-
flecken, der sich noch in der Frühphase seiner
städtischen Entwicklung befand. Ludwig I. trat
in München in seiner Funktion als Vogt der
Klöster Ebersberg (L I 233), Scheyern (L I 288)
und des Neustifts bei Freising (L I 89) auf. Er
traf dort mit dem Kloster Tegernsee eine Ver-
einbarung, die ehelichen Verbindungen seiner
Ministerialität zu der des Klosters betreffend
(L I 432), und er nahm in St. Peter als Lehnsherr
die Lehensaufsagung eines Hofes entgegen
(L I 507). Als Regest aufgenommen wurde auch
die Gründung des Heiliggeistspitals in München durch Ludwig I. (L I 157), auch wenn die
Überlieferung für diesen Akt unsicher ist, und
schließlich findet auch der Konflikt des bayeri-

schen Herzogs mit dem Bischof von Freising
um Herrschaftsrechte in München Erwähnung,
der seit der Verlegung des Marktes, der Brücke
und Münze von Oberföhring nach München
im Jahr 1158 stets virulent war. Chronikalische
Quellen werden zitiert, nach denen Bischof
Otto II. für seinen Kampf gegen Ludwig I. die
Ottenburg habe errichten lassen (L I 166), und
die Bestätigung einer vertraglichen Einigung der
beiden Widersacher über Einkünfte in München durch König Otto IV. wird als Regest auf-
geführt (L I 167).

Das insgesamt überzeugend gestaltete
Regestenwerk bietet somit eine hervorragende
Materialgrundlage für weitere landesgeschicht-
liche Forschungen. Neben der Hoffnung, dass
die Reihe der Herzogsregesten in gleichbleiben-
der Qualität zeitnah fortgesetzt wird, bleibt der
Wunsch zu formulieren, dass künftig auch über
eine online-Veröffentlichung der Regesten
nachgedacht wird. Es wäre schade, wenn dieser
wichtigen Grundlagenarbeit eine solche zeitgemäße Zugänglichkeit verwehrt bleiben würde.
Daniel Baumann, München

**Ursula Regener/Bernhard Lübbers (Hg.):
FederFührend. Eduard von Schenk und die
Romantik in Bayern (Kataloge und Schriften
der Staatlichen Bibliothek Regensburg 5),
Regensburg 2013**
*169 S., 21 Abb., ISBN 978-3-937527-66-6,
14,90 EUR*

Mit der Übernahme eines umfangreichen
Nachlasskomplexes »Eduard von Schenk
(1788–1841)« durch die Staatliche Bibliothek
Regensburg in den Jahren 2010 und 2011
erhielten die der Wissenschaft zugänglichen
Korrespondenzen, Dokumente und Werk-
manuskripte dieses bayerischen Spitzenbeam-
ten, Politikers, Literaten und Dichters der Zeit
König Ludwigs I. den wohl entscheidenden
Zuwachs. Das führt der vorliegende Sammelband anschaulich vor Augen, indem er den

nunmehr in Regensburg öffentlich verwahrten Teilnachlass aus unterschiedlichen Blickwinkeln mit Bilanz und Perspektive der Erforschung von Leben, Werk und Wirkungen Eduard von Schenks in Verbindung bringt.

Dass sich eine vertiefende Beschäftigung mit Schenk lohnt, steht nach dieser Veröffentlichung außer Frage. Die Schwerpunkte seiner Aktivitäten – Kulturpolitik, Kirchenförderung, staatsbayerisch-monarchische Identitätspflege, konservativ-romantische Literatur – und seine engen Kontakte zu seinem Förderer Ludwig I., zum geistig-geistlich höchst einflussreichen Johann Michael Sailer, aber auch zu Grillparzer, Tieck, Hauff oder Heinrich Heine machen ihn zu einer Persönlichkeit, die aktiv und passiv eng mit einigen der wichtigsten Entwicklungen des bayerisch-deutschen Zeitgeistes in der ersten Hälfte des 19. Jahrhunderts verbunden ist.

Als Beamter und Staatsmann in den oberen und höchsten Rängen der bayerischen Verwaltung nach dem Sturz Montgelas' hat er den Übergang zur Ludwig I.-Administration wesentlich mitgestaltet. Einer Anregung Sailers folgend, macht der König diesen »führenden Beamten christlicher Observanz« – wie ihn Heinz Gollwitzer charakterisiert hat – Anfang 1826 zum Vorstand des neuen »Obersten Kirchen- und Schulrats« im Innenministerium. Mit dieser verwaltungsgeschichtlich und politisch nachhaltigen Entscheidung werden Unterricht und Kultus in Bayern aufs Engste miteinander verbunden. In einem gewissen Sinne darf man in Schenk den ersten bayerischen Kultusminister sehen. Auch die Verlegung der Landshuter Universität nach München (1826), die Entstehung der Historischen Vereine in den Kreisen (Regierungsbezirken) und zahlreiche weitere kultur- und bildungspolitische Maßnahmen unter König Ludwig I. zwischen Förderung und Reglementierung von Schule, Hochschule, Kunst und Wissenschaft sind mit Schenks Namen verbunden.

Mit der Übertragung des Generalkommissariats bzw. der Regierung des Regenkreises (Regensburg) wird er 1831 aus der unmittelbaren politischen »Schusslinie« genommen. Das gibt ihm die Möglichkeit, sich noch stärker seinen dichterischen und schriftstellerischen Neigungen, etwa der Herausgabe des journalistischen Almanachs »Charitas« zu widmen. Allein die Zahl seiner Schriften im Regensburger Nachlass umfasst rund 300 Nummern. Ort und Rang dieses umfangreichen literarischen Werkes im Geiste historisierender und christlicher Romantik müssen von der literaturwissenschaftlichen und kulturgeschichtlichen Forschung noch angemessen gewürdigt werden. Die »Epigonalität« als Phänomen der Zeit wird dabei eine wichtige Rolle spielen.

Viele der angesprochenen Aspekte kommen in dem vorzustellenden – und nachdrücklich zu empfehlenden – Sammelband zur Sprache. Mit einer umfangreichen »bio-bibliographischen Zeitleiste« erschließt Ursula Regener nicht nur Leben und Werk Schenks, sondern sie stellt interessierten Lesern zugleich eine Art ersten Navigator durch den Regensburger Nachlass zur Verfügung. Genealogischen Zusammenhängen, Eduard von Schenks familiärem Umfeld geht Bernhard Lübbers nach. Er bietet biografische Medaillons der wichtigsten Protagonisten und erlaubt mit Hilfe von 21 Abbildungen auch Blicke in die Gesichter der mit Schenk verwandtschaftlich verbundenen Persönlichkeiten der Familien Schenk, Neumayr und Stachelhausen. Ein schöner Beitrag zur Geschichte des bayerischen Bildungsbürgertums im 19. Jahrhundert.

Das wichtige Verhältnis zwischen Schenk und Johann Michael von Sailer, das in Landshut begann und in Regensburg mit Sailers Tod im Jahr 1832 endete, analysieren Tobias Appl und Bernhard Lübbers als »assymetrische Freundschaft«. Die Autoren bestätigen, dass Schenk mit Hilfe Sailers an der Seite Ludwigs I. entscheidend an der »Rechristianisierung«, der »religiösen Wiedergeburt« Bayerns zu Beginn des 19. Jahrhunderts mitwirkte.

Zwei Beiträge des Sammelbandes befassen sich mit Regensburg als dem letzten Wirkungsort Schenks: Georg Köglmeier geht den Änderungen in der Stellung und der politischen Struktur der Stadt zwischen 1800 und 1850 nach, Bernhard Gajek stellt Romantiker in Regensburg vor und charakterisiert dabei das literarische Leben eines im Umbruch befindlichen Gemeinwesens um 1800.

Der dichtende Staatsmann Schenk hat nicht nur viel geschrieben, sondern auch erstaunlich viel und vieles gelesen. Manfred Kendlik kann dies mit seiner Auswertung mehrerer im Nachlass überlieferter Lektürelisten anschaulich machen. Seinen kulturpolitischen Anstrengungen entsprechend, interessierte sich Schenk unter anderem auch stark für regionale und lokale Geschichtsschreibung. So gehörte 1839 der erste Band des »Oberbayerische(n) Archiv(s) für vaterländische Geschichte« zu den Veröffentlichungen, die er lesend zur Kenntnis nahm. Allein das wäre ein Grund für heutige Leser des »OA«, sich mit Schenk zu befassen. Der vorgestellte Sammelband bietet hierzu eine aktuelle Möglichkeit.
Hermann Rumschöttel, Neubiberg

John Roger Paas / Josef H. Biller / Maria-Luise Hopp-Gantner (Hg.): Gestochen in Augsburg. Forschungen und Beiträge zur Geschichte der Augsburger Druckgrafik. Hommage à Wolfgang Seitz zum 90. Geburtstag 2011 und Festgabe zum 40. Jahrestag des von ihm gegründeten Augsburger Forscherkreises 1973–2013, Augsburg: Wißner-Verlag 2013
256 S., ISBN 978-3-89639-941-0; EUR 29,80

Der vor rund 40 Jahren gegründete »Arbeitskreis Augsburger Druckgraphik« mit seinen knapp 40 Mitgliedern und einem guten Dutzend korrespondierender Mitglieder tritt nur selten ins Bewusstsein der Öffentlichkeit. Er wurde 1973 von dem Augsburger Buchhändler,

Antiquar, Sammler und Forscher Wolfgang Seitz ins Leben gerufen und versammelt zahlreiche namhafte (ehemals) in Museen, in der Denkmalpflege, im Kunsthandel und auch freiberuflich tätige Kunsthistoriker/innen sowie hochspezialisierte Liebhaber und Sammler. Von Zeit zu Zeit jedoch gibt der Arbeitskreis in der Schriftenreihe des Historischen Vereins für Schwaben Publikationen zu seinem Interessensgebiet heraus. So erschienen 2001 unter dem Titel »Augsburg, die Bilderfabrik Europas« Essays zur Augsburger Druckgrafik der Frühen Neuzeit; sie leisteten einen wichtigen Beitrag zur Geschichte des Drucker-Standorts Augsburg. Nun gaben John Roger Paas, Josef H. Biller und Maria-Luise Hopp-Gantner neuerlich einen umfangreichen Band heraus, der dem Doyen des Kreises, Wolfgang Seitz, gewidmet ist; er beging 2011 seinen 90. Geburtstag. Und da es 2013 auch den runden Geburtstag der Forschergemeinschaft zu feiern galt, ist es gerechtfertigt, einen ausführlichen Betrag des Bandes auch deren Mitgliedern und ihren Aktivitäten (70 Kolloquien!) zu widmen.

Die 13 kunsthistorischen Beiträge des vorzustellenden Bandes umfassen die Spanne von mehr als drei Jahrhunderten. Obwohl hier nur einige der enthaltenen Themen genannt werden können, lassen aber auch sie schon die thematische Vielfalt erkennen: Dagmar Dietrich widmet sich dem flämischen Anatom Andreas Vesalius (1514–1564) und dessen Verbindungen nach Augsburg sowie einem unter dessen Einfluss entstandenen Epitaph in Landsberg. Dieter Beaujean befasst sich mit Reproduktionen französischer Druckgrafik von Johann Ulrich Stapf (1642–1706), John Roger Paas identifiziert 45 von Jacop Koppmayer (1640–1701) gedruckte Flugblätter; der Verleger war bisher vor allem als Noten- und Zeitungsdrucker bekannt. Josef H. Biller widmet sich den zwischen 1643 und 1802 erschienenen Ausgaben des großen Ratskalenders der Freien Reichsstadt Augsburg, Alois Epple stellt Stichserien von Bergmüller-Fresken in Augsburger Kirchen vor und

Michael Ritter zeichnet die steinige Karriere von Joseph Carmine (1749 – nach 1822) nach, der es vom italienischen Wanderhändler zum erfolgreichen Verlagsinhaber in Augsburg brachte. Manche Autoren wie beispielsweise Josef H. Biller, der sich seit Jahren mit Wappenkalendern beschäftigt, und Michael Ritter, der bereits 2011 über die von Carmine gedruckten Landkarten publizierte und nun dessen Guckkasten-Blätter vorstellt, ergänzen ihre langjährigen Forschungsthemen im vorgestellten Band um wichtige »Mosaiksteine«.

Die schön gestaltete, reich bebilderte Publikation ist ein Gewinn für die Fachwelt. Die vielfältigen Einblicke in die Welt der Augsburger Drucker – ihre Produktionen, ihre weitreichenden Beziehungen, ihr Geschäftsgebaren, ihre Konkurrenzkämpfe – interessieren aber auch den »normalen« Kunstliebhaber.

Brigitte Huber, München

Hannelore Putz: Für Königtum und Kunst. Die Kunstförderung König Ludwigs I. von Bayern, hg. v. der Kommission für bayerische Landesgeschichte bei der Bayerischen Akademie der Wissenschaften (Schriftenreihe zur bayerischen Landesgeschichte 164), München: C.H. Beck Verlag 2013
LXII, 336 Seiten, ISBN 978-3-406-10779-5, 52,00 EUR

Zu den wichtigsten jüngeren Editionsvorhaben der landesgeschichtlichen Forschung in Bayern gehört ohne jeden Zweifel die inzwischen in neun Bänden vorliegende Herausgabe des Briefwechsels König Ludwigs I. von Bayern mit Leo von Klenze. Hubert Glaser zeichnet für dieses Leuchtturmprojekt der Kommission für bayerische Landesgeschichte bei der Bayerischen Akademie der Wissenschaften verantwortlich. Man weiß nicht, was man dabei mehr bewundern soll – die mustergültige Quellenedition, die wesentliche Einblicke in die Struktur des ludovicianischen Kunstkönigtums und des

wittelsbachischen und bayerischen Staats- und Selbstverständnisses im 19. Jahrhundert ermöglicht, oder den Neuaufbruch der Forschungen zur Ludwig I.-Zeit, dem Hubert Glaser durch gezielte Förderung der Mitarbeiterinnen und Mitarbeiter am Projekt, durch die Anregung neuer quellenbezogener Veröffentlichungen und durch einschlägige wissenschaftliche Veranstaltungen die entscheidenden Impulse gegeben hat.

Die Studie von Hannelore Putz über die Kunstförderung König Ludwigs I. ist in diesem Rahmen angesiedelt. Die Verfasserin war bei Hubert Glaser für die inhaltliche und administrative Koordinierung der Briefwechsel-Edition zuständig, hatte im Team also eine Schlüsselfunktion. Mutatis mutandis gilt dies auch für das Thema ihrer Habilitationsschrift (LMU München 2010), die hier vorgestellt werden soll: »König Ludwig I. von Bayern als Bauherr und Kunstsammler. Monarchisches Mäzenatentum zwischen kunstpolitischem Impuls und ästhetischem Vergnügen im Spannungsfeld des Frühkonstitutionalismus.«

In seiner grundlegenden und bis heute gültigen politischen Biografie König Ludwigs I. hat Heinz Gollwitzer 1986 eine inzwischen weithin adaptierte »Zwei-Reiche-Lehre« postuliert: »Seiner politischen Herrschaft benachbart erstreckte sich ein zweites Reich mit vielen Provinzen, in dem Ludwig ebenfalls als Autokrat regierte: das Königreich der Kunst.« Hannelore Putz stellt diese Deutung mit einer vertieften Analyse des Bauens und des Sammelns Ludwigs auf den geschichtswissenschaftlichen Prüfstand und kommt zu einem nicht überraschenden, aber in seiner Plausibilität und Klarheit neuen Bild. Trotz aller innerer Kunstsuche und emotionaler Kunsterlebnisse kennzeichnet Ludwigs einschlägige Aktivitäten in erster Linie die Indienstnahme der Kunst für politische Zwecke – eben Kunstpolitik.

Das gilt für den Ankauf von Werken der Malerei und der antiken und zeitgenössischen Bildhauerkunst, für die Münchner Museumsbauten oder die Profilierung seiner Haupt- und Residenzstadt als europäisches Kunstzentrum. Der Glanz der Kunst oder das stolze Erscheinungsbild Münchens sollten ebenso wie die Förderung von Tradition und Geschichte einen Beitrag leisten zur Pflege eines (neu)bayerischen Identitäts- und Staatsgefühles. Kunstpolitik ist also ein Teil, ein Instrument der inneren Staatsgründung, die die kalte Rationalität der Montgelas-Strukturen überwinden sollte.

Man kann der Verfasserin nur zustimmen, wenn sie – unterschiedliche Interpretationsansätze der bisherigen Forschung zusammenführend – Ludwigs politische Intentionen resümiert, die auch die Kunstpolitik des Königs entscheidend prägen: die monarchische Perspektive auf ein Staatswesen, dessen frühkonstitutioneller Zuschnitt Einschränkungen herrscherlicher Aktionsräume mit sich bringt, die Zusammenbindung der zunächst heterogenen Regionen des Königreichs unter der Krone, die Förderung der bayerischen Nation, die wittelsbachische Tradition der Verbindung von Volk und königlichem Haus, die volle und uneingeschränkte Souveränität Bayerns in »Teutschland«.

Das hier nur knapp skizzierte Ergebnis erreicht Hannelore Putz nach der Auswertung einer breiten, zum Teil bisher wenig oder nicht herangezogenen archivischen Überlieferung und umfangreicher gedruckter Literatur sowie der Beantwortung sehr pragmatischer Fragen zu den administrativen, finanzpolitischen, wirtschaftlichen und verfassungsmäßigen Bedingungen des königlichen Handelns, nach den konkreten Planungs- und Realisierungsabläufen in zahlreichen Einzelfällen und nach dem Kern – oder besser dem Kerngeflecht der königlichen Motive.

Die angedeutete Vielzahl der Perspektiven macht die unaufgeregt interdisziplinäre Arbeit für viele Interessen- und Forschungsbereiche wichtig und weiterführend: für die Münchner Stadt- und die bayerische Landesgeschichte im engeren Sinn, für die Verwaltungs-, Verfassungs- und Wirtschaftsgeschichte, natürlich für die Kunst- und Kulturgeschichte und schließlich für komparative Arbeiten im deutschen und internationalen Raum. Kein geringer Vorteil der Studie sind die gute Lesbarkeit und ein die Rezeption hoffentlich befördernder überschaubarer Umfang.

Hermann Rumschöttel, Neubiberg

Weitere der Schriftleitung zugegangene
Publikationen

Reinhard Weber: Rechtsnacht. Jüdische Justiz-
bedienstete in Bayern nach 1933, Landsberg am
Lech 2012
205 S., ISBN 978-3-9813808-1-1

Eva-Bettina Krems: Die Wittelsbacher und
Europa. Kulturtransfer am frühneuzeitlichen
Hof, Wien-Köln-Weimar 2012
374 S., ISBN 978-3-412-20810-3

Johannes Sander: Kirchenbau im Umbruch.
Sakralarchitektur in Bayern unter Max I. Joseph
und Ludwig I., Regensburg 2013
614 S., 978-3-7954-2684-2

Franz Meußdoerffer/Martin Zarnkow:
Das Bier. Eine Geschichte von Hopfen und
Malz, München 2014
128 S., ISBN 978-3-406-66667-4

Historischer Verein von Oberbayern
80797 München · Winzererstraße 68 (Stadtarchiv)
Telefon: 089-233 0308 · Fax: 089-233 30830
E-mail: stadtarchiv@muenchen.de
hv.oberbayern@online.de
Internetadresse: www.hv-oberbayern.de

Öffnungszeiten des Lesesaals:
Montag, Dienstag, Donnerstag: 9 – 18 Uhr
Mittwoch, Freitag: 9 – 12 Uhr

Mindestbeitrag pro Jahr:
30 € für Einzelmitglieder
40 € für Ehepaare
15 € für Schüler, Studenten,
Referendare

Konto:
Postbank München
Kto.-Nr. 286 32 806, BLZ 700 100 80
IBAN DE13 7001 0080 0028 6328 06
BIC PBNKDEFF

Alle Mitglieder haben gegen Vorlage des
Mitgliedsausweises freien Eintritt in das
Bayerische Nationalmuseum, das Münchner
Stadtmuseum, die Archäologische Staatssamm-
lung, die Städtische Galerie im Lenbachhaus
und das Diözesanmuseum in Freising.

Vorstand
1. Vorsitzender: Dr. Michael Stephan, Stadt-
   direktor, Leiter des Stadtarchivs München
2. Vorsitzender: Prof. Dr. Rupert Gebhard,
   Leiter der Archäologischen Staatssammlung
   München
3. Vorsitzender: Dr. Christoph Bachmann
   M.A., Ltd. Archivdirektor, Leiter des
   Staatsarchivs München
Ehrenvorsitzender: Dr. Richard Bauer,
   1. Vorsitzender von 1984 bis 2010
Schriftführer: Dr. Manfred Peter Heimers,
   Archivoberrat am Stadtarchiv München

Schriftleiterin des Oberbayerischen Archivs:
   Dr. Brigitte Huber, wissenschaftliche
   Mitarbeiterin am Stadtarchiv München
Schatzmeister: Hans-Peter Maier, Sparkassen-
   direktor a. D. der Kreissparkasse München
   Starnberg Ebersberg

**Durch Zutritt folgender Mitglieder erweitert
sich der Vorstand zum Ausschuss:**
Werner-Hans Böhm, Regierungspräsident
   a. D., München
Em. Univ.-Prof. Dr. Frank Büttner, Institut für
   Kunstgeschichte der Ludwig-Maximilians-
   Universität, München
Dr. Gertrud Diepolder, Redakteurin,
   Jettenhausen
Dr. Karl-Ulrich Gelberg, Geschäftsführer der
   Hist. Kommission bei der Bayerischen
   Akademie der Wissenschaften, München
Dr. Norbert Göttler, Bezirksheimatpfleger des
   Bezirks Oberbayern, Benediktbeuern
Dr. Walter Grasser, Stadtdirektor a. D., Rechts-
   anwalt, München
Univ.-Prof. Dr. Hans-Georg Hermann,
   Leopold-Wenger-Institut für Rechtsge-
   schichte der Ludwig-Maximilians-Univer-
   sität, München
Christoph Hillenbrand, Regierungspräsident
   von Oberbayern, München
Dr. Monika Kania-Schütz, Leiterin des Frei-
   lichtmuseums Glentleiten und des Bauern-
   hausmuseums Amerang, Uffing a. Staffelsee
Prof. Dr. Hans-Jörg Kellner, Direktor der
   Prähistorischen Staatssammlung a. D.,
   München

Dr. Margit Ksoll-Marcon, Generaldirektorin
    der Staatlichen Archive Bayerns, München
Univ.-Prof. Dr. Claudia Märtl, Historisches
    Seminar der Ludwig-Maximilians-
    Universität, München
Dr. Eva Moser, Leiterin des Bayerischen
    Wirtschaftsarchivs, München
Hans Roth, Geschäftsführer des Bayerischen
    Landesvereins für Heimatpflege i. R.,
    München
Prof. Dr. Hermann Rumschöttel, General-
    direktor der Staatlichen Archive Bayerns
    a. D., Neubiberg
Dr. Alfred Tausendpfund, Ltd. Archivdirektor
    a. D., Kreisheimatpfleger des Landkreises
    München, Unterhaching
Prof. Dr. Joachim Wild, Direktor des
    Bayerischen Hauptstaatsarchivs a. D.,
    Frauenornau/Obertaufkirchen
Prof. Dr. Raimund Wünsche, Direktor der
    Staatlichen Antikensammlung und
    Glyptothek, München

(Stand nach der Wahl vom 9. Dezember 2013)

Der Historische Verein von Oberbayern ist
durch Bescheid vom 11. 10. 2013, Steuer-Nr.
143/216/90646, vom Finanzamt München für
Körperschaften als gemeinnützig (§§ 51 ff. AO)
anerkannt.

Vereinschronik 2013

Stand der Berichterstattung 31. 12. 2013

Vorträge

30. Januar 2013
Prof. Dr. Heinz Dopsch: Mehr als eine
Nachbarschaft? Bayern und Österreich im
20. Jahrhundert

18. Februar 2013
Prof. Dr. Ferdinand Kramer: Die Gebietsreform
von 1972 und der ländliche Raum

13. März 2013
Dr. Markwart Herzog: »Blitzkrieg« im
Fussballstadion. Sport im innerparteilichen
Machtkampf der bayerischen NSDAP

10. April 2013
Dr. Afra Schick: Möbel für die Märchen-
schlösser. Anton Pössenbachers Weg zum Kgl.
bayerischen Hofmöbelfabrikanten

6. Mai 2013
Dr. Claudius Stein: Das herzogliche Georgia-
num in seiner Münchner Epoche – ein Ort der
Wissenschaft und der Bildung

24. Juni 2013
Prof. Dr. Wolfgang Wüst: Der gutsherrliche
Adel in Bayern vor der Revolution von 1848

15. Juli 2013
Dr. Wolf-Armin von Reitzenstein: Von
Agatharied bis Wittibreuth. Die Waldrodung in
bayerischen Ortsnamen

18. September 2013
Prof. Dr. Holger Afflerbach, Leeds (GB):
Kronprinz Rupprecht von Bayern als militäri-
scher Führer im Ersten Weltkrieg

7. Oktober 2013
Dr. Sylvia Krauß: Das Münchner Oktoberfest
als Spiegelbild seiner Epochen

25. November 2013
Dr. Johannes Sander: »Gänsemarsch der Stile«?
Die oberbayerische Sakralarchitektur des frühen
19. Jahrhunderts

9. Dezember 2013
Dr. Annemone Christians: Amtsgewalt und
Volksgesundheit. Zwangssterilisation, ideo-
logisierte Fürsorge und Mangelverwaltung im
Gesundheitswesen Münchens 1933 – 1945

Sonstige Veranstaltungen

30. Januar 2013
Vorstellung des neuen Bandes »Oberbayerisches Archiv« im Stadtarchiv München

12. Juli 2013
»Ortstermin« – Sommerfest des Historischen
Vereins im Stadtarchiv München

19. Oktober 2013
Jahresausflug 2013: Christentum und Judentum
im schwäbischen Barockwinkel (Schießen –
Roggenburg – Ichenhausen)

9. Dezember 2013
Mitgliederversammlung

Mitglieder

Der Mitglieder-Stand betrug zum 31. 12. 2013:
1798 Personen und Institutionen

Ehrenmitglieder

Dr. Helmuth Stahleder, Schriftführer von
1982 bis 1988 sowie Schriftleiter des Oberbayerischen Archivs von 1982 bis 2010

Hans-Joachim Hecker, Schriftführer von
1988 bis 2010

Gesellschaft für bayerische Rechtsgeschichte

Veranstaltung 2013

10. Tagung der Gesellschaft für bayerische
Rechtsgeschichte am 5./6. Juli 2013 in Erlangen:
Nationalsozialismus und Recht in Bayern

Bernd Schilcher (Augsburg): Bayern am
Übergang von der Weimarer Republik zum
Nationalsozialismus – Parlamentarismus
und verfassungsrechtliche Problemlagen in der
Landespolitik 1930 – 1933

Hans-Joachim Hecker (München): Bayerisches
Konkordat und Reichskonkordat – Die
Verweigerung des Nihil obstat durch Kardinal
Faulhaber bei der Berufung des Kanonisten
Hans Barion nach München im Jahr 1938

Hannes Ludyga (München): Die Todes-
urteile des Oberlandesgerichts München im
2. Weltkrieg

Franz Birndorfer (Regensburg):
Scheidungsalltag im Dritten Reich und in
der Nachkriegszeit – Die Urteilspraxis des
Landgerichts Amberg

Andreas Jakob (Erlangen): »In der Nacht, in
der die Judenaktion stattfand …«. Der Pogrom
vom 9./10. November 1938 in Erlangen und
seine juristische Aufarbeitung 1946 – 1950

Bernd Mertens (Erlangen): Der Entzug von
Doktorgraden an bayerischen Universitäten im
Nationalsozialismus

Annemone Christians (Potsdam): Erfassen,
Bewerten, Verfolgen: Die Umsetzung des »Erb-
gesundheitsgesetzes im nationalsozialistischen
München durch Gesundheitsverwaltung und
Justiz

Reinhard Heydenreuter (Eichstätt/Penzberg):
Rechnungsprüfung unterm Hakenkreuz –
Der Bayerische Oberste Rechnungshof und
die Außenabteilung München des Reichs-
rechnungshofes im »Dritten Reich«

Interessenten an Einladungen zu den
Veranstaltungen der Gesellschaft wenden sich
bitte an:

Gesellschaft für bayerische Rechtsgeschichte
c/o Andreas Nestl, Staatsarchiv München
Schönfeldstr. 3
80539 München
Tel. 089 - 2 86 38 - 25 35
andreas.nestl@stam.bayern.de

Impressum

© 2014 Historischer Verein von Oberbayern
Typografie, Gestaltung und Herstellung:
Gorbach Büro für Gestaltung und Realisierung,
Utting am Ammersee
Satz aus der Toshna (Andreas Seidel 2008) durch
Waltraud Hofbauer, München
Bildoptimierung durch Reproline mediateam,
München
Druck durch Memminger MedienCentrum
in Memmingen auf geglättetes holzfreies
Werkdruckpapier Fly von der Papierfabrik Cordier
(Schleipen) in Bad Dürkheim
Bindung durch Buchbinderei Lachenmair in
Reutlingen
Printed in Germany

ISBN 978-3-9817061-0-9